ASSISTÊNCIA SOCIAL ENTRE A ORDEM E A "DES-ORDEM"

Conselho Editorial da
área de Serviço Social

Ademir Alves da Silva
Dilséa Adeodata Bonetti (Conselheira Honorífica)
Elaine Rossetti Behring
Ivete Simionatto
Maria Lúcia Carvalho da Silva
Maria Lúcia Silva Barroco

Dados Internacionais de Catalogação na Publicação (CIP)
(Câmara Brasileira do Livro, SP, Brasil)

Schons, Selma Maria
    Assistência social entre a ordem e a "des-ordem" : mistificação
dos direitos sociais e da cidadania / Selma Maria Schons. – 4. ed.
– São Paulo : Cortez, 2015.

    Bibliografia.
    ISBN 978-85-249-2323-4

    1. Assistência social 2. Cidadania 3. Ciências sociais 4. Direitos
civis 5. Estado do bem-estar 6. Serviço social I. Título.

15-00555
                                      CDD-361

Índices para catálogo sistemático:
1. Assistência e direitos sociais : Bem-estar social   361
2. Assistência social : Bem-estar social   361

SELMA MARIA SCHONS

ASSISTÊNCIA SOCIAL ENTRE A ORDEM E A "DES-ORDEM"

mistificação dos direitos sociais e da cidadania

4ª edição

1ª reimpressão

ASSISTÊNCIA SOCIAL ENTRE A ORDEM E A "DES-ORDEM": Mistificação dos direitos sociais e da cidadania
Selma Maria Schons

Capa: de Sign Arte Visual
Preparação dos originais: Ana M. Barbosa
Revisão: Patrizia Zagni
Composição: Linea Editora Ltda.
Coordenação editorial: Danilo A. Q. Morales

Nenhuma parte desta obra pode ser reproduzida ou duplicada sem autorização expressa da autora e do editor.

© 1999 by Autora

Direitos para esta edição
CORTEZ EDITORA
Rua Monte Alegre, 1074 – Perdizes
05014-001 – São Paulo – SP
Tel.: (11) 3864-0111   Fax: (11) 3864-4290
E-mail: cortez@cortezeditora.com.br
www.cortezeditora.com.br

Impresso no Brasil – junho de 2018

AGRADECIMENTOS

A retrospectiva de um processo de trabalho faz recordar momentos e pessoas que, pela sua presença e prestimosidade, dele passaram a fazer parte de forma tão efetiva, que sem elas um trabalho desses dificilmente viria à luz.[1]

Quero referir-me com destaque a Nobuco Kameyama, que, como orientadora e professora de várias disciplinas, foi desafiadora, sábia, estimulante e amiga em todo o processo. Por ela nutrimos um imenso sentimento de carinho. Aos demais professores, que, além do desafio, marcaram pela acolhida, permitindo um clima favorável para que nossas buscas pudessem se dar de forma criativa e livre.

---

1. Este livro resultou basicamente da nossa Dissertação de mestrado, *Assistência social entre a ordem e a "des-ordem": mistificação dos direitos sociais e da cidadania*, apresentada na PUC-SP, 1994, sob a orientação da profa. dra. Nobuco Kameyama.

Para a edição deste livro, suprimimos todo o primeiro capítulo: "Assistência Social e seus quadros explicativos", que contém o registro das análises que realizamos das produções teóricas no Serviço Social, do qual, no entanto, fizemos alguns registros conclusivos na introdução desta obra. Outras modificações menores foram incluídas a partir de algumas observações dos professores Maria Carmelita Yazbek e José Paulo Netto, que, junto com Nobuco Kameyama, constituíram a banca examinadora. Da mesma forma, elaboramos uma revisão bibliográfica, atualizando algumas questões na área da Assistência, sobretudo com relação às produções teóricas no Serviço Social.

Aos colegas e coordenadores dos Seminários de "Estudos da Assistência", tanto da PUC-SP, coordenado pelas professoras Maria Carmelita, Maria do Carmo e Aldaíza, quanto da UFRJ-RJ, coordenado por Nobuco e Zé Paulo, pela importância e pelo elevado nível teórico, como também pela troca da riqueza que cada qual já acumulara no cotidiano do trato da questão da Assistência, somos imensamente gratos. Aos demais colegas dos mais distantes rincões, que a cada encontro nos contagiavam com a vibração de quem se encontra na busca de novas descobertas, em especial meu carinho para Márcia Helena Carvalho Lopes, Maria do Rosário de F. e Silva, Maria da Conceição C. G. da Silva, Ana Cartaxo, Elisabete Borgianni, Márcia C. Paixão e Elenize F. Scherer, entre muitas outras.

A Roque Zimmermann, que, ao ler meus rascunhos, qual um artista, soube com muita paciência e oportunas observações contribuir para que esse trabalho tivesse alguma forma. Sou grata a ele, por quem guardo uma grande estima, porque com sua perspicácia, própria de alguém que sempre aceita desafios, me apresentou críticas que valem demais numa busca como esta.

Aos familiares, em especial aos "pequeninos", que souberam aguentar as minhas desatenções nesse período, com distinção maior para Anita e José Valentim, meus pais, que desde cedo souberam me deixar livre para buscar um caminho próprio.

À UEPG, aos colegas professores e alunos do Departamento do Serviço Social, pela compreensão e apoio, pelo estímulo e aprendizagem recíprocos de frutuosos anos de convívio, nosso respeito e admiração.

Uma palavra de gratidão muito especial aos autores dos textos que serviram de base para a análise da Assistência no Serviço Social. A maioria já conhecemos pessoalmente. Isto nos exigiu um esforço constante para manter a necessária distância que uma análise requer. Mas em algum momento podemos não ter sido justos na interpretação. Aceitem-no como um limite nosso. Passei a admirá-los pela busca sincera na construção do novo. Sintam-se gratificados, não por mim, mas por todos aqueles que mais demandam os serviços da Assistência, os sempre excluídos de qualquer benefício que a "ordem" oferece. Por isso, sou grata, enfim, a todos os que sonham e lutam para que esta "ordem" se subverta e uma ordem mais justa e igual, ao menos como horizonte, se estabeleça, o que, aliás, foi apelo maior para a realização deste trabalho.

SUMÁRIO

PREFÁCIO 11
INTRODUÇÃO 27

CAPÍTULO 1 A assistência como "direito": a mistificação dos direitos sociais e cidadania 45

1.1 Da Assistência aos direitos sociais 45
1.2 A dinâmica do direito e da cidadania 61
    1.2.1 Representação geral 61
    1.2.2 Direitos: o que são? 63
    1.2.3 Fundamentação, reconhecimento e proteção dos direitos 67

CAPÍTULO 2 Lei dos pobres e lei do mercado 71

2.1 Caracterização geral da lei dos pobres e da lei do mercado 72
2.2 Assistência e a formação do mercado de trabalho 84
2.3 A ordem agora é do mercado 106

CAPÍTULO 3 Formação do estado social e a afirmação dos direitos sociais.. 114

3.1 A formação do estado de direito e o início da discussão sobre os direitos sociais... 117

3.2 O *Welfare State* como saída para o novo dilema da ordem . 133

CAPÍTULO 4 Crise do *Welfare State* e a assistência social na perspectiva do neoliberalismo............................. 157

4.1 Concepções de "crise" e causas 159

    4.1.1 Por que a crise se apresenta na década de 1970? 174

4.2 A Assistência Docial na perspectiva do neoliberalismo.... 195

CONSIDERAÇÕES FINAIS 215

ANEXO I
Bibliografia analisada: ordem cronológica 225

ANEXO II
Atualização bibliográfica 229

REFERÊNCIAS.. 241
SOBRE A AUTORA.. 253

PREFÁCIO

Nobuco Kameyama*

O presente livro, de autoria da Selma Maria Schons, constitui um estudo de duplo interesse: de uma parte, ele analisa o nexo entre a crise contemporânea e seus desdobramentos produtivos; de outra parte, permite uma compreensão da constituição, desenvolvimento e crise do Estado de Bem-Estar.

Na estrutura do livro, o corpo é constituído pela exposição da autora sobre o tema *assistência e direitos sociais*. Esta exposição é precedida por um conjunto de ponderações acerca do tratamento que é dado, nas produções sobre a temática, pelos pesquisadores brasileiros e, particularmente, pelos assistentes sociais; quanto à análise teórica, a autora abre um debate que não se encerra, porque

---

* Assistente social, doutora pela École de Hautes Études en Sciences Sociales (Paris, 1978), professora titular da Escola de Serviço Social da Universidade Federal do Rio de Janeiro (UFRJ).

se trata de um tema que ganha sua centralidade na área de conhecimento de Ciências Sociais.[1]

A reflexão sobre *assistência e direitos sociais*, tema no qual a autora centrou todo o seu esforço investigativo, demonstra que, como assistente social, ela pode aliar a vocação científica e a vocação política, pois o Serviço Social configura-se como uma forma particular de inserção na sociedade, caracterizando-se pela maneira de intervir na vida social, contendo uma dimensão intelectual e uma dimensão interventiva.

Os estudos sobre o tema não se configuram como um "modismo", mas resultado de realidades cotidianas vivenciadas pelos assistentes sociais, que o transformam em objetos de investigação, pois estes enfrentam o desafio de decifrar a dinâmica da sociedade e do Estado e suas determinações no âmbito profissional. Trata-se, portanto, de um movimento que procura articular teoria/realidade, de busca de produção de conhecimento, apontando como subjacente um movimento de crítica às dimensões aparentes, fenomênicas ou reificadas do real.

Os dez anos de crise (1973-1983) do sistema capitalista mundial caracterizaram-se pelo choque do petróleo, pelo choque da taxa de juros e a consequente instabilidade financeira, e pela expressiva redução das taxas de incremento da produtividade (Coutinho, 1992, p. 74), configurando-se como uma "grande crise", de transformação histórica, de encerramento de um ciclo, de esgotamento de um padrão de acumulação capitalista. Não se trata de

---

1. Na área de conhecimento de Serviço Social, a temática *Política Social*, e em particular a Política de Assistência, teve uma expansão significativa nos últimos anos. No *Catálogo de Dissertações de Mestrado e Teses de Doutorado — 1975-1997* (Kameyama, 1988), das 1.028 publicações, 123 — ou seja, 12% das produções — tratam da Política Social, além das 14 comunicações apresentadas no IX Congresso dos Assistentes Sociais realizado em Goiânia em 1998, e 20 comunicações apresentadas no IV Encontro dos Pesquisadores, ocorrido em Brasília em 1998.

ASSISTÊNCIA SOCIAL ENTRE A ORDEM E A "DES-ORDEM"

uma crise cíclica de caráter conjuntural, mas de uma crise que coloca em xeque os elementos de regulação fordista/keynesiana (Oliveira, 1985, p. 3), engendrando a crise do welfare/keynesiano e do sindicalismo de massas.

Esta crise não é apenas internacional: trata-se de uma crise mundial, já que mesmo os países então caracterizados como socialistas foram também afetados, até porque o grau de interações mútuas entre os dois sistemas aumentou consideravelmente.

Para sair dessa crise, os países capitalistas centrais, assim como os periféricos, realizaram reformulações profundas no aparelho institucional da sociedade e do Estado, com introdução de novas tecnologias (expansão do complexo eletrônico), inovações institucionais de monta, provocando uma mudança nas relações sociais no interior do capitalismo e a emergência de uma nova sociabilidade.

Além das reformulações acima citadas, emerge no cenário mundial nos últimos anos, e ganha corpo ao longo dos anos 1990 a partir das inovações tecnológicas, um novo paradigma de produção industrial — a automação integrada flexível. Essa tendência à flexibilidade, já caracterizada nas economias líderes, responde às necessidades oligopolísticas de competir em qualidade e em diferenciação de produtos, sofisticando e adequando suas linhas às características e demandas das economias desenvolvidas. A conexão interativa entre usuários e produtores vem assumindo importância crescente e, indubitavelmente, representa um fator-chave na moldagem da trajetória tecnológica possível — isto é, trata-se de atender às demandas e preferências dos usuários, de incorporar com criatividade os avanços tecnológicos disponíveis e, ainda, de encontrar formas mais adequadas para economia de custos e eficiência na produção (Coutinho, 1992, p. 74).

A tendência à acumulação flexível significa uma revolução nos processos de trabalho que se afastam cada vez mais do paradigma taylorista/fordista e uma rápida transformação das estratégias de organização e cultura empresarial no contexto das mudanças em curso.

A reestruturação da economia capitalista mundial, denominada como "reestruturação produtiva", "globalização", "mundialização" ou "restauração do capital", que se prolonga na década de 1980-90, efetiva-se por meio da expansão sustentada, com estabilidade de preços, provocando uma sensível recuperação do incremento da produtividade e uma aceleração crescente da difusão de inovações econômicas (técnicas, organizacionais e financeiras) nas principais economias industriais.

Ao mesmo tempo, no plano político, no final dos anos 1980 e início de 1990, abre-se uma perspectiva de mudanças de grande alcance e profundidade: delineia-se o novo ordenamento do sistema internacional, com o processo de liberalização do Leste Europeu, de derrocada do socialismo autoritário e de consolidação democrática nos países da América Latina.

Redefiniram-se, também, as posições hegemônicas entre as grandes potências, atenuando as barreiras ideológicas, ao lado da predominância da tendência à formação de blocos, integrando mercados e interesses econômicos e comerciais, que exige dos países do Terceiro Mundo um grande esforço para buscar novas formas de inserção no cenário internacional.

É nesse sentido de uma transição para uma nova configuração da economia mundial que situamos o problema do crescimento econômico contemporâneo na América Latina.

Na década de 1980, as elevadas taxas de juros e a falta de financiamento externo levaram o Brasil e outros países da América Latina a promover um ajuste interno sem precedentes. Este ajuste materializou-se no aprofundamento da recessão, na escalada inflacionária, no estrangulamento das finanças públicas, na depreciação dos salários reais, no baixo padrão de consumo interno, nas quedas no nível da atividade econômica, do investimento, de importações e em crescentes desvalorizações cambiais, que rebatem fortemente sobre o estoque da dívida externa, que se concentra cada vez mais nas mãos do Estado. O crescimento da dívida externa, o fraco desempenho da economia dos países devedores e o agravamento da "questão social" levam os governos destes países a perceberem que as medidas utilizadas até 1992 foram ineficazes para promover a estabilização e o ajuste macroeconômico.

A despeito, porém, da relevância dos impactos da reestruturação produtiva, a redefinição das prioridades em favor de uma nova agenda não pode ser explicada em função exclusivamente do impacto da estruturação de uma nova ordem mundial. É preciso também considerar os processos internos que, ao longo do tempo, contribuíram para o desgaste da matriz político-institucional que moldou a ordem estatista, sob cuja ordem evoluiria a industrialização por substituição de importações (Diniz, 1996, p. 13).

O ajuste estrutural imposto pelo Fundo Monetário Internacional — FMI e Banco Mundial aos países da América Latina, também conhecido por ofensiva neoliberal, condiciona sistematicamente seu "auxílio" financeiro à concretização, ao nível da prática, dos planos elaborados e definidos por sua tecnoburocracia mundial. Tais medidas de austeridade objetivam alcançar todas as categorias de despesas públicas.

De acordo com Braga (1997, p. 189-190), a estabilização macroeconômica de curto prazo compreende: a desvalorização da moeda, liberalização dos preços e austeridade fiscal, seguida pela colocação em prática de um certo número de reformas estruturais necessárias:

— redução de emprego no setor público, acompanhado por cortes drásticos nos programas de caráter social;

— redução das despesas públicas, eliminando os subsídios aos produtos e serviços fundamentais com imediato e evidente impacto sobre o nível salarial;

— desregulamentação dos preços dos produtos alimentícios de primeira necessidade, como os cereais;

— liberalização das importações de reservas de alimentos;

— compressão salarial;

— privatização dos bancos estatais e de desenvolvimento;

— privatização das empresas estatais, que se encontra indissoluvelmente articulada à renegociação da dívida externa.

Estas propostas podem ser reduzidas a dois pontos básicos: redução do tamanho do Estado e abertura econômica ao mercado internacional. O processo de abertura econômica ao mercado internacional e o programa de privatização e do desmonte do Estado iniciam-se, no Brasil, a partir do governo Collor.

A aplicação do programa de ajuste estrutural em um grande número de países devedores favorece a internacionalização da política macroeconômica sob o controle direto do FMI e do Banco Mundial, agindo em função, por sua vez, de poderosos interesses financeiros e políticos (por exemplo, os clubes de Paris e de Londres e o G-7) (Chossudovsky, citado por Braga, 1997, p. 187).

As transformações em curso no Brasil, resultantes da implementação do Programa de Ajuste Estrutural e aprofundamento da internacionalização, apontam para a queda do trabalho industrial, provocando a desregulamentação das relações de trabalho, favorecendo a flexibilidade dos contratos.

A flexibilidade do trabalho no Brasil implicaria o desmonte da Legislação Trabalhista do país (no caso a CLT) e uma série de direitos sociais e trabalhistas inscritos na Constituição de 1988, inclusive os direitos adquiridos com os Dissídios Coletivos de Trabalho, realizados a partir de 80. Trata-se da incorporação do dissídio coletivo ao corpo de direitos racionais legais, reconhecidos como direitos possessivos nos limites da racionalidade jurídica que garantia e reproduzia o primado dos direitos essenciais à acumulação. No entanto, todos esses direitos constituíam *direitos exclusivos dos trabalhadores que vendem sua força de trabalho ao capital*, denominados direitos contratuais.

Com certeza, este é um dos projetos de Reforma Constitucional ensaiada pelo governo de Fernando Henrique Cardoso, sedento de adotar um tipo de flexibilidade à nova lógica neoliberal, voltada para atrair os investimentos de capital, haja vista que o contrato temporário de trabalho foi aprovado em primeira instância e não se assistiu a nenhuma reação.

A desregulamentação das relações de trabalho favorece a flexibilidade nos contratos (tempo parcial, precarizados), dispensa dos trabalhadores, alta rotatividade, descompromisso no treinamento e qualificação dos trabalhadores, baixos salários, aumentando consideravelmente a taxa de desemprego. A resultante é uma sociedade extremamente desigual, em que os canais de participação política estão fortemente obstruídos, os sindicatos acuados, os partidos políticos de oposição fragilizados e a sociedade civil incapacitada de esboçar reações.

A eliminação ou redução dos direitos dos trabalhadores tem uma implicação imediata: a ampliação da exclusão social, entendida como falta de acesso às garantias mínimas de saúde, educação e velhice digna. Os fenômenos atuais de exclusão não se remetem às categorias antigas de exploração. Trata-se da emergência de uma nova "questão social" (Rosanvallon, 1995, p. 7) que assume configurações e formatos inéditos, inclusive nos países centrais (por exemplo, nos países da União Europeia).

No entanto,

> ao vincular o atendimento de necessidades sociais ao contrato de trabalho e, portanto, encerrando-se no espaço de uma grande corporação empresarial, os direitos construídos a partir de experiências

de classe reduzem-se à dimensão do direito contratual, em oposição à construção de *direitos sociais que implicam, necessariamente, em uma perspectiva mais ampla e democrática de enfrentamento e reconhecimento das necessidades sociais e sua institucionalização em uma esfera de direitos que não o do contrato de trabalho ou da corporação empresarial* (Cardoso, 1995, p. 174).

Isto significa que, ao retirar a segurança reprodutiva da esfera contratual dos direitos civis, transladando-a para a regulação sociopolítica, a regulação estatal dos direitos diferenciados mantém o exercício da cidadania fora do mundo do trabalho, ou melhor, externo aos conflitos, negociações e acordos diretos entre classes. A separação entre produtor e cidadão passa a ser reproduzida social e juridicamente não mais pela exclusão do trabalhador do exercício concreto da cidadania, mas sim pela separação funcional de direitos individuais/privados que garantem autonomia da produção e a posse de direitos coletivos publicizados. Nesse sentido, os *direitos sociais* estão vinculados às transformações da prática de obrigações, porque geralmente o processo de socialização do direito envolve o processo de transformação da racionalidade política e governamental democrática.

No direito civil, as relações no contrato clássico se realizam como uma relação imediata de indivíduo para indivíduo, ambos soberanos e autônomos, onde a competência do Estado é limitada a garantir os contratos realizados sem sua intervenção. No contrato de direito social, a relação entre os indivíduos é mediatizada pela sociedade, que desempenha o papel de regulador e redistribuidor.

Os direitos civis e políticos podem ser considerados como direitos universais; nos direitos civis, a igualdade formal perante a lei pode ser obtida para todos, com o estabelecimento de instituições legais, independentemente das condições individuais. No direito político, o acesso formal à participação política pode ser proporcionado instituindo o sufrágio popular sem considerar as condições individuais.

No entanto, não podemos conceber os direitos sociais como direitos universais, porque os serviços sociais têm de ser delineados segundo as necessidades particulares. "Os direitos sociais não podem conferir segurança econômica numa base universal, porque a segurança econômica não se submete à expressão formal da mesma forma como o fazem a igualdade perante a lei e a participação política" (Barbalet, 1989, p. 111).

Ao contrário dos direitos civis e políticos, os direitos sociais requerem certas atividades de distribuição por parte do Estado. Neste sentido, o Estado necessita de uma estrutura administrativa e um modelo de gestão social para a prestação de serviços sociais que por si só aumenta os custos financeiros dos direitos sociais.

A prestação de serviços sociais como direitos está, portanto, necessariamente condicionada pela base fiscal do Estado para pagá-los.

Barbalet (1989, p. 107) afirma que os direitos sociais são significativos apenas quando são substantivos, e os direitos substantivos nunca podem ser universais. Os direitos sociais estão sempre condicionados a uma infraestrutura administrativa e profissional, e, em última análise, a uma base fiscal.

A efetivação, a ampliação e a extensão dos direitos sociais dependem, portanto, da dimensão dos recursos nacionais que estão condicionados às prioridades do governo. No entanto, na medida em que as instituições políticas tenham condições de exercerem seus direitos políticos, as prioridades podem ser alteradas.

Isto significa que, embora os direitos sociais estejam inscritos na Constituição, como aconteceu na Constituição de 1988, em que a assistência passa a ser considerada *direito social para ampliação da cidadania*, constituindo juntamente com a saúde e a previdência social o tripé de seguridade social, o direito social é anulado na medida em que ele não se concretiza.

Do direito civil ao direito social, o que muda, do ponto de vista de direito, é que apelamos à "regra geral de julgamento", isto é:

— a regulação das relações sociais é pensada de acordo com o tipo de racionalidade;

— a regulamentação diz respeito às condições de acesso necessárias aos direitos;

— a definição de competência do direito na esfera de obrigações sociais, que traça o limite entre o direito e o não direito;

— as regras como se julgam no caso onde surgem conflitos.

Se pensarmos o direito social como processo de transformação do direito civil ligado a uma prática governamental específica, e como desenvolvimento de um tipo de direito que não obedeceu às mesmas regras de julgamento do direito civil, ele assume outra extensão, reduzindo-se apenas ao direito de trabalho e à seguridade social (Ewald, 1986).

A estrutura do direito social não pertence necessariamente ao direito do trabalho ou de seguridade social, porque o processo de socialização de direito não se limita a um só domínio. Ele se estende a outros domínios, como: o direito de acidentados, o direito do consumidor, o direito contra perigos e poluição, o direito internacional e o direito em desenvolvimento.

Barbalet (1989, p. 106) considera que "os direitos sociais e a política social são analiticamente bem distintos e a relação empírica entre os dois não é direta".

O conceito de direitos sociais pode ser um elemento de crítica à política social, na medida em que questiona se determinadas políticas são de fato expressões de direitos sociais.

Os direitos sociais, de acordo com Ewald (1986, p. 451), apresentam as seguintes características: 1) é um direito que não toma os indivíduos isoladamente, mas enquanto grupo; uma cidade ou uma categoria socioprofissional; 2) não é um direito de igualdade em que as regras de julgamento passam pela igualdade de direitos; ao contrário, é um direito discriminatório, um direito de preferências. Um direito que leva em conta, na sua técnica e na sua formulação, as diferenças, as disparidades, as forças em presença, que as mede e tem em conta as quantidades respectivas. Esta estrutura desigual e segregativa dos direitos sociais deve ser de alguma forma desproporcional. Ele tem como objetivo estabelecer uma ordem coexistente para além das particularidades individuais e restabelecer os equilíbrios desfeitos, de compensar as desigualdades, de favorecer os fracos em relação aos fortes; 3) o direito social é necessariamente um direito à base da sociologia — e não de filosofia, como o direito civil clássico —, na medida em que a sociologia foi historicamente constituída como crítica da filosofia, de suas abstrações e de sua metafísica, ao privilegiar a apreensão de sujeitos e de grupos tomando-os na sua realidade concreta. A sociologia é orgânica ao direito social, pois ela oferece o tipo de saber de que o direito social precisa para "apreender a sociedade", decompor em elementos constitutivos e dividir de acordo com as linhas de forças que são social e politicamente pertinentes.

Para o enfrentamento da questão social, atualmente existem duas propostas: o programa de renda mínima e a rede de solidariedade, criada e gerenciada pela sociedade civil.

Nos países de capitalismo avançado, onde foi implementado o *Welfare State*, a proteção social tinha caráter universal e se constituía em "direitos sociais". No entanto, no cenário da reestruturação produtiva, a Holanda, a Grã-Bretanha e a Alemanha reduziram os benefícios de cobertura do seguro-desemprego, diminuíram o salário mínimo e reduziram a semana de trabalho. Atualmente, os países da Comunidade Europeia estão formulando uma proposta de proteção social de formato mais econômico e enxuto, porém de caráter universal. Mas a expansão de serviços sociais não implica necessariamente aumento do funcionalismo ou pessoal estatutário. Tal expansão poderá ser realizada por meio de contratação e convênios com empresas privadas, assim como com empresas públicas com um regime de gestão, na medida em que reconhecem a inadequação de métodos tradicionais de gestão social. Ao lado dos investimentos sociais, desenvolvem-se atualmente programas para expansão de empregos. Em relação à proteção social, a França implementou no início da década a renda mínima, assim como a Espanha. A tendência é a implementação do programa de renda mínima nos países da Comunidade Europeia, adequando-a às características de cada país. Vale ressaltar que os serviços e benefícios, embora reduzidos, têm caráter universal.

No Brasil, o enfrentamento das sequelas da nova e velha "questão social", aliado à falta de fundos sociais e subordinada à proposta neoliberal de "Estado mínimo", configura um fenômeno de *refilantropização da assistência*, na medida em que o governo transfere para sociedade civil a responsabilidade de solucionar os impactos do Programa de Ajuste Estrutural preconizado pelo FMI e Banco Mundial.

Esta proposta, de acordo com as análises de Cohn (1997, p. 2), vai ao encontro da proposta governamental, pois, na atual conjuntura, a agenda pública dos debates sobre a realidade social brasileira gira em torno das virtudes e necessidades de preservar o Plano de Estabilização Econômica. A agenda do debate público que vem sendo definida pelo atual governo em torno da relevância desse Plano — ou seja, do seu custo social — desloca-se da questão de renegociar um novo pacto de solidariedade social, que efetivamente permita a formulação de políticas econômicas e sociais redistributivas, para políticas que seguem centradas na questão da pobreza.

De imediato, isto reduz as políticas sociais, incluídas aí aquelas relativas ao compromisso firmado junto à ONU, à política de alívio da pobreza, uma vez que se parte do princípio que as políticas de superação da pobreza são aquelas atinentes ao Plano de Estabilização Econômica e de ajuste estrutural da nossa economia (Cohn, 1997, p. 2).

Neste sentido, o governo tem adotado o princípio de autofinanciamento, que se traduz em uma regra de ouro das políticas sociais: os usuários devem pagar pelo que recebem. No limite, esta regra desemboca na privatização dos serviços sociais, que seguem quatro tendências:

1) A privatização explícita — uma forma de articulação bastante estruturada entre o aparelho do Estado e o setor privado, produtor de serviços (hospitais) ou fornecedor de "produtos sociais" (empreiteiras de construção civil). Cria-se, pois, uma divisão de trabalho entre o Estado, que estabelece as regras e transfere os recursos, e o setor privado, que se encarrega da produção de bens e da distribuição de serviços.

2) Deslocamento da produção e/ou da distribuição de bens e serviços públicos para o setor "privado não lucrativo", constituído pelas instituições filantrópicas ou organizações comunitárias, ou novas formas de organizações não governamentais, como as ONGs.

3) Descentralização ou municipalização, que se apresenta como um recurso utilizado para repasse de responsabilidades aos municípios e estimular a participação de todos na perspectiva de criar uma rede de solidariedade. Calcada nos moldes liberais, esta supõe rápida e total transferência das competências aos municípios, sem contrapartida de recursos necessários. Trata-se, portanto, mais de uma descentralização da intervenção.

4) Filantropia empresarial ou políticas sociais empresariais.

Os processos de descentralização das políticas sociais vêm possibilitando a multiplicação de experiências inovadoras no nível local, dentre as quais o setor de saúde e os programas de renda mínima de inserção. Estas experiências que ocorrem no país são de iniciativa municipal, contando atualmente com cerca de 80 (oitenta) municípios que vêm tentando implementar o programa, entre os quais o de Campinas (SP) e a Bolsa Escola, associada à educação implementada sob o governo de Cristovam Buarque em Brasília (DF).

A implementação desta proposta pelos governos municipais apresenta visibilidade na medida em que assumem uma prática calcada na cultura de cidadania e direitos sociais.

O trabalho de Selma Schons traz contribuições significativas para o debate que se trava na categoria dos Assistentes Sociais, sobre "direitos sociais" enquanto componente para ampliação de cidadania. Sua análise privilegia o resgate histórico da constituição dos direitos sociais ao nível dos países capitalistas centrais. No entanto, a reflexão da autora não se encerra neste livro, pois sua reflexão desloca-se para a particularidade brasileira no contexto da reestruturação produtiva.

Bibliografia

ABREU, H. B. *A cidadania na sociedade capitalista*: um estudo sobre a legitimação da ordem. Dissertação (Mestrado) — UFRJ, Rio de Janeiro, 1994.

BARBALET, J. M. *A cidadania*. Lisboa: Estampa, 1989.

BRAGA, R. *A restauração do capital, um estudo sobre a crise contemporânea.* São Paulo: Xamã, 1997.

CARDOSO, A. I. *Reestruturação industrial e políticas sociais empresariais no Brasil nos anos 80.* Dissertação (Mestrado) — UFRJ, Rio de Janeiro, 1995.

CARLEIAL, L. M. F. Firmas, flexibilidade e direitos no Brasil. *São Paulo em Perspectiva*, São Paulo, p. 22-32, 1997.

COHN, A. *Contexto*: pobreza, desigualdades e políticas sociais. Rio de Janeiro: Ibase, 1997.

COUTINHO, L. A terceira revolução industrial e tecnológica: as grandes tendências de mudança. *Economia e Sociedade*, Campinas, Unicamp, p. 68-129, 1992.

DINIZ, E. Em busca de um novo paradigma: a reforma do Estado do Brasil. *São Paulo em Perspectiva*, São Paulo, 1996.

EWALD, F. *L'etat providence*. Paris: Grasset, 1986.

NAVARRO, V. *Neoliberalismo y estado del bienestar*. Barcelona: Ariel, 1997.

KAMEYAMA, N. *Crise e reestruturação do capital tardio*: elementos pertinentes para o Serviço Social. Texto de conferência para o concurso de professor titular. Rio de Janeiro: UFRJ, 1994.

_____. *Catálogo de dissertações de mestrado e teses de doutorado — 1975/1997*. Rio de Janeiro: UFRJ, 1998. [Editado em disquete.]

_____. A trajetória da produção de conhecimentos em Serviço Social: avanços e tendências. *Cadernos ABESS*, São Paulo, n. 8, p. 33-74, 1998.

OLIVEIRA, F. Além da transição, aquém da imaginação. *Novos Estudos Cebrap*, São Paulo, p. 2-15, 1985.

ROSANVALLON, P. *La nouvelle question sociale*: repenser l'état providénce. Paris: Seuil, 1995. p. 3.

INTRODUÇÃO

"Assistência", "Previdência", "Seguro Social", "Direitos Sociais", "Bem-Estar Social", e tantos outros, certamente são conceitos, palavras ou termos usados sob as óticas mais diversas, porém ainda pouco pensados. Mesmo que a Assistência esteja muito presente no cotidiano da profissão do Serviço Social, bem pouco se produziu teoricamente sobre o que a determina. Foi até mesmo rejeitada em vários momentos da profissão. Muitos autores que dela se ocuparam nos dizem explicitamente que surpreende a "ausência de estudos sobre a política assistencial" (Teixeira, 1984, p. 322). Temos, por outro lado, uma "forte tradição setorializante" no trato da política social (Viana, 1989, p. 5). Mais proximamente, contudo, já se diz que "é significativo que tenha se multiplicado, em tempos recentes, a produção de textos sobre políticas sociais no Brasil". Pode-se supor que isto é sinal "de contemporaneidade da 'inteligência' nacional, que rapidamente traduz em reflexões os problemas dominantes na realidade" (Viana, 1989, p. 3).

Especificamente, já existem hoje autores cuja produção rebate concretamente na área do Serviço Social. Ocupa-se disso o grupo da PUC-São Paulo, desde 1985 — pioneiros, portanto, em retomar o tema —, formado por Aldaíza de O. Sposati, Dilséa A. Bonetti, Maria Carmelita Yazbek e Maria do Carmo Brant de Carvalho. Ao lado deste temos o grupo da UnB-Brasília, encabeçado por Pedro Demo, Vicente de Paula Faleiros e Potyara A. de P. Pereira. Na UFRJ-Rio de Janeiro, entre 1989 e 1990 surge a mais recente equipe, coordenada por Nobuco Kameyama e José Paulo Netto. Não podemos deixar de registrar que novos pesquisadores, ligados ou não a esses grupos, estão despontando. Fora da área do Serviço Social, e ligado ao doutoramento em Políticas Públicas, temos ainda o grupo da Unicamp-Campinas, com destaque para Sônia M. Draibe. Nesta mesma linha, com produções esparsas sobre a Assistência, podemos indicar as produções de Sônia M. Fleury Teixeira e Maria Lúcia Werneck Viana. Cada grupo, é claro, tem suas peculiaridades e características próprias quanto à concepção da Assistência Social.

No Serviço Social, o debate se reaquece em 1985. E isso a partir de três motivos, ao nosso ver muito interligados. Um deles se originaria do próprio processo do Movimento da Reconceituação, que chega ao seu momento (pós-afirmação acadêmica) de rebatimento junto aos profissionais exigindo práticas inovadoras para as demandas postas pela nova realidade nacional (transição democrática). Estaria assim afirmado já o segundo motivo. Um terceiro se deve aos alarmantes índices das condições de vida da população, pedindo respostas mais ágeis e efetivas de uma política assistencial desacreditada, ligada também — entre outras razões — à confusão existente nas concepções profissionais que a implementam, chegando Sônia Draibe a dizer que "há uma velha, constante e infindável discussão sobre o conceito de Assistência Social, mas muito pouco consenso existe sobre ele" (1990b, p. 18).

Independentemente de nossa vontade, de nossa escolha, de nosso compromisso, das crenças que porventura possamos ter, de nossa compreensão sobre ela ou a caracterização que dela se faça, o certo é que a Assistência segue acontecendo. Ela é parte integrante e prioritária na ação do Serviço Social e das instituições de execução das políticas sociais. É nossa convicção que, para que se avance no tratamento da questão da Assistência Social, no interior da profissão do Serviço Social, se exija maior clareza conceitual; urge analisá-la a partir de enfoques inovadores; é preciso conhecer os determinantes históricos, econômicos e políticos a que está sujeita para, dessa forma, nos aproximarmos mais do seu real significado na vida cotidiana da classe trabalhadora. Certamente, constitui um desafio percorrer o caminho da Assistência Social na pretensão de sistematizar algo em torno daquilo que a caracteriza nas complexas concepções de direitos sociais e de cidadania do tempo atual. Fazemos isso no intuito de possibilitar elementos aos que operam com esta questão (especialmente os assistentes sociais) e aos diferentes Conselhos da Assistência Social, formados a partir da LOAS em vista de uma prática em favor dos anseios daquelas frações de classe que demandam esses serviços.

Temos consciência de que muito, e de vários modos, já se escreveu sobre isto e que se continuará a investigar. Porém, também acreditamos, como Marx, que "os homens fazem a sua própria história, mas não a fazem segundo a sua livre vontade, em circunstâncias escolhidas por eles próprios, mas nas circunstâncias imediatamente encontradas, dadas e transmitidas" (1984, p. 21). Este é o nosso momento histórico profissional e a sua relação com a Assistência "nessas circunstâncias" já dadas. Por isso, mesmo sabedores de nossos limites, não deixamos de contribuir na construção da história deste preciso momento histórico.

É objeto deste trabalho obter uma maior aproximação e compreensão do tratamento conceitual e a caracterização da Assistência Social, desmistificando-a quando afirmada como direito social e um avanço para a cidadania.[1] Para uma maior aproximação e compreensão do tratamento conceitual, tentamos, por meio da

---

1. É necessário registrar que no presente trabalho não se pretende construir um conceito de direito social e/ou de cidadania.

análise de determinadas produções teóricas no Serviço Social — sistematizando-as em diferentes quadros explicativos —, descobrir o que ela significa, quais as suas funções, enfim, ver como esses diferentes autores concebem a Assistência, entendendo as caracterizações, o significado e a função da Assistência Social.

Visto que a Assistência afirmada nas produções mais recentes no Serviço Social é a Assistência como direito social e ampliação para a cidadania, sensíveis também à atualidade do tema, procuramos problematizar nosso objeto em torno dessas questões, embora não o fosse *a priori*, sendo que a pesquisa nos despertou para tal. A fim de compreender a assistência como direito social e avanço para a cidadania, procuramos fazer uma representação geral sobre a constituição e o desenvolvimento, bem como o significado desses direitos e dessa cidadania. Tudo isso foi feito numa tentativa de desmistificar afirmações apressadas sobre a Assistência. A partir da compreensão dos direitos sociais e da cidadania, com o objetivo de desnudar, enfim, o real significado da assistência, procuramos perscrutar o longo período histórico de afirmação e desenvolvimento do atual sistema de produção em suas diferentes fases político-econômicas, que têm a ver com o quadro real no qual acontece hoje essa Assistência. Para essa etapa procuramos nos amparar em autores que nos auxiliassem numa visão crítica do atual sistema, para que pudéssemos pôr em relevo o que vem sendo ocultado convenientemente, para que representantes de interesses de grupos bem determinados possam continuar sendo atendidos em detrimento de outros.

Quanto ao processo investigativo, centramos nosso marco metodológico na tentativa de uma maior compreensão do real da assistência no Serviço Social. Por se tratar de um tema muito amplo, sentimos imprescindível delimitá-lo. Porém, não quisemos fazê-lo *a priori*. Por isso tentamos uma representação geral do tema, o qual teria muitos aspectos a serem observados e abstraídos. Escolhemos fazê-lo a partir das produções teóricas no Serviço Social. Aproximando mais ainda o tema, nos limitamos às produções das dissertações de mestrado e teses de doutorado realizadas nas Escolas de Serviço Social no Brasil, uma vez que acreditamos que aí conflui a reflexão sobre o cotidiano da profissão e estas, por sua vez, serão novas "iluminações" das práticas. Julgamos que o mesmo acontece com os artigos publicados na revista *Serviço Social & Sociedade* (por se tratar de uma publicação específica). Importa observar ainda que se fez a leitura crítica dos ensaios para se obter uma representação geral da assistência e não uma análise interna dos textos. Na leitura dos textos é necessário estar atento à sua cronologia.[2] Trata-se de um período histórico de quinze anos desde a produção dos primeiros até os últimos contemplados na análise.[3] Ainda uma atenção especial há que se ter em relação à diferença de densidade teórica entre um artigo para revista, uma dissertação de mestrado e/ou tese de doutorado.

Delimitado o campo da pesquisa para a apreensão do real, procuramos fazer uma representação do geral das produções a fim de captar as "categorias essenciais" que regem hoje a Assistência na profissão. No processo de compreensão do essencial buscamos captar alguns elementos presentes na Assistência para perceber como são tratados no interior das produções.

---

2. Já de início, é interessante constatar que o tema da Assistência começa a figurar nas teses tão somente na segunda metade dos anos 1970, e, mais propriamente, só na segunda metade da década de 1980, já que observamos que das dez dissertações analisadas, sete só aparecem a partir de 1987. Da mesma forma, os artigos sobre o tema da revista *Serviço Social & Sociedade*, embora apareçam desde o primeiro número (setembro 1979), começam a ser expressivos e mais explícitos somente a partir de 1985, totalizando dezoito artigos. Outra constatação é que, até 1990, nas diversas Escolas de Serviço Social, no Brasil, dentre as mais de quatrocentas dissertações de mestrado e nas onze teses de doutorado, apenas dez dissertações e uma tese tratam da Assistência. Acentuamos, apesar disso, que ultimamente já se escreve com frequência sobre políticas sociais, mas ainda num sentido setorial e relativamente pouco sobre a Assistência Social propriamente dita. Embora este seja o objeto específico da profissão, parece tratar-se ainda de um tema marginal e para marginalizados!...

3. Ver no Anexo II atualização bibliográfica das produções teóricas no Serviço Social.

Antes, porém, de entrar na análise do quadro conceitual,[4] sentimos a necessidade de iniciar com a caracterização propriamente dita da Assistência e como é analisada em relação aos avanços e recuos dos benefícios sociais e, sobretudo, que tipo de Assistência se afirma. Ao iniciarmos nossa reflexão sobre os componentes mesmos da Assistência, pareceu-nos imprescindível: 1º) verificar o *caráter* da Assistência como concessões *antecipatórias de outorga* ou como *conquista*; 2º) detectar sua *clientela* preferencial, uma vez que esta nos remete à própria concepção da Assistência, perguntando-nos: quem é esta clientela, como a concebem e analisam; 3º) observar qual a *função* atribuída à Assistência é outro ângulo revelador da concepção nas produções teóricas; 4º) finalmente, e enquanto isso, já no âmago de nosso objeto específico de análise, importa refletir, sobre a *efetividade social* da Assistência, o que dizem os autores a respeito de sua repercussão ou impacto sobre a população; ou ainda, o que consideram como causas da efetividade ou não efetividade dela; como é tratada em relação à estrutura e conjuntura. Nas análises das formas concretas da Assistência importa questionar se é levada em conta a estrutura e conjuntura em que essa ou aquela Assistência se efetiva; 5º) a Assistência em relação aos *direitos sociais* e à *cidadania*, muito presentes na produção atual, e o significado que tem a Assistência nessa concepção foram mais um componente que julgamos necessário observar. Outros elementos, como a concepção de Estado que estaria subjacente nas análises e observar ainda as bibliografias mais citadas na elaboração das concepções da Assistência, indicando assim os autores mais privilegiados, e outros, poderiam certamente se constituir em componentes de observação. Porém, julgamos que os que constituímos já nos poderiam fornecer indi-

---

4. Não é pretensão deste trabalho construir um conceito de Assistência. Apenas o abordamos aqui para perceber que tratamento recebe pelos diferentes autores.

cativos vários e suficientes para, a partir deles, proceder à análise em questão.[5]

Para uma maior compreensão da categoria *conceitual*, presente nas produções, tentamos algumas aproximações gerais a partir da terminologia que aparece nos autores, que a caracterizam como:

— um atendimento supletivo;

— área de indefinição e "processante" para outras políticas sociais;

— área de indefinição para permanecer no "mínimo";

— suplemento ou sucedâneo salarial;

— estratégia de ocultamento da realidade.

Em diversos autores há ainda uma preocupação em estabelecer diferenciações entre ações assistenciais e assistencialistas, caracterizando as primeiras como ações "mediatas" e as últimas como "imediatas". O que prevalece, sobretudo nas produções mais recentes, é a denominação da Assistência como política social.

É sabido que, embora a Assistência Social seja demarcada por determinadas formas estruturais, não deixa de ser algo *profundamente conjuntural*. Certamente vem disso a característica transitória que a marca tão profundamente (as ações da Assistência), dando sempre a impressão de que se trata de um campo que tem a ver apenas com ações momentâneas.

Embora esse "estrutural e conjuntural" seja fartamente citado pela quase totalidade dos autores, sendo também considerado em suas análises, uma vez que estas em sua expressiva maioria se apresentam dialeticamente em relação às funções da Assistência

---

5. É necessário registrar que o conteúdo da análise da pesquisa sobre a Assistência, que forneceu o suporte para as nossas reflexões, encontra-se em nossa Dissertação de Mestrado apresentada na PUC-São Paulo, 1994. Aqui registramos somente algumas observações conclusivas sobre a pesquisa realizada.

— como poderemos constatar mais adiante —, é, porém, pouco analisado. A nosso ver, o é de forma frágil e insuficiente, ficando, por isso mesmo, também limitado à concepção do caráter da Assistência como concessão antecipatória de *outorga* da ação estatal e/ou a concepção de *conquista* da classe trabalhadora, esta última proveniente das pressões exercidas pela luta de classes.

Quanto ao binômio "outorga" e "conquista", o que se vê afirmado nas produções é a Assistência como conquista, isto porque se acredita que "[...] o avanço das Políticas Sociais terminam por ser menos a ação do Estado em prover a justiça social e mais o resultado de lutas concretas da população" (Sposati et al., 1987, p. 34).[6]

Neste item não há grandes conclusões a tirar. Porém, alguns pontos podem ser ressaltados, como, por exemplo: a Assistência caracterizada como outorga é fortemente marcada pelo paternalismo e clientelismo.[7] Segundo os autores, é a Assistência preferencial do Estado autoritário. Já a Assistência como "conquista" representaria uma maior resposta para a população usuária. Para grande

---

6. Esta obra (*Assistência na trajetória das políticas sociais brasileiras*) não estaria na relação direta das produções a que nos propomos analisar. Porém, como o artigo "A prática da assistência social, elementos por uma caracterização" (*Serviço Social & Sociedade*, n. 19, 1985, nota p. 57), nos remete diretamente a essa obra como sendo o relatório de pesquisa da qual trata o artigo analisado, e ainda por ser uma das primeiras produções que se ocupam de forma explícita com o tema Assistência, torna-se obrigatória, ao menos, alguma referência a ela.

7. "Clientelismo é um modo de regulação dos repasses de recursos, confirmando uma situação tipicamente de barganha entre patrões e clientela, tendo como funções a troca de benefícios e estabelecer a solidariedade nas sociedades em que a credibilidade social está abalada" (*apud* Castro, 1988, p. 75).

Uma vez que nas produções encontramos uma análise da "ajuda internacional" — caso da Cáritas —, uma observação interessante a fazer é quanto aos aspectos do clientelismo internacional, especialmente na forma mais atual, quando os "organismos de ajuda" não mais estabelecem uma relação clientelista de nação-a-nação apenas, mas preferem buscar as próprias organizações populares, porque, como diz um analista, "descobriram a 'eficiência das ONGs' (organizações não governamentais) para gastar seus (às vezes abundantes) recursos em projetos de desenvolvimento" (Moller, 1991, p. 50), porque menos burocráticos e mais ágeis.

parte dos autores, esta última aparece mais nos períodos de maior organização popular, que seriam também os períodos de real avanço dos benefícios sociais e da Assistência.

O caráter de outorga e/ou conquista da Assistência, embora se afirme que muitos elementos confluam para defini-lo, para a maioria dos autores se define sempre a partir do referencial político usado. Poucos, na verdade, aprofundam o aspecto econômico.

Para uma compreensão mais ampla seria necessário, aqui, nos dirigirmos aos pensadores marxistas que apresentam as características da outorga e/ou conquista em dois momentos distintos, ou seja, apresentam a *outorga* como uma ação do *Estado* de forma antecipatória quando o capitalismo chega a tal nível que haja *excedente*, sendo então possível distribuir. Já no que concerne à *conquista*, esta se dará no momento em que a *luta de classes* estiver de tal forma organizada ou quando a luta da classe trabalhadora chegar a tal ponto que seja capaz de exigir que o Estado lhe faça *concessões*.

A Assistência como conquista nos remete aos conceitos de cidadania e dos direitos sociais apontados pela maioria dos autores como a afirmação da Assistência desse período.

Outra categoria de análise se refere ao *Cliente* da Assistência. É a própria concepção de Assistência que define a clientela. Assim encontramos uma variação muito numerosa, predominando, no entanto, as expressões como uma ação para os "despossuídos", "pauperizados", "oprimidos", "população marginalizada", de "baixa renda", "carente" e "massas populares". Isso dá bem a ideia da indefinição do cliente da Assistência, ou seja, em geral, trata-se de "uma ampla população" não bem definida, o que expressa a *inexpressão* do cliente bem como do próprio campo da Assistência. Além das "tipificações por suas características físicas, psicológicas ou sociais, fragmentando-a politicamente e, consequentemente, negando a existência de classes sociais" (Kameyama, 1981, p. 149). Nas produções mais recentes, a referência ao cliente da Assistência como "classe social" é a predominante, embora não se avance muito no seu aprofundamento.[8]

Aqui ainda é importante lembrar a concepção de cliente do Projeto da "Lei Orgânica da Assistência", que no artigo 3º do capítulo 1º assim se expressa: "É beneficiário da Assistência Social *todo cidadão em situação de incapacidade* ou de impedimento permanente ou temporário, por razões sociais, pessoais ou de calamidade pública, de prover para si e sua família, ou ter por ela provido, *o acesso à renda mínima* e aos serviços sociais básicos" (Documento da Lei Orgânica, 1990, p. 158; grifo nosso). Se antes constatamos que a denominação de clientela permanecia bastante indefinida, e, por isso, muito vaga, aqui se vê que o "beneficiário" já é mais bem definido. Mas esta definição abre para um campo vastíssimo no que tange à abrangência da Assistência Social, permanecendo a clientela, da mesma forma, muito vaga.[9]

Por outro lado, encontramos ainda a ideia de cliente da Assistência como o "excluído das outras políticas sociais", dando a ideia de que há um atendimento para as políticas sociais, em geral, e outro atendimento, particularizado, para os "pobres" da Assistência.

Especificar quem é o cliente da Assistência não é propriamente nosso objetivo. Em contrapartida, essa reflexão nos será valiosa para aproximar-nos mais desse "cliente" da Assistência (= "o cidadão"), uma vez que nosso objeto pretende investigar a questão da cidadania afirmada nas produções da Assistência.

Sempre no intuito de uma maior aproximação da concepção da Assistência Social presente nas produções teóricas, um compo-

---

8. A obra de Yazbek (1993) é hoje uma leitura obrigatória quando se trata desse tema.

9. No texto *A política social do Estado capitalista*, Faleiros observa que a Assistência se destina "aos excluídos do mercado de trabalho", para mantê-los com um benefício inferior aos incluídos no mercado de trabalho e em condições mínimas para eventuais substituições... e usa uma expressão irônica de Paul Singer, para quem a Assistência é para manter o "viveiro de trabalhadores" (Faleiros, 1983, p. 65-66).

ASSISTÊNCIA SOCIAL ENTRE A ORDEM E A "DES-ORDEM"

nente a mais a ser abordado é a *função* atribuída à Assistência. Uma constatação que se faz de imediato é que a análise da *função política* é a mais presente nas produções. Ou seja, a Assistência como função de controle social e legitimadora do poder.

Importa ressaltar que, ao se tratar da função política, encontramos exaustivas análises de diferentes momentos políticos do país. Ao invés, quando se trata da função econômica, esta apenas é citada e, de forma muito geral, como sendo a da reprodução da força de trabalho da população carente e acumulação do capital. Também encontramos breves referências às preciosas contribuições de James O'Connor (1977, p. 19-20), para quem o Estado capitalista cumpre duas funções básicas — acumulação e legitimação. Além disso, para O'Connor, o Estado, para se manter, não só deve criar as condições básicas para a acumulação, como também estabelecer as condições de harmonia social, atribuindo assim à Assistência tanto uma função econômica quanto política.[10]

Aqui ainda teria sido muito valioso fazer um levantamento sobre a bibliografia usada pelos autores ao analisar certos aspectos das funções da Assistência. Uma observação mais atenta, porém, já nos permite dizer que, embora alguns deles já levem em conta o aspecto econômico presente na função de Assistência, bem poucos deles tentam trabalhar algo nesse sentido. A restrita bibliografia em relação à análise da economia política o atesta sobejamente. Aliás, é curioso perceber como a bibliografia permanece num círculo restrito. Alguns, é verdade, avançam, e estes, em geral, são citados pelos demais sem acrescentar praticamente grandes novidades.

---

10. Cabe ainda uma observação quanto à função da "regulação social" da Assistência, que hoje se faz presente em várias análises. Não as contemplamos aqui por se tratar de obras e/ou autores que não foram abrangidos em nosso leque de análises. Trata-se principalmente de Francisco de Oliveira (1990), Aldaíza Sposati (1992) e Maria Carmelita Yazbek (1993), embora em *Vida urbana e gestão da pobreza*, Sposati parece trabalhar com a ideia da Assistência como regulação (1988, p. 48-49). O mesmo se pode dizer de Belfiori et al. (1985, p. 84).

Percebemos que o aspecto da *função* da Assistência necessita de uma maior atenção nossa, não no sentido de analisar as "funções atribuídas à Assistência" pelos nossos autores, mas no que diz respeito à melhor compreensão da função da Assistência quanto ao enfoque, sobretudo político e econômico, uma vez que pretendemos desvendar melhor qual o significado dessa "Assistência", afirmada como direito social e ampliação da cidadania no atual modelo de organização sócio-político-econômico.

A *efetividade social* da Assistência é outro elemento revelador. Que dizem os autores a respeito de sua repercussão ou impacto sobre a população? O que consideram como causas da efetividade ou não efetividade da Assistência? Que saídas apontam? O que consideram como limite? Qual o horizonte da Assistência que afirmam ou negam?

Sobre os limites de efetividades da Assistência Social:

- Há todo um bloco de autores que centra os limites da Assistência na organização institucional e na questão administrativa.

- Há ainda limites que se centram na indefinição e na não identidade do campo da Assistência.

- Constata-se também o estrutural econômico e político como o grande limite para uma maior efetividade das ações assistenciais.

- Outros ainda apontam para o limite da Assistência situado na própria formação e atuação do profissional que opera com a mesma. Há os que apontam apenas o sentido técnico-administrativo do profissional, enquanto outros apontam para a "direção social" e a concepção "política" que o profissional tem da Assistência.

Sobre propostas e saídas apontadas para uma efetividade da Assistência Social, é preciso que se diga que, embora a grande maioria aponte para a superação desse modo de produção (capitalista) para lograr um efetivo acesso aos bens produzidos na sociedade, encontramos nas propostas e saídas indicadas ideias pulverizadas no próprio limite dessa estrutura econômica. A nosso ver, os que apontam para a necessidade de outro projeto econômico e político são a expressiva maioria.

Quanto ao horizonte da Assistência afirmado e/ou negado, ressalta-se que é nesse aspecto que, talvez melhor que em outros, se percebe por onde vai a Assistência na concepção dos autores. Já não mais se recorre à negação da Assistência como um "não campo" do Serviço Social, ou como algo que não deva ser implementado pelo Estado e/ou pela sociedade civil em geral.

É interessante destacar a importância que se dá à necessidade de enfrentar a discussão da Assistência, mesmo que seja para superá-la. Diz-se até mesmo que não é negando-a que se vai superar o ilusório nela contido. Queremos registrar mais um aspecto, mesmo que a expressiva maioria a afirme como um direito e a veja como a ampliação da cidadania, a necessidade de superá-la e o prescindir dela é o horizonte afirmado por vários autores.

Já aqui poderíamos aprofundar nossas questões. Mas não é bem em torno da efetividade ou não efetividade da Assistência que pretendemos avançar, senão muito mais no que significam esses direitos do cidadão. Que ganhos, do ponto de vista dos "direitos", são possíveis nos nossos patamares de ganhos ou não ganhos de consumo. Vimos nesse item de análise que a Assistência afirmada é a Assistência como um direito, inerente à própria cidadania, e é em torno disso que pretendemos avançar. Por isso, pretendemos centrar nossas reflexões no próximo componente da análise, ou seja, perceber a "Assistência como Direito e conquista da cidadania". Direito social e cidadania são elementos que decorrem naturalmente do caráter da Assistência visto anteriormente, uma vez que se afirmou a Assistência como "conquista".

Percebe-se, numa nova fase do Serviço Social, que a Assistência volta novamente ao cenário da profissão, que ela vem sendo afirmada como uma estratégia e uma mediação para a conquista dos direitos sociais e um espaço para a construção da cidadania. É isto que nos revela a produção teórica da década de 1980.[11]

Basicamente, as produções se limitam a conceber a cidadania "como uma melhor qualidade de vida" ou como um "maior acesso aos benefícios sociais". Poucos acenam para outras concepções, tais como "redistribuição de riqueza", por exemplo. Como mediação, a questão se coloca em torno das práticas coletivas sob a ação de um "sujeito histórico".

O que pudemos constatar é que atualmente torna-se cada vez mais frequente afirmar a Assistência como conquista da cidadania. Mas isto ainda não é universal, visto que há artigos que não se referem à cidadania como elemento essencial da Assistência. Constata-se, outrossim, que embora seja abordada pela maioria das produções, a categoria "cidadania" é ainda pouco trabalhada. Melhor, a indicação da luta pela cidadania — conceito ainda não bem definido — é algo considerado de modo ainda muito vago, permanecendo, então, como proposta bastante abstrata.

Nossa proposta de acercar-nos do real da Assistência a partir das produções teóricas sobre o tema, no intuito de contribuir para que se avance na compreensão conceitual — aumentando assim as possibilidades para uma nova direção no tratamento da mesma no interior da profissão —, se vê diante do desafio de continuar avançando na direção das análises mais atuais. Dessa maneira, à medida que avançávamos nas leituras, novos indicativos sobre a Assistência foram se colocando. Uma vez que também nos preocupamos

---

11. Encontramos ainda autores que apresentam a Assistência como uma proposta da construção de uma "contra-hegemonia" (Oliveira, 1987) e/ou a partir dos "micropoderes" presentes nas instituições construir um "contrapoder" como formas de mediação na construção da cidadania (Bittar, 1987, p. 105).

com a atualidade do tema, ficamos convencidos da necessidade de aprofundar algo sobre como a Assistência vem sendo abordada hoje nas análises das produções teóricas. Diante disso, como já dissemos anteriormente, constatamos que ela vem sendo afirmada como um direito social, constituindo-se num elemento capaz de ampliar a cidadania. Além do mais, constatamos, que, embora se conceba a Assistência como um caminho — ou uma mediação — para o direito social e a cidadania, muito pouco se desenvolveu este conceito ou mesmo a sua compreensão no desdobrar das análises.

Mesmo quando dissemos que é frágil ou, então, insuficiente o que se apresenta em torno da categoria que está colocada como eixo "atual" da Assistência, não é proposta nossa elaborar um novo conceito, mas sim tentar contribuir no aprofundamento e na compreensão do que vem a ser o direito social e a cidadania, o que significa, como se constitui historicamente, que relação tem com os outros direitos e até mesmo questionar as posições dos que se colocam do ponto de vista de que as ações da Assistência ampliam a cidadania. Para nós, tudo isso não passa de uma tentativa de travestir o "antigo" cliente da Assistência com uma roupagem de cidadão. É isto o que pretendemos refletir no primeiro capítulo, para depois, nos capítulos seguintes, situar a Assistência e compreender o seu significado no projeto da ordem burguesa e as características que assume nas diferentes fases políticas e econômicas.

A partir desses elementos constatamos que a Assistência afirmada no Serviço Social, nos últimos anos, vem sendo a Assistência como direito social e uma ampliação para a conquista da cidadania, o que para nós passou a configurar-se como o *essencial* na concepção da Assistência no momento atual. Assim, é em torno do direito social e da cidadania que procuramos centralizar o primeiro momento de nosso estudo. Para isso, abstraímos as categorias de "direitos sociais" e de "cidadania" para melhor compreendê-las na sua formação e no seu significado, numa tentativa de isolar novos elementos nelas inseridos e que possam contribuir na explicação do conceito mesmo da Assistência.

Feita essa primeira aproximação de uma representação geral e "isolada" das categorias essenciais, mas sentindo ao mesmo tempo a necessidade de compreender a Assistência Social em relação à totalidade do real existente, além de conhecer suas determinações específicas, procuramos situá-la na fase histórica do modo de produção capitalista num exercício de abstraí-la de um real dado, situá-la nas diferentes fases políticas (formas de Estado) e econômicas para perceber as diferentes caracterizações que assume nas diferentes conjunturas. Não estamos interessados na sucessão histórica dos fatos mas, diríamos com Sweezy, "estamos interessados em sua ligação orgânica dentro da moderna sociedade burguesa" (1976, p. 44). O que importa é perceber a Assistência em sua ligação com o capital e o trabalho, qual a função e significação que assume nessa relação antagônica, a fim de nos fornecer os elementos para compreender seus limites e desmistificá-la enquanto afirmada como direito social e conquista de cidadania.

Para exposição de nossa investigação — após esta breve síntese do quadro geral explicativo da Assistência Social tal como é apresentada nas produções teóricas do Serviço Social, demonstrando que a Assistência Social afirmada no Serviço Social atual é a Assistência como um direito social e como uma aplicação em vista da cidadania —, apresentamos, portanto, num *primeiro* capítulo, uma representação geral sobre os direitos e a cidadania, com o fim de compreender o significado dos mesmos e numa tentativa de desmistificar a Assistência como direito social.

Nos capítulos subsequentes do trabalho, sempre na tentativa de desmistificar a Assistência afirmada como direito social, acompanhamos toda a trajetória histórica da Assistência no projeto da ordem burguesa, quando pretendemos dar relevo às caracterizações que ela foi adquirindo ao longo da história nos diferentes momentos conjunturais, sob as diferentes formas de Estado e sob as distintas configurações políticas e econômicas. Por isso, no *segundo* capítulo, num paralelo entre a "Lei dos Pobres" e a "Lei do Mercado", tentamos mostrar o papel que coube à Assistência e quais as suas características, no período da formação e afirmação da sociedade de mercado. No *terceiro* capítulo, apresentamos, no interior do Estado Liberal, a formação do Estado Social de Direito, na etapa da passagem do capitalismo concorrencial para o capitalismo monopolista, etapa esta em que surge uma Assistência Social mais encorpada, especialmente sob o regime do *Welfare State* keynesiano, tendo em vista atenuar uma crise de superprodução do capital e como resposta às exigências postas pelo Trabalho. No *quarto* capítulo, desdobramos a crise do *Welfare State* e a concepção da Assistência com uma explícita posição desfavorável no neoliberalismo, como expressão de crise não só econômica, senão dos próprios valores de igualdade com que se defronta o projeto da ordem burguesa neste final de século.

Neste livro — com suas lacunas evidentes e ineludíveis — não quisemos dizer a palavra final sobre o tema. Bem ao contrário, temos clara consciência de que fizemos tão somente uma abordagem inicial; detectamos alguns problemas; fizemos algumas interrogações, sobretudo no que se refere à problemática tratada no primeiro capítulo e segunda parte do quarto capítulo. Tudo isso carece de estudo e análise posterior e bem mais profunda. Temos hoje a sensação de que apenas adentramos num vasto campo, cujo conhecimento profundo e compreensão detalhada apenas se iniciou. É como se tivéssemos lançado um primeiro olhar sobre ele.

CAPÍTULO 1

A assistência como "direito":
a mistificação dos direitos sociais e cidadania

1.1 Da assistência aos direitos sociais

Uma observação mais cuidadosa nas leituras sobre a Assistência, nos últimos anos, nos remete à concepção da Assistência como um direito social e uma ampliação para a cidadania. Isto pode-se afirmar das produções críticas em geral, seja nos teóricos das ciências políticas e sociais, como também dos profissionais do Serviço Social. Foi também o que constatamos nas produções de nosso leque de análise, ou seja, nas produções sobre a Assistência presentes nos artigos da revista *Serviço Social & Sociedade* e nas dissertações e teses produzidas nas escolas do Serviço Social no Brasil. A Assistência afirmada, sobretudo a partir da metade dos anos 1980, é a Assistência como um direito social e como uma ampliação da cidadania. Como já observamos anteriormente, nossa intenção não é fazer uma análise interna dos textos, como também não se pretende uma análise em particular de como cada autor ou conjunto de autores trata tanto a categoria do "direito social" como a da "cidadania". Uma outra observação é que, assim como nossa contribuição está determinada a um contexto histórico bem preciso, de forma idêntica queremos entender a produção de cada autor que analisamos. O que pretendemos é ver, a partir do geral, o que significa a Assistência como um direito social e a ampliação para a cidadania, na forma como estas concepções vêm sendo tratadas nas produções, tentando desmistificá-las a partir de uma compreensão maior dos direitos do cidadão e, em especial, os direitos sociais e sua relação com a Assistência Social.

É importante que se lembre aqui de que o estudo sobre os direitos sociais e sua relação com a cidadania na última década não está presente somente no Serviço Social. Está também amplamente presente nas teorias políticas e nas ciências sociais. Não queremos com isto dizer, dada essa simultaneidade, que o Serviço Social esteja simplesmente transplantando esse estudo a partir de produções bibliográficas dessas ciências.[1] A propósito, sobre a bibliografia usada nas produções analisadas, bem que pretendíamos apresentar uma grade para visualizar melhor quem cita quem, quais os mais citados, por exemplo, e em que temas. Mas em virtude da bibliografia restrita que aparece nas produções, preferimos apresentar não mais que uma síntese. Quanto à bibliografia propriamente dita sobre a Assistência, temos algo que poderíamos, grotescamente, chamar de uma relação incestuosa. Enquanto as citações permanecem restritas a um círculo muito pequeno, os autores citam-se muito entre si mesmos, ou seja, entre Marco A. Coimbra, Vicente de Paula Faleiros, Pedro Demo, Marilda V. Iamamoto, Evaldo A. Vieira, Aldaíza Sposati; alguns arriscam Sônia M. Fleury Teixeira, Norberto Alayón, R. M. Titmuss, J. I.

---

1. Em relação às ciências sociais, hoje, o Serviço Social estaria numa posição de troca interdisciplinar, como um interlocutor, portanto. Ver José Paulo Netto (1989, cap. II), cuja tese resultou na publicação das obras: *Ditadura e Serviço Social*: uma análise do Serviço Social no Brasil pós-64. (São Paulo: Cortez, 1991) e *Capitalismo monopolista e Serviço Social* (São Paulo: Cortez, 1992).

Wilenski. É muito rara uma citação fora desse círculo. Em nossa opinião é aí que reside um dos pontos frágeis de tantas dessas produções. É por isso também — e não poderia ser diferente — que se repetem as concepções de Assistência, sobretudo quanto às suas funções e à efetividade que se lhe atribui. Outro ponto fissurado se constata quanto à bibliografia sobre os direitos sociais e a cidadania. A maioria dos que escreveram sobre a Assistência — e todos os que se põem numa posição crítica e como protagonistas da "transformação", afirmando a Assistência como um direito social e cidadania — utiliza uma limitada bibliografia sobre o tema. Portanto, só podem mesmo permanecer em afirmações gerais e sem a devida expressão do que significa cidadania. Entre a bibliografia citada — e isto quando citam alguma específica sobre cidadania e/ou direitos sociais — aparece sempre T. H. Marshall (1967); Wanderley G. dos Santos (1987); B. Lamounier (1981) (dentro dessa F. Weffort); Eunice R. Durham (1984). Com raríssimas exceções citam Albert O. Hirschmann (1983); Dalmo Dalari (1984) e Maria de L. Covre (1986). Nesse aspecto, Vicente de Paula Faleiros (1989) e Maria José G. C. C. de Oliveira (1987) são exceções.[2]

Situamo-nos na segunda metade da década de 1980, mais especificamente a partir de 1987, quando, segundo Netto, estamos no "terceiro momento" da "perspectiva da intenção de ruptura" (1989, p. 640, 647), quando o movimento da Reconceituação em Serviço Social dá o "espraiamento sobre a categoria profissional" (idem, p. 508),[3] ocasião em que se daria o seu amadurecimento.

---

2. A referida autora, em sua dissertação "O direito aos Serviços Sociais. Prática do Serviço Social e constituição da Cidadania" (1987), inclui todo um capítulo sobre a construção da cidadania, tratando-se evidentemente de uma exceção. Seu texto já foi publicado como: Gueiros, Maria José Galvão. *Serviço Social e cidadania* (Rio de Janeiro, Agir, 1991).

3. O autor concebe o movimento mais conhecido como Reconceituação do Serviço Social como a "perspectiva da intenção de ruptura", no qual apresenta três momentos distintos: o de sua emergência, o de sua consolidação acadêmica e o do seu espraiamento sobre a categoria profissional (Netto, 1989, p. 508).

Não há dúvida que os profissionais se defrontam com a necessidade de dar novas respostas às suas ações profissionais partindo de uma postura crítica e dessa exigência, uma vez que "a questão da cidadania vem encontrando espaço nas discussões sobre a profissão, tendo em vista a necessidade de se redefinir formas de atualização dessa profissão face às demandas que lhe são postas pela sociedade", conclui uma das autoras (Oliveira, 1987, p. 11). Além disso, "uma política de Assistência Social deve se pautar em ampliar os direitos sociais à população não como forma de garantir o consumo individual de serviços, mas efetivando mecanismos que inscrevam e expressem interesses populares no espaço institucional", é o que nos diz uma das deliberações dos participantes do 1º Seminário Nacional da Asselba (1986, p. 148). Ou ainda, é bastante clara, também em Ana Elizabete — ao analisar o Serviço Social no "mundo da produção" (empresa) — a afirmação de um projeto profissional capaz de romper "com a histórica funcionalidade entre Assistência Social e necessidade de produção. Em outros termos, é considerar a Assistência não mais como uma prática compensatória, criada pelo capital, mas como um processo de luta pela constituição e expansão dos Direitos Sociais dos Trabalhadores" (Mota, 1988, p. 163).

Já é passada a fase — ao menos para uma expressiva parcela de assistentes sociais — em que supunham suas ações "fora" e "contra" as instituições.[4] Começam a se dar conta de que sua ação profissional requer uma superação daquilo que vem sendo um estigma na profissão, desde antes da Reconceituação, ou seja, o *assistencialismo*. Com efeito, "uma política da Assistência Social deve romper com o Assistencialismo, com a pulverização, a fragmentação e superposição de programas e órgãos", reitera a Asselba (1986, p. 148). Torna-se imperiosa uma nova concepção para a Assistência

---

4. Nessa época os assistentes sociais brasileiros já estavam lendo Gramsci. Ver Carvalho (1983).

a fim de se obter um novo tratamento nas práticas profissionais. Não é mais possível tangenciar algo que está presente no cotidiano da profissão. É o momento de enfrentar a própria Assistência. Diante dessa exigência, a luta por cidadania é posta como uma alternativa de superação do Assistencialismo (Oliveira, 1987, p. 11; Pino, 1989, p. 158; Alayón, 1990, p. 153 ss.). Diante dessa preocupação é facilmente explicável a caracterização das várias formas de Assistência em "imediata" e "mediata", "stricto" e "lato sensu", "ações individuais" e "ações coletivas", em "restrita" e "abrangente", entre muitas outras, numa tentativa de isolar o elemento assistencialista, aparecendo a segunda alternativa sempre como uma conotação, por assim dizer, "resgatável" do campo minado da Assistência, em vista da consecução de uma "nova" alternativa para operar com uma ação que durante o longo período da reconceituação vinha sendo motivo de repelência ou, no mínimo, como um tema muito constrangedor no meio profissional. Deveras, "de uma posição de negação da Assistência — compreendida apenas como um mecanismo de tutela por parte de alguns grupos que emergem com o movimento da reconceituação do Serviço Social — passamos a refletir a questão da Assistência articulada ao reconhecimento dos direitos sociais", reconhece Belfiori et al. (1985, p. 74). Mais explícito ainda, e representando um pensamento que é comum nesse momento, admitindo-se o condicionamento social e teórico da profissão, entretanto, afirma-se que é no "enfrentamento da determinação e autonomia que poderá surgir o *novo Serviço Social*', sem negar sua vinculação histórica, ocupando o lugar que lhe foi determinado no e pelo modo de produção capitalista, orientado entretanto para *outra direção social*, no sentido de reverter o efeito ideológico dominante *em favor das classes subalternas*". Assim, dentro de seu campo próprio, ou seja, "a constituição *coletiva da cidadania* é, ao mesmo tempo, um articulador de forças na direção da *soberania popular*" (Sposati et al., 1987, p. 37; grifo nosso). Já Heloísa de Oliveira, referindo-se à rejeição da Assistência na profissão, no período da Reconceituação, afirma que esta "não favoreceu o avanço das lutas populares em direção à conquista da cidadania". E ainda, polarizando, "de um lado, encontram-se aqueles profissionais que negando-a (a Assistência), terminam por realizar uma prática ingênua, paternalista e burocrática, e de outro, aqueles que, procurando entendê-la como espaço de lutas e reivindicações populares, vêm efetivamente desenvolvendo uma prática crítica, comprometida com a construção de um novo projeto social para as classes excluídas dos bens e serviços da sociedade" (1989, p. 199).

Vemos assim uma ligação direta com um *novo* projeto social a *favor das classes subalternas*. E é aqui que duas ideias merecem destaque. É o alcance da cidadania algo efetivamente novo em relação ao atual projeto, de forma que possa reverter a atual situação de classes, ou seja, das classes hoje subalternizadas para uma "soberania popular"? O atendimento aos direitos sociais modifica a atual estrutura de classes? Outra ideia, evidentemente ligada à primeira, é em relação às expressões "lutas populares", soberania popular. Nesse "popular" está implícito uma fração de classes, ou é uma nova forma de escamotear a tensão de classe? Uma terceira: a da *"cidadania coletiva"* também aparece como relevante. Isto, porém, pretendemos retomar mais adiante.

A exigência de um novo reordenamento da ação pública assistencial no Brasil é entendida por outro grupo de autores, para o qual "tal reordenamento [...] deverá ser feito com uma *nova perspectiva — aquela do direito social —* e na qual o conteúdo dos programas seja concebido como prioritariamente preventivo e *superador das causas da necessidade"* (Cohn, 1987, p. 102; grifo nosso); ou ainda, "a reivindicação de direitos por parte da população aparece como espaço profissional na instituição, transformando-se em estratégia metodológica de atuação porque percebida como meio para a transformação" (Oliveira, 1987, p. 11). Como se torna evidente, estamos a um passo apenas para chegar a uma concepção equivocada. Primeiro, os direitos sociais como "superadores das *causas da necessidade*" e nesta última "numa concepção de transformação". Logo, quem opera com a Assistência, pura e simplesmente, adota uma "ação curativa, paternalista", permanecendo na postura conservadora. Pelo contrário, quem opera com a Assistência "numa concepção de direito e cidadania" trabalha no "preventivo, sobre as causas", postulando uma concepção transformadora.

A nosso ver, trata-se de uma concepção apressada, dispensando a necessária atenção para aprofundar e conhecer melhor as concepções e o conteúdo do direito e cidadania que estavam sendo utilizados. Assume-se uma posição crítica em relação ao processo do Estado, em relação às instituições, às políticas sociais, e em relação à própria Assistência, não acontecendo o mesmo em relação aos "novos" conceitos de direito e cidadania que vão sendo incorporados. Não se encontra uma maior preocupação em filiar os conceitos de direitos sociais e da cidadania a alguma corrente teórica, ou melhor, é articulada sim ao "novo projeto" do Serviço Social na "intenção da ruptura", ou seja, na interpretação crítico--dialética, que é o fundamento teórico dos profissionais que se inscrevem nessa postura e que pretendem a transformação. Isto nos leva a suspeitar de outros equívocos ou, no mínimo, de que ainda esteja muito frágil a compreensão de vertente teórica com a qual pretendem interpretar e operar no real.

Efetivamente, alguns já explicitam o lugar teórico da Assistência, como o faz Faleiros, segundo o qual "numa relação político/ liberal democrática a assistência pode-se constituir num direito do cidadão" (1989, p. 114) e que "a Assistência não pode gerar uma redistribuição imediata de renda, mas tem garantido o não agravamento de sua desigualdade nos países onde é tida como direito" (idem, p. 115). Para a grande maioria, porém, isto permanece numa esfera de penumbras, sobretudo quando se passa para a análise dos resultados concretos a partir dessas concepções. Ou, numa visão ainda mais fragilizada, como se bastasse afirmar o direito para se chegar aos resultados exigidos pelo "Novo Projeto" de sociedade. Nesta linha estão também os reclamos de Assistência para uma *política* da Assistência, concepção que perfila abundantemente pelos textos. Ver em especial Sposati et al. (1987, p. 29 ss.), Sposati (1988, p. 47), Oliveira, Valéria R. (1989, p. 98 ss.), Mota (1989, p. 127 ss.).[5]

Que o Serviço Social como profissão esteja ligado ao processo histórico da expansão da cidadania, é outra ideia que aparece nas produções. Porém, *"é recente o interesse* pelo estudo desse tema" (Oliveira, 1987, p. 11; grifo nosso).

A concepção de cidadania como uma melhor qualidade de vida, que aparece com relativa frequência em Mota (1988, p. 161-162, 1987, p. 103), Oliveira (1987, p. 24), Belfiori et al. (1985, p. 78) e outros, ao nosso ver, exige um confronto com a questão das necessidades. A pergunta que surge imediatamente é: "a melhor qualidade de vida" ficará restrita aos parâmetros formais do que se prevê como mínimo no já constituído?

Adjetivações gerais, tais como "alcançar uma *cidadania real"*, *"cidadania plena"*, aparecem sem, no entanto, dizer o que significa esse real e essa plenitude, atribuindo-se-lhes um valor abstrato como se com eles se pudesse chegar à "plena" ou "real" cidadania ou, então, superar a situação de pobreza com a qual opera a Assistência. O mesmo valor é atribuído ao "Estado do Bem-Estar Social", uma vez que o alcance do mesmo seria a plena concessão dos direitos sociais, limitando-se assim à concepção dos Direitos Sociais, no Estado Social em sua fase do Estado de Bem-Estar pós--keynesiano. Assim, um limite que não pode deixar de ser apontado é quanto ao tratamento conjuntural da Assistência e seu

---

5. Embora o texto de Sposati, de 1988, continue tratando do reclamo da "Assistência como política e não mais como mecanismo eventual e emergencial" (1988, p. 47), aparece também uma bem cuidadosa observação de que "o fato de se constituir a política como uma resposta não significa dar-lhe o estatuto de solução" (idem, p. 52).

ASSISTÊNCIA SOCIAL ENTRE A ORDEM E A "DES-ORDEM"

tratamento como direito confinado a uma bem determinada característica do Estado.[6]

Ante toda essa indefinição ainda existente, devemos apontar o artigo de Angel Pino (1989, p. 141 ss.) como exceção, na medida em que já descreve a trajetória da formação do Estado Assistencial, ainda que de forma muito breve. Quanto à formação dos demais direitos e sua relação com a cidadania, limita-se a repetir a concepção da formação linear descrita por Marshall.

Que se "amplie a compreensão dos conceitos de direito e cidadania social, política e cultural" (Oliveira, Heloísa, 1989, p. 269), são observações que também já se fazem presentes. Mas não progrediram na explicação. Semelhantemente a uma outra questão, ou seja, à ampliação da cidadania ligada a uma *"prática coletiva* de transformação das relações sociais existentes na sociedade capitalista" (Belfiori et al., 1985, p. 79; Oliveira, Heloísa, 1989, p. 266), pode também ser visto em Sposati e outros quando afirmam que "hoje se coloca uma nova forma de concretização da cidadania, que *é coletiva"* (1987, p. 37; 1988, p. 43-45; 1989, p. 72). As ações coletivas apontadas como mediações para superar o assistencialismo para a Assistência, hoje afirmada, aparecem com relativa frequência em Bittar (1987, p. 103-105), Mota (1987, p. 125; 1988, p. 162 ss.) e outros. O mesmo se poderia afirmar quanto ao avanço para a cidadania como conquista através dos "movimentos populares", o que já é visto como sendo um "processo de revisão e redefinição dos espaços da cidadania" (Sposati et al., 1987, p. 37), (Sposati, 1988, p. 47, 51).[7]

---

6. Aqui nos referimos às conjunturas nacionais em que a maioria dos autores trata da questão. Esta, certamente, recebe cuidados bem especiais, por parte de vários autores, por exemplo, Junqueira (1981), Costa e Costa (1983), Belfiori et al. (1985), Sposati et al. (1987), Oliveira, Valéria R. (1989), ainda que se restrinjam às conjunturas histórico-políticas.

7. Esta ideia é buscada nas ciências sociais, mais especificamente em Eunice R. Durham (antropóloga), para quem "a transformação de necessidades e carências em direitos que se opera dentro dos movimentos sociais pode ser vista como um amplo processo de revisão e

Além de Sposati, que reporta à bibliografia de Eunice Durham (1984), Heloísa M. J. de Oliveira (1989) e Belfiori (1985), outros também nos remetem aos movimentos sociais e às forças populares para construir a cidadania. Entretanto, também estes não nos indicam uma bibliografia mais específica. Ainda sobre o *aspecto coletivo* da cidadania, Sposati, antes de afirmar que "a realização da cidadania tem que se fazer sob uma forma de solidariedade social, que avance enquanto organização das classes subalternas", nos alerta para o fato de que "a legitimação das demandas coletivas se coloca em confronto ao Estado liberal, enquanto este se *funda no indivíduo* como categoria social e política, com autonomia referida a si e não ao grupo a que pertence" (et al., 1987, p. 37). Permanece, porém, apenas nesta observação. Constata-se que, para a superação do tratamento individual da Assistência — que para os autores são conotações assistencialistas —, se afirma a Assistência como prática de ações coletivas, como expressão de uma caminhada em direção à cidadania. Como, no entanto, não há aprofundamento teórico em relação à constituição dos diferentes direitos no interior do próprio *status* de cidadania, visto que a limitam à concepção do desenvolvimento linear, as tensões entre o "individual" e o "coletivo", presentes no marco liberal, não oferecem preocupação, sendo, por isso, impossível constituir-se num problema de análise.

Cremos ser mais do que necessário questionar-nos sobre que tipo de Assistência vem ampliar a cidadania. Haverá, eventualmente, alguma que o fará? Sob que formas, com que características e em que conjunturas? E mais, que cidadania se amplia? Que significado tem essa cidadania? Que pressupostos são necessários para que se avance na direção da cidadania?

Marshall, em *Cidadania, classe social e status*, acentua que aceitar assistência é abdicar dos direitos civis e políticos, pois "os indi-

---

redefinição do espaço da cidadania" (1984, p. 29). Aspectos sobre cidadania e os movimentos sociais podem ainda ser encontrados em Durham (1984) e Sherer-Warren e Krischke (1989).

gentes abriram mão, na prática, do direito civil da liberdade pessoal e eram obrigados por lei a abrir mão de quaisquer direitos políticos que possuíssem" (1967, p. 72). De que forma conciliar esta ideia com a da Assistência como progressão da cidadania, quando, como no caso brasileiro, mesmo o trabalhador ativo, devido à frágil (para não dizer perversa) política salarial, necessita da Assistência até mesmo para sobreviver? Quando se pretende operar com a categoria da cidadania, ou seja, quando o beneficiário da Assistência já não é mais "o pobre", e sim "o cidadão", que novas concepções sobre o conceito de cidadania são necessárias para adequá-la a essa nova situação? Parece que isto não é possível numa realidade em que a Assistência — mesmo que apregoada como direito (Constituição Brasileira de 1988) — continua ainda com acentuadas marcas residuais de um passado distante e, ao mesmo tempo, ela começa a ser prevista cada vez mais para grupos sempre mais seletivos? Isto não significa que grupos mais amplos já não mais necessitem dela, não só porque insuficiente para todos os que dela carecem, senão também porque ela é dependente de recursos provenientes de uma base fiscal.

Ante esses questionamentos não deixa de ser muito oportuno o que nos lembra Norberto Bobbio, segundo o qual "deve-se recordar que o mais forte argumento adotado pelos reacionários de todos os países contra os Direitos do Homem, particularmente contra os direitos sociais, não é a sua falta de fundamento, mas a sua inexequibilidade" (1992, p. 224). Que perspectiva de cidadania pode ser oferecida aos que não estão ou, talvez, nunca cheguem a integrar o mercado de trabalho e que, portanto, sempre necessitarão de Assistência? E isto não porque tivessem abdicado ao direito de lutar, de buscar trabalho, mas porque a lógica do capital — especialmente em sua fase monopolista e num país periférico — continua sendo tal que precisa ainda desse contingente para seguir regulando o mercado, ou então, porque já atingiu tal requinte que pode e deve prescindir de sempre maior contingente da outrora massa de mão de obra de reserva? (Kurz, 1992). Quando discorremos sobre as perspectivas futuras da sociedade capitalista, cada vez mais excludente e concentradora, que vai precisar, conforme análises cada vez mais frequentes, de apenas 20% ou pouco mais da atual mão de obra já pelo ano 2000 devido ao crescente desenvolvimento tecnológico, ou então, para sermos mais claros ainda, ao capital certamente já não será mais interessante se ocupar com a "não sorte desse contingente sobrante"? Que tipo de Assistência será interessante manter? A reflexão mais lógica nos leva a apontar para uma Assistência inferior ainda àquela que Marshall apontava como a que levou o indivíduo a abdicar dos demais direitos.

Voltando às produções analisadas, logo percebemos que estas não se ocupam muito com o conteúdo do conceito de cidadania que vêm afirmando. É por essa razão que estamos convictos de que o tema carece de maior problematização, até mesmo para uma melhor aproximação conceitual e histórica. Ademais, é necessário lembrar que não é este o intuito deste trabalho. Pretendemos tão somente indicar alguns elementos para a reflexão e questionamento de modo a que não se permaneça nessa relação mistificada da Assistência com os direitos sociais e cidadania, no atual projeto da sociedade.

Se a concepção de cidadania, conforme Potyara Pereira, tem "como referência básica de análise, principalmente, a Inglaterra pós-guerra, pátria de Marshall", e está vinculada a uma perspectiva de Bem-Estar, "a teoria da cidadania se caracteriza como uma perspectiva descritiva e generalizante do Bem-Estar Burguês confinada ao Estado Benfeitor e ao seu desenvolvimento em sociedades democráticas ocidentais" (Mishra, 1981, apud Pereira, 1991, p. 4). Que feições de cidadania seriam então possíveis num Estado de Bem-Estar em crise? Com a tendente afirmação dos neoliberais, nos quais aparece uma declarada indisposição quanto à Assistência, especialmente a do Estado, quando está de volta a ideia do pobre como alguém que não deu certo no mercado e

ASSISTÊNCIA SOCIAL ENTRE A ORDEM E A "DES-ORDEM"

outras limitações — como as que se apontam no item referente às perspectivas da Assistência no neoliberalismo —, pode-se falar em cidadania em Estados onde o bem-estar fica reservado a um contingente quase inexpressivo da população? Seria então a cidadania um privilégio dessa minoria? Como fica, nesse caso, o seu caráter "universalizante"?

Numa realidade de acentuada concentração de renda e com uma sangria inestancável de capital para o exterior via dívida externa (casos do Brasil, dos países da América Latina e do Terceiro Mundo, em geral), acaso pode-se conceber um montante qualquer de "poupança" para uma possível posterior redistribuição ou investimento em serviços sociais? Será possível esta pretensa extensão dos direitos sociais desvinculados dos estigmas "assistenciais" às classes trabalhadoras numa realidade de acentuada desigualdade social e econômica? Ou então, não passaria tudo isso, mais uma vez, de mero rearranjo interclasses para contornar reclamos resultantes das desigualdades sociais essencialmente inerentes a uma sociedade apenas afirmada como de "igualdade de oportunidades" (Pereira, 1991, p. 6-7), ou "traduzido pela oportunidade de todos concorrer", conforme Lamoureux? (1986, p. 57) Ou ainda, quando justamente um dos problemas que o Estado-providência tem a enfrentar neste final de século está ligado ao da "igualdade na sociedade" (Rosanvallon, 1984, p. 30; Lamoureux, 1986, p. 56), não seria, eventualmente, a cidadania uma nova, mais conveniente e atualizada mistificação da classe proletária para que essa sociedade siga desigual, porém com aparências de igualitária?

O que se entende por cidadania, a partir de cada um dos três elementos presentes em Marshall, ou seja, cidadania "civil, política e social", desenvolvidos predominantemente nos séculos XVIII, XIX e XX? (Marshall, 1967, p. 63-75). Quais as relações e, sobretudo, como os direitos sociais se expressam quanto aos direitos civis e políticos, uma vez que, segundo Marshall, "o elemento social se refere a tudo o que vai desde o direito de participar, por completo, na herança social e levar uma vida de um ser civilizado de acordo com os padrões que prevalecem na sociedade"? (idem, p. 63-64). Quais são esses mínimos e quem e o quê os define? São eles previstos para um "ser civilizado de acordo com os *padrões que prevalecem na sociedade*", estando ele numa sociedade capitalista, sociedade que o próprio Marshall reconhece "como um sistema de não igualdade, mas de desigualdade"? (idem, p. 76). Concorrem, então, esses direitos para manter tal desigualdade, ou seja, para reforçar o *status quo* definido no sistema? É nessa mesma linha que, a nosso ver, segue a reflexão de Pereira quando questiona o autor em questão, porque isto é "restringir o aparecimento desses direitos (os sociais) ao século XX e, indiretamente, à institucionalização do '*Welfare State*', de corte keynesiano" (1991, p. 14), limitando o exercício dos direitos — como se percebe — ao já instituído e legitimado, segundo Pereira, ao "status do cidadão" que se estabelece por um "ordenamento mais jurídico do que político" (idem, p. 14). Subestima-se, assim, a luta pela conquista desses direitos e a correlação de forças sociais e estruturais como "elementos determinantes das mudanças sociopolíticas" (idem, p. 14). Ou ainda, como devem ser entendidos os direitos civis, políticos e sociais, em séculos subsequentes, uma vez que Barbalet, outro exegeta dos escritos de Marshall, nos alerta de que estes "não devem ser tomados como um indicativo de uma atitude evolutiva da parte de Marshall" (1989, p. 19). Que significado tem essa progressão que aparentemente dá a impressão de que o acesso à cidadania política e social é decorrência natural e histórica, ou então é algo concedido por um benfeitor não declarado? Que compreensão se deve ter da "cidadania" concebida nas produções do Serviço Social como *conquista das populações* para avançar para um novo modelo de sociedade? Ainda em relação ao "novo Projeto", na concepção de "transformação", tão a gosto não só dos Assistentes Sociais, mas dos teóricos e militantes de esquerda do período, como trabalhar a relação da "cidadania como melhor qualidade de vida" que está perfeitamente integrada ao projeto da burguesia (ao menos de uma certa burguesia), "quando a sociedade permite ao Estado intervir na esfera social pelas suas legislações, a fim de atenuar as carências do mercado, corrigir certas desigualdades flagrantes..."? (Lamoureux, 1986, p. 61).

Embora Marshall diga que "não há dúvida de que no século XX a cidadania e o sistema de classe capitalista estão em guerra" e que "se torna necessária uma investigação mais detalhada sobre classe social" (1967, p. 76), não parece que ele considera a cidadania como fruto da luta e dos conflitos entre classes antagônicas. Faz-se necessário, portanto, entender melhor a concepção de classe social em Marshall a fim de entender a própria concepção de cidadania como sendo uma evolução ou conquista. Segundo Barbalet, em Marshall não teríamos uma abolição de classe com a cidadania, mas algumas modificações, visto que "a cidadania funciona para reduzir o ressentimento de classe" (1989). Ainda, segundo o mesmo autor, "a natureza dessas modificações está decerto sujeita a interpretações" (idem, p. 23). Deveras, "tentar operacionalizar a política social como um Direito é enfrentar um paradoxo", já que no capitalismo a "política social tem como principal função administrar a desigualdade" (Pereira, 1991, p. 20; Iamamoto, 1992, p. 96), primando, conforme Pereira, em "compatibilizar as premissas filosóficas de dignidade e valorização do ser humano, constitutivos dos direitos da cidadania, com as exigências operacionais do modo de produção capitalista, que são imensas, quando não insuperáveis" (1991, p. 19). Desdobrar esse paradoxo, desnudar suas incompatibilidades, certamente permitirá entender melhor o que seja "ter alguns ganhos", "algumas modificações", ao "pensar a política social em termos de politização das ações das classes sociais e das forças populares e não em alocação formal e jurídica da cidadania" (idem, p. 20). Não se ganha nada do ponto de vista prático — e concordamos com isso — ao "definir, abstratamente, o *pobre* como *cidadão* e a *Assistência* como *direito social*" (idem, p. 20). Algo semelhante ao que nos referimos acima também encontramos em Barreto, quando diz que "refletir sobre as políticas sociais em qualquer tempo e lugar é refletir precisamente sobre um ponto crítico nas sociedades capitalistas", uma vez que se trata "de combater a miséria e a desigualdade num sistema que se encarrega de repô-las" (1988, p. 19). Ainda segundo Barreto, é possível evitar essa contradição básica "que contamina o discurso da cidadania" e que a melhor forma de enfrentar essa contradição seria "tratar de expô-la e entendê-la" (idem, p. 19). É uma das propostas que sentimos como necessária neste trabalho. É novamente Barbalet que nos lembra que "a cidadania democrática não acabou com a desigualdade". Apenas cria "esferas de participação igualitária" (1989, p. 73), e que, por sua vez, os direitos aos serviços e bens sociais passam a ser uma "possibilidade para melhorar as condições dos desfavorecidos sem tocar diretamente nas causas subjacentes da desigualdade" (idem, p. 76), colocando apenas "uma rede de proteção de política social por baixo dos desfavorecidos" (idem, p. 76).

Pereira aponta para as reflexões de Marx sobre o "salário, preço e lucro" como uma contribuição para que se pense "a luta econômica como preparação para a decisiva luta política" (1991, p. 20). Pensar a Assistência e as políticas sociais não seria também pensá-las como parte dessa luta?

A partir desse "novo" conceito de Assistência também se passa a ter uma nova concepção de sua atividade, ganhando por isso "estatuto e interesse científico", coisa já observada com muita perspicácia por Pereira, pois "trabalhar com o conceito de cidadania é muito mais prestigioso e justificador, do ponto de vista acadêmico, do que trabalhar com o conceito de filantropia" (1991, p. 1). Aqui parece residir o ponto focal do mágico no trato da questão, quando sem maior problematização desses conceitos se acredita, de repente, que o "enfoque da cidadania não lida mais com o *pobre* e nem se presta *assistência* a ele; lida-se, sim, com o cidadão que, em lugar de ser assistido, é atendido em um de seus direitos fundamentais — o direito social" (idem, p. 1). Não é substituindo abstrata e apressadamente a Assistência por direito social que se dá o passo mágico de assistido para o de cidadão.

O que são direitos sociais? Como e quando se formam e o que significa a afirmação de um direito e que relação tem com a Assistência Social? Estas são questões que devem ser enfrentadas. O que é cidadania? O que significa avançar na conquista da cidadania? Que prerrogativas são próprias do cidadão? Para responder a isso, o vetor teórico que sustenta os conceitos da cidadania e direitos sociais necessita ser mais bem compreendido para que adentremos mais profundamente na complexidade das questões que o Serviço Social se coloca hoje sempre que pretende operar com essas categorias.

1.2 A dinâmica do direito e da cidadania

1.2.1 Representação geral

Para evitar apriorismos, tanto no sentido de se afirmar apressada e abstratamente a Assistência Social como direito e uma mediação para a cidadania, quanto no de sua negação que igualmente poderia ser precipitada, fazendo-nos ainda incorrer em dogmatismos fechados, impedindo uma visão dinâmica e histórica — que certamente oportuniza novas conformações tanto do conceito quanto do conteúdo real do "direito" e da "cidadania" em diferentes momentos históricos, políticos e econômicos —, exige-se que se faça uma representação mais geral das categorias.

Buscar suas fontes ou, ao menos, situá-las em seu nascedouro, acompanhar o seu desenvolvimento para detectar seus limites e avanços a fim de compreender suas reais dimensões e perceber, sobretudo, o potencial social que incorporam é o que se pretende.

Embora se diga que a "cidadania é tão velha como as comunidades humanas sedentárias, que define os que são e não são membros de uma comunidade comum" (Barbalet, 1989, p. 11), esta é a característica e o matiz de um dado momento. Com efeito, ela vai adquirindo características novas, dimensões e forças próprias em momentos históricos diferentes. Assim o foi no decurso de toda a história e assim o é, principalmente, quando já muito próximos de nosso tempo — agora numa relação de Estado e cidadão —, o ponto de vista que importa não é mais o do "ângulo do soberano", e sim "daquele do cidadão". Com efeito, no Estado Moderno se passa da "prioridade dos deveres dos súditos à prioridade dos Direitos do cidadão" (Bobbio, 1992, p. 3), que tanto no conceito quanto no conteúdo sempre tiveram significados bem precisos. Esta se amplia, sobretudo em suas dimensões civis e políticas nos séculos XVIII e XIX, chegando ao século XX já bem mais encorpada e com dimensões mais sociais, ainda que sob enfoques distintos; ou seja, a "cidadania", como conceito e realidade, vai se afirmando.

É preciso ver que aspectos concorrem para sua ampliação ou retração, quando se sabe que, hoje, a cidadania com dimensões mais sociais não tem uma boa reputação.

Igualmente, a trajetória dos "direitos", sobretudo a partir do Estado Moderno, quando os "súditos se tornam cidadãos" e lhes são concedidos alguns direitos fundamentais por ocasião da proclamação dos Direitos do Homem (final do século XVIII) e da transformação destes em direitos positivos no interior de cada Estado, até a Declaração Universal dos Direitos Humanos em pleno século XX (1948), o que os fundamenta e quais os direitos que avançam ou retrocedem e em que momento, esta é uma questão que nós devemos colocar. Qual o móvel presente no princípio que faz avançar os direitos em relação a um Estado para um sistema internacional que dá ao homem o reconhecimento de cidadão do mundo? Afinal, direitos, o que são? Avançar nesta compreensão, assim como perceber em que momentos se dão os avanços e/ou retrocessos na afirmação dos direitos e sob que nuances se apresentam em relação à proteção do homem na sua expressão de cidadão, são questões que tomarão nossa atenção a seguir.

1.2.2 Direitos: o que são?

Certamente muitos aspectos poderiam ser colocados em relevo para se perceber os avanços e recuos dos direitos, porém, de início, queremos nos limitar sobretudo ao aspecto mais histórico e aí buscar o significado, especialmente dos direitos sociais no contexto da afirmação da cidadania.

Situando o surgimento dos direitos do cidadão na formação do Estado Moderno, já na fase constitucional ou do Estado de Direito, na luta contra o Estado Absoluto, numa primeira observação — "no plano histórico" — segundo Bobbio, se dá "uma inversão da perspectiva" na representação da relação política. Ou seja, na relação do Estado/cidadão ou soberano/súdito: relação que passa a ser encarada, cada vez mais, do ponto de vista dos direitos dos cidadãos (não mais dos súditos), e não do ponto de vista dos direitos dos soberanos, em correspondência agora "com a visão *individualista* na sociedade" (cf. Bobbio, 1992, p. 4). Abandonando-se a concepção *organicista*, segundo a qual a sociedade, como um todo, é anterior ao indivíduo. Esta inversão resulta principalmente, segundo Bobbio, das "guerras de religião" que fazem surgir "o direito do indivíduo a não ser oprimido" (= direito de resistência) e que levam o homem "a gozar de algumas liberdades fundamentais: *fundamentais porque naturais*, e naturais porque cabem ao homem enquanto tal e não dependem do beneplácito do soberano" (idem, p. 4; grifo nosso), sendo ainda "essa inversão estreitamente ligada à afirmação do que chamei de *modelo jusnaturalista*" (idem, p. 5; grifo nosso).

Uma segunda observação — esta do ponto de vista teórico — é que "direitos do homem, por mais fundamentais que sejam, são direitos históricos, ou seja, nascidos em certas circunstâncias, caracterizados por lutas em defesa de novas liberdades contra velhos poderes, e nascidos de modo gradual, *não todos de uma vez e nem de uma vez para todos*" (idem, p. 5; grifo nosso). Evidencia-se assim, em Bobbio, que os direitos podem surgir dentro de uma determinada circunstância, e nós acrescentaríamos que também podem deixar de existir noutra.

Três fases se destacam na história da formação das declarações dos direitos. Na *primeira* fase as declarações são obras dos filósofos quando se afirma que o homem tem direitos por natureza. "Os homens são livres e iguais por *natureza*, [...] são universais em relação ao conteúdo, na medida em que se dirigem a um homem racional fora do espaço e do tempo"; e são "limitados em relação a sua eficácia na medida que são propostas para um futuro legislador" (Bobbio, 1992, p. 28-29). Quando estes postulados são acolhidos nas Declarações de Direitos dos Estados Americanos e da Revolução Francesa, enceta-se a *segunda* fase.[8] Iniciam uma nova relação com o Estado, que não é mais absoluto (um fim em si mesmo), mas limitado (como meio para alcançar fins). Com a Declaração dos Direitos do Homem, "os direitos ganham em concreticidade, mas perdem em universalidade [...] (são agora autênticos direitos positivos), mas valem somente no âmbito do Estado que

---

8. Comparações entre a Constituição Americana (1787) e a Declaração Francesa (1789) sobre virtudes e limites de uma e de outra não faltam. Nesse aspecto ficamos com Bobbio e "deixamos aos historiadores a disputa sobre a relação entre as duas". O fato é que "foram os princípios de 1789 que constituíram, no bem como no mal, um ponto de referência obrigatório para os amigos e para os inimigos da liberdade, princípios invocados pelos primeiros e execrados pelos segundos" (1992, p. 92).

os reconhece" (idem, p. 30). São agora direitos do *homem* "somente enquanto são *direitos do cidadão deste ou daquele Estado particular*" (idem, p. 30; grifo nosso). A *terceira* fase se inicia com a Declaração de 1948, na qual a *afirmação dos direitos é "ao mesmo tempo universal e positiva*" (idem, p. 30). São universais, enquanto não mais direitos do cidadão "deste ou daquele Estado mas de todos os homens". Positivos porque não mais "idealmente reconhecidos porém efetivamente protegidos até mesmo contra o próprio Estado que os tenha violado" (idem, p. 30). Somente no final desse processo é que os "direitos do cidadão terão se transformado, realmente, positivamente, em direitos do homem [...] serão os direitos do homem enquanto direitos do cidadão do mundo" (idem, p. 30). Resumindo, "os direitos do homem nascem como direitos naturais universais, desenvolvendo-se como direitos positivos particulares, para finalmente encontrarem sua plena realização como direitos universais" (idem, p. 30). Portanto, a Declaração dos Direitos não pode ser definitiva. Todos os direitos do homem são direitos históricos.

Os direitos "nascem quando devem ou podem nascer.[9] Nascem quando o aumento do poder do homem sobre o homem [...] ou *cria novas ameaças* à liberdade do indivíduo, ou *permite novos remédios* para suas indigências: ameaças que são enfrentadas através de demandas de limitações de poder; remédios que são providenciados através da exigência de que o mesmo poder intervenha

---

9. Para justificar o fato de que os direitos surgem quando "podem e devem" e quando novas exigências põem também a possibilidade de atendê-los, Bobbio apresenta uma classificação de direitos por "*gerações*". Quanto aos de *primeira geração*, deles não se fala explicitamente, mas, pelo que se depreende do texto, seriam os "direitos das liberdades". Coloca os Direitos Sociais como sendo de *segunda geração*. Da *terceira geração* fariam parte os movimentos ecológicos, o direito de viver num ambiente não poluído, exigindo-se "qualidade de vida", sendo, portanto, chamados de "novos direitos", ligados às novas tecnologias em geral. Outras exigências, referentes aos efeitos "traumáticos da pesquisa biológica", poderiam ser os da *quarta geração*, para regular o patrimônio genético, por exemplo (Bobbio, 1992, p. 6, 11-12).

de modo protetor" (Bobbio, 1992, p. 6). As "ameaças", correspondendo aos "direitos de liberdade", constituiriam um cerceamento dos mesmos, deles decorrendo a exigência de um "não agir do Estado". Enquanto isso, os "remédios para as indigências", correspondendo aos "direitos sociais", requerem "uma ação positiva do Estado", qualificando a distinta relação do Estado com os distintos direitos. Assim, as exigências dos direitos em relação ao poder constituído seriam sempre de duas espécies: "ou *impedir os malefícios*" de tais poderes ou "*obter seus benefícios*" (idem, p. 6), mesmo em fases cronológicas ou "gerações" distintas dos direitos. Afirma, outrossim, que "novos carecimentos nascem em função da mudança das condições sociais e quando o desenvolvimento técnico permite satisfazê-los" (idem, p. 7), sempre numa exigência para que se compreenda a formação dos direitos numa constante dinâmica de desenvolvimento para avanços e eventuais recuos.

Discorrendo sobre os diferentes sentidos da expressão "Direitos Humanos", parece-nos particularmente importante aduzir um deles aqui. Trata-se da linguagem em relação aos direitos, que o autor diz ser "bastante ambígua e pouco rigorosa", quando se trata dos direitos *proclamados* numa declaração e os "*efetivamente protegidos* num ordenamento jurídico". O certo é que "a linguagem dos direitos tem indubitavelmente uma grande função prática, que é *emprestar uma força particular às reivindicações dos movimentos* que demandam para si e para os outros a satisfação de novos carecimentos materiais e morais; mas ela se torna *enganadora* se *obscurecer* ou *ocultar a diferença* entre o direito *reivindicado* e o direito *reconhecido e protegido*" (idem, p. 10).

A nosso ver, este é um terreno bastante favorável para o nascimento do mito em relação ao direito. Para o nosso caso, essa observação se torna mais concernente ainda, uma vez que a "maior parte dos direitos sociais" na observação do autor, "que são exibidos brilhantemente em todas as declarações nacionais e internacionais, permaneceu no papel" (idem, p. 9).

1.2.3 Fundamentação, reconhecimento e proteção dos direitos

Quanto ao fundamento de um direito, a questão que se nos coloca é dupla: uma é quanto a *"um direito que se tem"* e outra, *"um direito que se gostaria de ter"*, ou seja, no primeiro se trata do caso em que já existe o "ordenamento jurídico positivo" do direito, enquanto no segundo ainda buscamos "boas razões para defender a legitimidade do direito em questão" (Bobbio, 1992, p. 15). Um alerta nos é colocado logo no início e refere-se ao "ilusório" que existe quando se pretende definir um "fundamento absoluto" como último e acabado. Este, segundo o autor, é "infundado" porque nos leva — uma vez que "Direitos do Homem" é uma expressão vaga — a uma "referência de conteúdo", incorrendo-se então no campo avaliativo; e os "termos avaliativos são interpretados de *modo diverso* conforme a ideologia assumida" (idem, p. 17).[10] Essas diferenças podem até mesmo ser camufladas (cada um cedendo um pouco), chegando-se assim a um acordo sobre a definição ao que é dela decorrente, a saber, a uma fórmula propositalmente genérica. Mas as diferenças reaparecerão na hora em que se tenta passar do enunciado para a aplicação, com todos os matizes dos gostos ideológicos e políticos então decorrentes. Isso se agrava, sobremodo, quando se trata dos direitos sociais, uma vez que estes, para sua efetivação, dependem da ação positiva do Estado e/ou das instituições. Esta já nos parece uma boa razão para que não nos iludamos, acreditando que basta a *proclamação* dos direitos.

O que se quer ressaltar é que os "Direitos do Homem" não são absolutos. Eles têm a marca da história, do político e do econômico.

---

10. Sob esse aspecto, foram valiosas e oportunas as contribuições da filosofia da linguagem, na medida em que clarearam as diferenças existentes entre expressões significativas e não significativas ou entre frases com conteúdo e meras expressões não pertinentes no jogo linguístico.

Direitos que numa época foram declarados absolutos e invioláveis (por exemplo, o direito à propriedade no final do século XVIII) "foram submetidos a radicais limitações nas declarações contemporâneas" e "direitos que as declarações do século XVIII nem sequer mencionavam, como os direitos sociais, são agora proclamados com grande ostentação nas recentes declarações" (idem, p. 18). Isso nos convence de que "não existem direitos *fundamentais por natureza*. O que parece fundamental numa época histórica e numa determinada civilização não é fundamental em outras épocas e em outras culturas" (idem, p. 19). E ainda, "são bem poucos os direitos considerados fundamentais que não entram em concorrência com outros direitos também considerados fundamentais" (idem, p. 20). Ou seja, em muitos casos a realização de uns impede a realização de outros.

Uma outra observação importante é a de que "direitos individuais tradicionais requerem *liberdades*, enquanto "direitos chamados sociais" consistem em "poderes". Os primeiros exigem da parte dos outros "obrigações negativas", um comportamento de abstenção; já os segundos requerem "obrigações positivas", ou seja, um comportamento de intervenção. Disso é possível buscar uma conexão para compreender os diferentes comportamentos do Estado em diferentes conjunturas. Sua inclusão e/ou retirada na atuação no social também tem a ver com a oscilação do tipo de direito que se queira fortalecer ou fragilizar. "Historicamente a *ilusão de fundamento absoluto* de alguns direitos estabelecidos foi obstáculo à introdução de novos direitos, total ou parcialmente incompatíveis" (idem, p. 22). Isso nos lembra a secular oposição existente entre o fundamento absoluto da *propriedade privada* e a introdução dos *direitos sociais*, colocada pelos jusnaturalistas. Mas não é só isso, visto que "o fundamento absoluto não é apenas uma ilusão; em alguns casos, é também pretexto para defender posições conservadoras" (idem, p. 22). Contemporaneamente, quando já estamos num tempo de pós-*Declaração Universal dos Direitos do*

Homem, 10 de dezembro 1948 — tempo suficiente para que se encontrassem "boas razões" para os fundamentos —, estaríamos na fase do empenho para realizá-los. Porém, como não basta *nem o fundamento*, nem a convicção do empenho, é preciso ir à ação. O autor nos apresenta o caso em que se exige, por exemplo, "a transformação industrial num país" para que se possa "tornar possível a proteção dos direitos ligados às relações de trabalho" (idem, p. 23-24). Trata-se de um caso concreto em que é preciso possibilitar as condições materiais dessa realização.

Bobbio nos recorda ainda de que os argumentos dos "reacionários" em relação aos Direitos do Homem não estão na "falta de fundamento, mas na sua inexequibilidade" (idem, p. 24). Mesmo que o fundamento seja mais ou menos bem aceito, as restrições e oposições se acirram quando se trata de passar à ação. Assim, "o problema fundamental em relação aos direitos do homem, hoje, não é tanto o de *justificá-los*, mas de *protegê-los*" (idem, p. 24). Não é acreditando, no entanto, que já se tenha superado todas as dificuldades em relação ao fundamento e nem é buscando fundamentos *absolutos* que se avança, senão buscando "os vários fundamentos possíveis", acompanhados sobretudo da busca das "condições, dos meios e das situações nas quais este ou aquele direito pode ser realizado" (idem, p. 24). Aqui já é possível aduzir o que oportunamente nos é colocado por Barbalet, de que o "pleno desenvolvimento evolutivo da cidadania se atinge pela realização de sua componente social" (1989, p. 108), principalmente porque os "direitos sociais aparecem para compensar a tensão entre o *status* de participação igual na cidadania e a privação desigual de segurança econômica" (idem, p. 108).

A concepção muito presente nas análises — Assistência como direito social e avanço para a cidadania — nos leva, segundo Barbalet, a enfrentar mais uma questão, ou seja, o fato de que "a afirmação de que Direitos Sociais podem ser direitos de cidadania" requer, segundo Barbalet, "um exame crítico" (idem, p. 107). Para isso, apresenta as seguintes razões: primeiro, "os direitos de cidadania são direitos de participação numa comunidade nacional comum" (idem, p. 107). E justifica que é verdade que "os direitos sociais podem ser precisos para a prática da cidadania, na medida em que tornam possível essa participação. O que é o mesmo que dizer que participação como meio de facilitar a cidadania, *não se pode dizer que eles a constituem*" (idem, p. 107; grifo nosso). Segundo, "os direitos de cidadania são *necessariamente universais*", enquanto os direitos sociais "são apenas significativos quando substantivos e os *direitos substantivos nunca podem ser universais*" (idem, p. 107). Terceiro, "os direitos sociais estão sempre condicionados a uma infraestrutura administrativa e profissional e em última análise a uma base fiscal: assim ficarão bem mais definidas *não como direitos mas como oportunidades* condicionadas" (idem, p. 107; grifo nosso). De posse dessas reflexões nós colocamos novamente a questão: *é a Assistência Social um direito social* e um avanço para a cidadania?

Após as reflexões iniciais sobre o fundamento e a proteção dos direitos, queremos voltar para o nosso objeto mais específico, ou seja, a Assistência Social afirmada como um direito nas produções no Serviço Social e explicitamente reivindicada como estatuto de uma política social, para perceber qual o nível de consciência desse fundamento e, em se tratando de sua *proteção*, quais os limites que se apresentam para esse "direito" reconhecido.

Para isso, uma leitura de como o projeto da ordem burguesa tem se comportado em relação às diferentes formas de proteção social, detectando seus avanços e/ou retrocessos, é o que se pretende a seguir.

CAPÍTULO 2

Lei dos pobres e lei do mercado

Com muito acerto se diz do período da pós-revolução francesa que, desde então, o mundo não seria mais o mesmo.[1] Uma nova "ordem" se instaurara. Esta nova "ordem" tornara-se o norte para a elaboração e reelaboração das mais variadas pautas do saber e agir humanos. No campo político, emerge o Estado de Direito; na economia, prega-se o livre mercado; no campo filosófico, surge o predomínio da razão instrumental; no social, enfatiza-se a liberdade, igualdade e fraternidade. O incômodo situa-se no que estaria na "des-ordem".

A face "humanitária" do período já não pode admitir que o pobre, o doente, o marginalizado fique à mercê de sua "não sorte" ou de sua "des-graça".

É pretensão nossa, neste capítulo, acompanhar o emergir histórico e o significado dessa "ordem" — a saber, a emergência e a afirmação do modo capitalista de produção —, a fim de perceber as

---

1. "A partir de hoje e deste lugar data uma nova era na história do mundo" (Goethe, in Soboul, 1981, p. 528).

diferentes formas de "Assistência" e sua relação com os "direitos" que esta "ordem" vai gestando em cada um desses momentos específicos. Da mesma forma, queremos detectar o significado e a função que a Assistência assumiu nos diferentes momentos desses períodos. Importa ressaltar, logo de início, que se, apesar de já em pleno século XVIII, muitos Estados europeus (Áustria, Prússia, Rússia, Espanha) desenvolvessem importantes ações assistenciais, isso era tido como um resquício tardio de práticas concernentes à Idade Média ou, então, no dizer de Max Weber, eram devidas às estruturas típicas do poder patrimonialista (Weber, 1922, in Bobbio et al., 1986, p. 416).[2]

2.1 Caracterização geral da lei dos pobres e da lei do mercado

Trata-se aqui, ainda, de um período no qual o "atendimento" tinha mesmo que ficar relegado ao indefinido campo da filantropia e da caridade, o que não quer dizer que não recebesse grandes incentivos morais, éticos, econômicos e sobretudo políticos da "ordem", uma vez que o atendimento ao desafortunado se insere no nobre campo da benemerência.

Caracteriza-se esse período com o que normalmente se insere sob a ampla denominação das "protoformas" da Assistência.[3]

À medida que a Revolução Industrial se consolidava, a Assistência aos mais fracos era tida como um entrave à livre iniciativa,

---

2. Para este esboço histórico, seguiremos Bobbio, mais para nos situarmos nas diferentes configurações institucionais (principalmente o Estado) do que para nos posicionarmos teoricamente.

3. No que concerne a esse período e a essas "protoformas", importa recordar que "não significa dizer que não havia iniciativas voltadas para os pobres, mas elas existiam fora do Estado, entregues às almas piedosas e caridosas e à Igreja" (Coimbra, 1979, p. 7). Segundo Maguiña, trata-se de obras assistenciais "inspiradas mais nas 'virtudes teologais' e nas chamadas 'obras de misericórdia' do que nos postulados de justiça social, igualdade, fraternidade, de estirpe burguesa" (1992, p. 39).

ASSISTÊNCIA SOCIAL ENTRE A ORDEM E A "DES-ORDEM" 73

ou seja, um desestímulo ao trabalho. Segundo Barreto — também a partir de uma matriz weberiana —, "o capitalista surge alimentado pela ética protestante" e, visto que "para esta a salvação se dá pelo trabalho, trata-se de combater a ociosidade" (1988, p. 18), de tal forma que, "numa sociedade baseada na livre concorrência, a *Assistência* constituiu um desvio moral do princípio, a cada um segundo seus merecimentos" (Bobbio et al., 1986, p. 416; grifo nosso).[4]

Contudo, "em face aos riscos acarreados pela Revolução Industrial, que trouxe aos trabalhadores condições de maior pobreza e os relegou em vastos aglomerados urbanos, privados dos laços de solidariedade que encontravam na comunidade rural" (Bobbio et al., 1986, p. 403), a contradição se faz sentir com mais intensidade e as "des-ordens" se avolumam, expondo a face perversa da "ordem" — chegando até a se organizar — e ganhando, por isso mesmo, maior expressão e visibilidade, tornando necessário introduzir no seio da própria "ordem" mecanismos mais eficazes para o controle da "des-ordem", a fim de que a lógica da "ordem" pudesse seguir seu curso. É sob esse aspecto que, neste capítulo, analisaremos o que foi a "Lei dos Pobres".

Para uma compreensão mais exata dos problemas sociais de sua época, assim como da ação do Estado na tentativa de sua minimização, entre outros aspectos, parece-nos imprescindível analisar a relação existente entre as *Poor Laws* (Leis dos Pobres) inglesas, sobretudo as do final do século XVIII e inícios do século XIX, e a constituição da economia capitalista de mercado. Com isso, de forma alguma queremos estabelecer uma conexão direta ou algo assim como um "nexo causal" entre os problemas concretos do nosso cotidiano e os de três séculos passados. Entretanto, partindo

---

4. É a afirmação da Assistência segundo o modelo "meritocrático particularista" (cf. Sônia M. Draibe, 1988), isto é, num momento em que já se tenta uma análise dos diferentes modelos das políticas sociais.

de um marco histórico social determinado, não podemos deixar de reconhecer que só uma visão processual poderá dar conta da substância mesma de algo que tem sua gênese na própria origem do que costumamos chamar de modernidade. Situamo-nos como que no nascedouro do "mundo novo", emerso da "Revolução Industrial". É em sua gênese que devemos buscar a compreensão do que ainda hoje ele vem produzindo.[5]

É no contexto da Revolução Industrial, na formação da economia capitalista de mercado, mas sobretudo na formação da classe trabalhadora, que se forjam as questões sociais que vão marcar época. Portanto, a compreensão da formação desse sistema econômico, assim como as implicações sociais a ele relacionadas, especialmente a Assistência Social, contribuirá para uma maior aproximação do nosso objeto, que se relacionará com a questão dos direitos sociais e a cidadania.

Ademais, para entender a questão da Assistência, faz-se necessário recuperar sua gênese, sobretudo a partir da Nova Lei dos Pobres (*Poor Law Reform*), considerada o marco de constituição da força de trabalho. É preciso, outrossim, entender o que foi a *Poor Law* de 1601 — chamada "elisabetana" —, revogada apenas pela promulgação da Nova Lei dos Pobres de 1834. Com efeito, foi basicamente esta lei "elisabetana" que ditou os pontos norteadores da Assistência aos pobres em todo esse longo período. Consistiu

---

5. Historicamente, este homem moderno não surge "ex-abrupto", senão que é fruto de uma gestação que dura mais de um milênio, durante o qual emerge um novo ser, um ser que faz, que domina a natureza e a submete às leis de sua razão (cf. Zimmermann, 1987, p. 151 ss.). Como notas essenciais deste homem, com Enrique Dussel poderíamos acentuar as que seguem: "do ponto de vista religioso, se produz a desvinculação do sagrado ou a secularização da vida; sob o aspecto econômico, mas igualmente ético, aparece o espírito burguês, o luxo e a opulência na vida social; sob o prisma político, surgem os fundamentos do individualismo liberal; como atitude profunda que marca a totalidade da existência, o homem enfrenta o mundo com uma postura matemática; mas no fim, no nível ontológico, se constata a desintegração do homem, ser-no-mundo, pela aparição do *subjectum*" (1972, p. 231).

ASSISTÊNCIA SOCIAL ENTRE A ORDEM E A "DES-ORDEM" 75

essa lei em não muito mais que a mera instituição de uma taxa a ser paga para o benefício dos pobres e um subsídio em dinheiro, constituindo-se, na observação crítica de Bobbio, muito mais numa "tentativa de eliminação dos pobres do que da eliminação da pobreza" (Bobbio et al., 1986, p. 405).[6]

A mendicância, no espírito da *Poor Law*, "era severamente punida e a vagabundagem era uma ofensa capital em caso de reincidência" (Polanyi, 1980, p. 98). Através dela, toda a carga da Assistência recaía sobre a paróquia,[7] na época a única instituição

---

6. Pela *Poor Law* de 1601, "pobres" eram "todas as pessoas que passavam necessidades e o povo em geral, se e quando sofria necessidades, incluindo os indigentes", ou seja, os que são sujeitos à Assistência Paroquial (Polanyi, 1980, p. 98), aos quais se incluíam, em geral e prioritariamente, os velhos, os enfermos e os órfãos. Ao lado destes havia ainda "pobres capacitados" que, segundo Polanyi, e numa terminologia atualizada, poderíamos chamar de "desempregados" (com as devidas ressalvas para o período), presumindo-se que "poderiam ganhar a vida com o trabalho manual". Para eles, a *Poor Law* decretou que "trabalhassem para ganhar seu sustento", cabendo à paróquia providenciar por este "trabalho" (idem, p. 98); em Rosanvallon encontramos a referência à lei de 1601, como atendendo a "três classes de indigentes: os válidos, os inválidos e as crianças". "As crianças e os inválidos necessitados recebiam subsídios monetários." Quanto "aos pobres válidos, como sua situação de indigência estava ligada, na maior parte das vezes, à inatividade, as paróquias tinham obrigação de os socorrer fornecendo-lhes trabalho. *Direito à Assistência e direito ao trabalho eram, portanto, afirmados paralelamente*" (Rosanvallon, 1984, p. 112; grifo nosso). E é neste contexto que se desenvolvem as "workhouses" (casas de trabalho), que mais tarde (após o *Gilbert' act* de 1782) foram se transformando em asilos, e casas da indigência com tamanha rigidez, "muito mais semelhantes a prisões que a 'casas de trabalho'" (idem, p. 112).

Encontramos autores que datam essa Lei dos Pobres em 1597 (ver Martinelli, 1993, p. 55), mas sempre na era elisabetana (1558-1603), na dinastia Tudor (1485-1603). É verdade que no período consta uma "série de *poor laws*", mas foi o "estatuto de 1601 (old poor laws)" que "fixou os principais parâmetros" (Rosanvallon, 1984, p. 112).

7. Nesse período a Assistência e/ou administração da *Poor Law* era dada por um atendimento muito localizado. Bobbio nos informa que "toda comunidade que tinha que prover ao sustento dos seus pobres procurou, na realidade, expulsá-los e deixar entrar o menor número possível. Até o início do século XIX, a tarefa assistencial era confiada às corporações de artes e ofícios. O fim das corporações foi levada avante pelas sociedades de socorro mútuo" (1986, p. 403). Em Rosanvallon (1984, p. 112) lemos que "o auxílio devia ser organizado numa base paroquial". Para Polanyi, "toda a carga da Assistência recaiu sobre a paróquia", à qual ele se referia como "unidade insignificante" (1980, p. 98).

capaz de levantar as somas necessárias, por meio de impostos ou taxações locais, para a satisfação das necessidades básicas de um número sempre crescente de necessitados. Ocorria, então, o óbvio: cada paróquia, ciente dos limitados recursos que poderia amealhar ou não querendo enfrentar as dificuldades da arrecadação, procurava expulsar tantos pobres quanto pudesse ou, então, deixava entrar o menor número possível de pobres em suas fronteiras. Por sua vez, era também evidente que as paróquias mais bem equipadas fossem as mais procuradas, ocasionando então que a mobilidade física dos pobres se restringisse aos limites e fronteiras de cada paróquia, o que foi feito via decreto.[8] Entrementes, como bem observam Braga e Paula, esse tipo de "legislação social" restringiu sobretudo "a mobilidade e disponibilidade da força de trabalho" (1986, p. 9).

Entretanto, esse tipo de legislação não mais se conformava à necessidade da "ordem capitalista" que, gradativamente, se implantava e que desde essa época carecia de mão de obra móvel e cada vez mais abundante. Por seu turno, essa legislação se opunha ao espírito dos direitos civis que já haviam sido assumidos como "status legal do povo" — princípios de liberdade e igualdade —, que, no dizer de Polanyi, a partir de então se "tornavam sujeitos a limitações incisivas", sendo "iguais perante a lei e livres como pessoas, mas não eram livres para escolher suas ocupações ou as de seus

---

Independentemente de paróquia aqui significar a unidade eclesiástica da Igreja católica e/ou de outras denominações religiosas (únicas entidades que possuíam os números censitários da Europa ocidental); ou uma divisão política administrativa civil, o certo é que a Assistência era de responsabilidade local muito restrita (paroquial).

8. O *Act of Settlement* (Decreto de Domicílio) de 1662, que "precisava a organização territorial desse sistema, proibindo às paróquias de se livrarem dos seus pobres, obrigando esses mesmos pobres a não se mudarem de domicílio" (Rosanvallon, 1984, p. 112), só foi abrandado em 1795 (Polanyi, 1980, p. 89), quando já não mais constituía perigo uma invasão das "melhores paróquias", uma vez que neste mesmo ano foi proclamada a *Speenhamland Law*, que subsidiou os necessitados com abonos. Na análise de Polanyi, essas leis se completam (1980, p. 283).

ASSISTÊNCIA SOCIAL ENTRE A ORDEM E A "DES-ORDEM"

filhos; não eram livres para se estabelecer onde quisessem e eram forçados a trabalhar" (1980, p. 99) independentemente do salário que viessem a receber. Marshall também aponta a lei elisabetana como um dos fatores da negação do direito civil, visto que "no setor econômico, o direito civil básico é o direito de trabalhar, isto é, o de seguir a ocupação de seu gosto no lugar de sua escolha, sujeito apenas à legítima exigência do treinamento técnico preliminar" (1967, p. 67). No entanto, essa lei, ainda segundo Marshall, limita o homem a um determinado local, bem como "destinava certas ocupações a certas classes sociais" (idem, p. 67). Aliás, em relação à constituição dos direitos, especialmente os civis e sociais, Marshall, traçando um paralelo entre o desenvolvimento desses direitos e a instituição das diferentes "*Poor Laws*", mostra como eles se constituem num elemento central na luta que se processa entre a velha e a nova ordem, acentuando a "posição ambígua" das mesmas (idem, p. 70-71). A respeito da *Poor Law* elisabetana, afirma ser ela mais do que um "meio de aliviar a pobreza e suprimir a vadiagem", uma vez que seus "objetivos construtivos sugeriram uma interpretação do bem-estar social que lembrava os mais primitivos, porém os mais genuínos, Direitos Sociais, da qual ela [a *Poor Law*] tinha, em grande parte, tomado o lugar" (idem, p. 71). Isto porque a *Poor Law* era um "item num amplo programa de planejamento econômico, cujo objetivo geral não era criar uma nova ordem social, e sim preservar a existente com um mínimo de mudança essencial" (idem, p. 71). A Assistência aparece aqui como substituta dos direitos sociais e com a função de preservar a ordem afirmada.

Da *Speenhamland Law*[9] Marshall diz que, segundo Polanyi, ela "parece marcar e simbolizar o fim de uma época" (1967, p. 71). Na

---

9. Sobre a *Speenhamland Law* (1795-1834), Polanyi nos diz o seguinte: "Juízes de Berkshire, num encontro no Pelikam Inn, em Speenhamland, próximo a Newbury, em seis (6) de maio de 1795, numa época de grande perturbação, decidiram conceder abonos, em adiantamento aos salários, de acordo com a tabela que dependeria do preço do pão. Assim, ficaria

medida em que adentramos em seu conteúdo mais profundo, não temos dúvidas em dizer que tal afirmação é procedente.

Por outro lado, a Speenhamland Law ou Lei de Assistência aos pobres na Inglaterra, de 1795-1834, é também conhecida como um Sistema de Abonos.

Como já pudemos ver, fornecia um auxílio às famílias, em abonos, até completar a ração mínima, independentemente se estas estivessem ou não empregadas.

Um autor que dedica especial atenção e importância à análise da Speenhamland é Karl Polanyi em sua obra *a grande transformação*. Segundo Marshall (1967, p. 71), Polanyi dedica tal importância a essa lei que chega mesmo a surpreender alguns leitores. Para Polanyi, essa lei baseada em abonos foi efetivamente algo novo e surpreendente para o espírito da época, tempo em que o liberalismo se afirmava no campo econômico como um sistema autorregulado pelo mercado. Foi considerada ainda como "marca e símbolo do final de uma época" ou, então, "como origem de nossa época", conforme sugere o próprio subtítulo da obra de Polanyi. Deveras, sua importância deve-se ao fato de que por meio dela conseguimos entender melhor qual tenha sido o significado da Assistência nesse período, uma vez que, sempre segundo Polanyi,

---

assegurada ao pobre uma renda mínima independente de seus proventos" (1980, p. 90). Além dos transtornos próprios de todo o período da Grande Revolução Francesa, que exigia novas propostas para as mais diferentes frentes, a Inglaterra ainda se encontrava em guerra com a França (1793-1815). Para mais detalhes, ver Bergeron et al. (1986, p. 168 ss.). Conforme Thompson, "1795 foi o ano da crise, tanto na França como na Inglaterra. O inverno excepcionalmente forte de 1794-1795, o transtorno da guerra, as quebras da safra, tudo contribuiu para elevar o preço dos alimentos. Maio de 1795 é a data da famosa decisão da Speenhamland, que regulava o aumento dos salários de acordo com o preço do pão" (1987a, p. 157). Rosanvallon assim se refere à Speenhamland Law: "Realizado num contexto de crise econômica e de forte recrudescência do pauperismo, reconheceu o direito de todos os homens a um mínimo de subsistência: se só pudesse ganhar uma parte pelo seu trabalho, cabia à sociedade fornecer-lhe o complemento. Este primeiro esboço de *rendimento mínimo garantido* fixava uma escala de auxílios proporcional ao preço do trigo e ao número de filhos" (1984, p. 112).

ela "introduziu uma inovação social e econômica que nada mais era do que o 'direito de viver' e, até ser abolida em 1834, impediu efetivamente o estabelecimento de um mercado de trabalho competitivo" (1980, p. 90).

No tocante à análise de Polanyi, quanto às consequências que a mercantilização "do homem, da terra e da moeda" deixa sobre o homem, não queremos dizer que não seja pertinente, tanto assim que a utilizamos amplamente, sobretudo porque nos indica o grau de miséria ao qual o homem foi jogado na fase da afirmação da economia capitalista, pelo "moinho satânico" do mercado, na expressão do autor, e nos situa na análise das feições e funções que a Assistência social assumiu nesse processo. Poderíamos, no entanto, apontar sua análise como não suficiente ou, talvez, incompleta. A nosso ver, ele reduz a economia capitalista a uma economia de mercado. Por isso apontamos para uma leitura mais ampla sobre o capital. Ou seja, ele necessita ser visto num processo de totalidade entre a produção, distribuição, intercâmbio e consumo.

Para o momento nos reportamos à leitura feita por Enrique Dussel numa interessante recuperação dos *Grundrisse*, de Marx. Segundo ele, o processo do capital se dá numa totalidade na qual as categorias de produção, distribuição, intercâmbio e consumo se determinam mutuamente. Citando o Marx dos *Grundrisse*, conclui: "O resultado a que chegamos não é que a produção, a distribuição, o intercâmbio e o consumo sejam idênticos, senão que constituem as articulações de uma totalidade, diferenciações dentro de uma unidade" (in Dussel, 1985, p. 46).[10] Ademais, agora conforme Dussel,

---

10. Para nos introduzir na compreensão da "produção em geral", Dussel parte do fato de que o homem como "sujeito de necessidades" se põe a trabalhar sobre matéria universal (ou natureza) com um instrumento (técnica = trabalho já acumulado). De sujeito de necessidades ele se torna sujeito que produz, buscando um satisfator, convertendo-se num sujeito de consumo (1985, p. 29-38). Dessa forma introduz a categoria "trabalho", que, na economia capitalista, será central.

e num linguajar hegeliano, "a produção determina as outras determinações *materialmente*; o consumo *tendencial* ou idealmente; a distribuição *praticamente*; o intercâmbio *economicamente*". São "mútuas determinações que atuam sincrônica e diacronicamente, em muitos graus de determinação determinantes determinadas" (idem, p. 46-47).[11] Portanto, o modo de produção capitalista é um todo em processo com movimentos distintos que se determinam mutuamente. O imperativo nesse processo, para Polanyi, é o mercado; já para Marx, é o trabalho enquanto produção, mas produção enquanto "termo universal"; já que a distribuição e o intercâmbio são o termo particular e o consumo é o termo singular com o qual o todo se completa (Dussel, 1985, p. 40). Para compreender o todo do modo de produção capitalista, portanto, é necessário ir além de Polanyi, uma vez que a economia capitalista não se resume à economia de mercado da qual é um dos elementos. A sociedade como um todo não é regulada só pelo mercado (distribuição e intercâmbio). Vimos que há nela outras determinações. Mesmo no tocante ao mercado, é preciso ainda distinguir o mercado do período da livre concorrência, em que os preços se ajustam às leis da oferta e de demanda, enquanto as do período dos monopólios se complexificam, já que os monopólios — criando preços artificiais — ditam os preços, de modo que, mesmo com demanda em baixa, os preços podem se elevar.

Cônscios de que Polanyi faça uma leitura insuficiente da sociedade capitalista e/ou mesmo, conforme diz O'Connor, "não problematiza suficientemente a sociedade, que passa a não ser entendida como 'sociedade dividida em classes'", concordamos com O'Connor que "tampouco formula uma teoria adequada do capitalismo e da crise" (1993, p. 40).

---

11. O Marx dos *Grundrisse* já descobrira que: "Uma produção determinada [...] determina um consumo determinado" ("Eine bestimmte Produktion [...] bestimmt also bestimmte Konsumtion" (cf. in Dussel, 1985, p. 47, nota 14).

Mesmo assim, Polanyi será um de nossos interlocutores preferenciais na análise que pretendemos, visto que ao fazer uma crítica ao mercado, afirmando mesmo que "as ciladas do sistema de mercado não eram prontamente visíveis" (1980, p. 93), nos apresenta com total crueza o que a "mercantilização do trabalho, da terra e da moeda" provocou na sociedade, situando-nos ainda quanto às formas e à função da Assistência desse período de afirmação da economia capitalista.

Feito este não tão breve parêntese, voltemos à nossa análise sobre a Speenhamland. Aqui importa que observemos sua relação com os direitos sociais que neste período já estavam se apresentando como pontos sensíveis. Traçando um paralelo entre o sistema da Speenhamland e os direitos sociais, Marshall assim se expressa: "O Sistema Speenhamland oferecia, com efeito, um salário mínimo e um salário família garantidos, combinados com o direito ao trabalho ou sustento. Estes, mesmo pelos padrões modernos, constituem um *conjunto substancial de direitos sociais*, indo muito além do que se poderia considerar como terreno próprio da *Poor Law*" (1967, p. 71; grifo nosso). Esse fato procede em parte, uma vez que nesse período ainda não se pode falar em direitos sociais no seu pleno sentido, embora já tenhamos algumas pistas apontando para eles, ainda mais quando nos situamos no espírito do período em que se afirma a nova ordem liberal. Ela — a *Poor Law* — pode mesmo significar o meio pelo qual "a velha ordem reuniu suas forças que se esvaíam e lançou um ataque ao território inimigo" (Marshall, 1967, p. 71), numa tentativa de, por meio de um mecanismo de Assistência regular, conseguir o que de momento não se conseguia com o sistema de mercado de trabalho que se afirmava inapelavelmente.

Ainda na linha da constituição dos direitos e sua relação com a lei dos pobres, Marshall, ao se referir à Speenhamland Law, diz que "nesse breve episódio de nossa história [1975-1834] vemos a

Poor Law como defensora agressiva dos Direitos Sociais de Cidadania. Na fase seguinte [agora já referindo-se à *Poor Law* de 1834], encontramos a agressora rechaçada muito abaixo de sua posição original. Pela lei de 1834, a *Poor Law* renunciou a todas as reivindicações de invadir o terreno do sistema salarial ou de interferir nas forças do mercado livre" (Marshall, 1967, p. 72).[12] Assim, os incipientes "direitos sociais" não só deixaram de existir, como também transformaram o seu usuário em mero indigente. E mais ainda, "os direitos sociais mínimos que restaram foram desligados do status da cidadania" (idem, p. 72). E não bastasse isso, afetaram também os demais direitos inerentes à cidadania, diluindo-se simplesmente em Assistência, uma vez que "a *Poor Law* tratava as reivindicações dos pobres não como parte integrante de seus direitos, mas como uma alternativa deles — como reivindicações que *poderiam ser atendidas somente se deixassem* inteiramente de ser cidadãos" (idem, p. 72; grifo nosso). Aqui Marshall passa a mostrar como, na prática, o atendimento dessas reivindicações implicava a renúncia dos demais direitos, ou seja, do *direito civil*, pois os obrigava a "abrir mão da liberdade pessoal" com o retorno aos albergues e asilos; do *político*, pois que eram "obrigados, por lei, a abrir mão de quaisquer direitos políticos que possuíssem" (idem, p. 72).[13] Nesse contexto podia usufruir da Assistência quem se conformasse à lei dos pobres. Pode-se concluir, então, com esse paradoxo: tinha "direito" à Assistência quem renunciasse absolutamente a quaisquer direitos.

Marshall vai mais longe quando nos diz que a "*Poor Law* não constitui um exemplo isolado desse divórcio entre os direitos sociais

---

12. A *Poor Law* 1834 "oferecia Assistência somente àqueles que, devido à idade ou à doença, eram incapazes de continuar a luta e àqueles outros fracos que desistiram da luta, admitiam a derrota e clamavam por misericórdia" (Marshall, 1967, p. 72).

13. É importante acentuar aqui que estão de volta ao governo os Whigs — agora já transformados em partido liberal — e que já foi realizada a reforma eleitoral pela *ampliação do direito ao voto* pelo projeto de Reforma de 1832. O pobre, entretanto, continua não tendo espaço, mesmo nessa "ampliação" do direito ao voto.

ASSISTÊNCIA SOCIAL ENTRE A ORDEM E A "DES-ORDEM" 83

e o status da cidadania" (1967, p. 72). Também as primeiras leis fabris teriam mostrado a mesma tendência. Noutro lugar, ao se referir às *Poor Laws* anteriores, constata-se que "à medida que o padrão da Velha Ordem foi dissolvido pelo ímpeto de uma economia competitiva e o plano se desintegrou, a *Poor Law* ficou numa posição privilegiada como sobrevivente única da qual, gradativamente, se originou a ideia dos direitos sociais" (idem, p. 71). Disso se conclui assim mais uma vez a ambivalência existente no interior das *Poor Laws*. Partindo disso, não duvidamos em afirmar que as ações da Assistência, ainda hoje, muitas vezes manifestam essa mesma ambivalência, exatamente porque foram constituídas para exercer funções contraditórias no próprio sistema econômico, político e social. Assumem, por isso mesmo, funções de caráter conjuntural ou predominantemente estratégico na manutenção da "ordem" estabelecida. Tudo isso poderá ser entendido melhor quando voltarmos a observar a relação da "Speenhamland" com a formação da classe proletária. Para entender sua "lógica", é preciso que nos situemos no período assinalado (1795-1834) — auge da Revolução Industrial —, período esse em que o desenvolvimento industrial se encontra numa fase tal que necessita de um mercado de trabalho mais competitivo e, para tanto, precisa criar uma classe trabalhadora industrial. Por sua vez, para que o "grande mercado" autorregulável se afirme, era necessário ainda que a economia de mercado se completasse, não sendo mais possível retardar o estabelecimento do mercado de trabalho. Enfim, esse período mostra-nos ainda como um mecanismo de Assistência esteve presente no retardamento do processo como um todo, processo esse que, logicamente, a partir da economia de mercado, estava por se afirmar. Por outro lado, mostra-nos também como a lei da Assistência aos pobres de 1601 — basicamente uma Assistência de vizinhos e "paroquial", quando o atendimento ao pobre fica sujeito às Casas de Trabalho (Work houses) e a mendicância é passível de punição — é retomada na Nova Lei dos Pobres de 1834, embora já sob o prisma de uma Assistência Pública, limitando-se aos que abdicaram de quaisquer outros direitos. A Assistência desse período tem o estigma de ser para aqueles que desistiram de lutar, ou seja, é uma Assistência para doentes, velhos e/ou para preguiçosos. E, novamente, um mecanismo de Assistência (embora com características distintas da anterior) se torna um marco para a afirmação da lei do mercado, sobretudo do mercado de trabalho. Esse aspecto é que se tentará aprofundar no item seguinte. Notadamente se pretende situar melhor qual foi o pano de fundo e qual a forma de Assistência que foi sendo gestada no momento da emergência e afirmação da economia capitalista de mercado.

2.2 Assistência e a formação do mercado de trabalho

Uma vez que as leis da Assistência contribuíram tanto no retardamento como na implantação e na afirmação do mercado de trabalho, torna-se imperioso aprofundar o significado e a parcela de responsabilidade que teve a Assistência na constituição dessa ordem. É por isso que importa ainda abordar aqui, mesmo que de forma breve, a natureza da economia do mercado autorregulável, como também perceber como as ações da ordem transformam o povo da aldeia rural em mercado de trabalho. Pretendemos, porém, dar um acento maior, por um lado, ao retardamento da constituição do mercado de trabalho e como isso foi ocasionado *também* com a ajuda de um dos mecanismos da Assistência e, paradoxalmente, por outro, como uma certa forma de Assistência foi instituída para ser o facilitador da implantação definitiva desse mesmo mercado de trabalho.

Admitindo-se que é a filosofia liberal que dá a direção cultural, política, econômica e social a todo esse período, a fim de evitar definições fechadas do liberalismo, sentimos imperioso situarmo-

-nos nas fases e respectivas características desse mesmo liberalismo. Entretanto, o liberalismo, suporte teórico-filosófico da formação e afirmação da economia de mercado, não é um bloco homogêneo de doutrinas. Também ele apresenta fases evolutivas, que, por sua vez, marcam os diferentes momentos dessa economia. Para situar-mo-nos melhor nessas fases e suas características, acreditamos que nada possa ser melhor que ouvir os próprios liberais para sabermos o que eles mesmos pensam de si e do sistema que defendem. Efetivamente, quase que numa tentativa de autoavaliação, eles mesmos poderão nos situar com mais originalidade em suas respectivas fases. Buscamos, como interlocutores, a John Gray que, já no prefácio mesmo de seu *O liberalismo*, afirma categoricamente: "Escrevo como liberal, sem pretender que meu trabalho ocupe um espaço de neutralidade moral ou política" (1988, p. 9), e a José Guilherme Merquior, de cuja ortodoxia liberal ninguém ousará duvidar, ainda que se trate de um pretenso "social-liberalismo", coisa mais de certo gosto "novidadeiro" do que de uma doutrina com suporte teórico efetivamente bem embasado.[14]

Ordem liberal — Fases e características

O liberalismo, situado historicamente "como corrente política e tradição intelectual [...] só aparece verdadeiramente com o século XVII" (Gray, 1988, p. 11). Suas origens devem ser buscadas, em "circunstâncias culturais e políticas determinadas, [...] no contexto do individualismo europeu do início da época moderna" (idem, p. 11), em que o termo "liberal" funcionou mais como um "derivativo

---

14. Queremos observar aqui que buscamos Gray e Merquior somente para nos situarmos nas fases respectivas e referidas características apresentadas pelos próprios liberais. Isso não quer dizer que suas ideias sejam usadas como suporte teórico de análise (Apropriação liberal, *IstoÉ Senhor*, n. 1163, p. 22-24, 1992).

de liberdade, virtude clássica da humanidade, generosidade e espírito aberto" (idem, p. 11). Merquior também se refere a essa fase, tratando-a como de um *"protoliberalismo"*, constantemente associada ao "sistema inglês", ou seja, numa "forma de governo fundada em poder monárquico limitado e num bom grau de liberdade civil e religiosa" (1991, p. 16). Para Merquior, trata-se do liberalismo entre os séculos XVII e XVIII, como sendo o "século que medeia a Revolução Gloriosa" (1688) e a "Grande Revolução Francesa de 1789-1799" (idem, p. 16).

O período do *"liberalismo clássico"*, cronologicamente falando, abrange praticamente todo o século XIX.[15]

A denominação "'liberal' é própria de um movimento que aparece pela primeira vez e apenas no século XIX, precisamente quando em 1812 foi adotado pelo Partido Espanhol de liberais" (Gray, 1988, p. 11). O que caracteriza especificamente o liberalismo clássico é o que se convencionou chamar de *"laissez-faire"*, embora seja "um erro supor que alguma vez houve um período de puro *laissez-faire*" (idem, p. 62). No entanto, "a conclusão meditada dos melhores historiadores ainda consiste em que o século XIX, como um todo, foi de fato 'uma idade de *laissez-faire*'" (Merquior, 1991, p. 81). Em sua forma ortodoxa, o liberalismo se caracteriza pela pregação da máxima liberdade individual, quando maximizar a felicidade comum depende da busca livre da felicidade de cada indivíduo, devendo a ação do Estado limitar-se à defesa e garantia dos direitos do indivíduo e deixando liberdade ao mercado e vigência aos contratos entre as partes.

Características liberais distintas são apontadas na Alemanha, na Inglaterra, na França e na América. Mas a concepção de indivíduo e sociedade de matriz "individualista — igualitária — universalista e melhorista permaneceram como fundamento" de todos

---

15. Merquior situa o liberalismo clássico entre 1780 e 1860 (1991, p. 65).

eles (Gray, 1988, p. 12). Na Alemanha, segundo Gray, o liberalismo retrocedeu sob o efeito da "política protecionista de bem-estar de Bismarck (1870). No "conjunto, porém, a Europa do século XIX esteve, e permaneceu até a Grande Guerra, sob a Ordem liberal" (idem, p. 65).

O surgimento de movimentos democráticos de massa, o avanço gradativo e, às vezes, violento de teses e mobilizações socialistas e a "expansão das instituições democráticas" geraram grandes mudanças no campo político. E foi exatamente no campo político que "a catástrofe da Primeira Grande Guerra destroçou o mundo liberal que dominara de 1815 a 1914" (Gray, 1988, p. 62). Para compreender de forma crítica toda essa evolução, mais propriamente o desenvolvimento da "democracia de uma sociedade de mercado capitalista", seria de bom auxílio recorrer a MacPherson em sua obra *A democracia liberal*, na qual analisa diferentes "modelos democráticos" com o objetivo de "examinar os limites e possibilidades da democracia liberal contemporânea" (1978, p. 14). Para MacPherson, "'liberal' pode significar a liberdade do mais forte para derrubar o mais fraco de acordo com as regras do mercado" (idem, p. 9).

Como que sintetizando o ocaso da fase acima referida, Gray afirma, enfaticamente, que "se houve sinais de um crescente não liberalismo nas últimas décadas do século XIX, a Primeira Grande Guerra quebrou a ordem liberal em pedaços e iniciou uma era de guerras e tiranias" (Gray, 1988, p. 66). E isso porque a emergência de "movimentos nacionalistas", o "colapso dos antigos impérios", o surgimento de "regimes socialistas totalitários [...] infligindo injúrias colossais às próprias populações", suprimiram "a liberdade em quase todo o mundo civilizado" (idem, p. 66).

Enquanto isso acontece em tantas partes do mundo dito "civilizado", por sua vez, "na Inglaterra, entre as duas guerras, J. M. Keynes, Beveridge e outros *liberais revisionistas* tentaram abrir um caminho de compromisso entre a velha e a nova ordem capitalista e os novos ideais socialistas" (Gray, 1988, p. 66; grifo nosso), propiciando os alicerces daquilo que posteriormente viria a ser caracterizado como Estado de Bem-Estar Social.

Conforme Merquior, Keynes aparece como uma alternativa entre o leninismo, que estaria "decidido a destruir o capitalismo", e o fascismo, que "sacrificava a democracia para salvar a sociedade capitalista". O *revisionismo* econômico de Keynes seria, então, a "opção para salvar a democracia, renovando o capitalismo" (Merquior, 1991, p. 174-175).

Acreditamos ser quase dispensável dizer que esse período se caracterizou por uma forte e decisiva intervenção estatal macrossocietária, tentando administrar, a partir de uma *lógica técnica*, o princípio daquilo que agora pode ser denominado de *justiça social*.

A partir da década de 1970, com a desintegração do paradigma keynesiano, já encontramos o que hoje se costuma denominar como *neoliberalismo*. É o renascimento, ou a tentativa de renascimento do liberalismo clássico que se caracterizou sobretudo como uma crítica sistemática à intervenção do Estado no mercado. Esse período tem seu "reconhecimento público com a atribuição do prêmio Nobel a Hayek e Friedman" (Gray, 1988, p. 75), "os pontífices do Neoliberalismo" (Merquior, 1991, p. 189-196).

Suas "ideias e propostas" logo passaram a ser "moeda corrente, citadas por figuras como Margaret Thatcher e Ronald Reagan e largamente distinguidos por amigos e inimigos do liberalismo que lhe reconheciam a real importância da política" (Gray, 1988, p. 75). Embora seja uma fase ainda a se definir mais claramente entre os vários pensadores, já se diz que "os Neoliberais 'hayekianos' tendem a desconfiar da liberdade positiva como uma permissão para o 'construtivismo', julgam a justiça social um conceito desprovido de significação, defendem um retorno ao liberalismo e recomendam um papel mínimo para o Estado" (Merquior, 1991, p. 218).

Ainda tentando ser fiéis aos autores liberais, observamos com Merquior que, "no decurso de três séculos, o liberalismo enriqueceu-se verdadeiramente com temas e tópicos, mas o enriquecimento da doutrina liberal raramente foi um processo linear. Muitas vezes, progressos numa direção foram contrabalançados por retrocessos" (1991, p. 35). Certamente devemos lembrar uma vez mais, como já fizemos anteriormente, que o liberalismo não se constitui num bloco homogêneo de teses e ideias e que sua fisionomia não é a mesma em todos os tempos e lugares. Filosofias, políticas, ideologias, movimentos de massas retardam ou propiciam avanços à filosofia liberal neste ou naquele lugar ou período. O próprio Merquior é quem nos diz que "qualquer impressão triunfalista deve ser evitada, porque o liberalismo teve de aprender coisas importantes com o desafio de ideologias rivais" (idem, p. 35).

Importa salientar aqui que o objetivo da apresentação dessa visão sucinta do liberalismo foi somente o de situar suas fases e características a fim de entender melhor as fases da economia de mercado e da Assistência que se formaram, amparadas nessa ideologia. Uma possível análise ou confronto com o tratamento das questões sociais desse período será visto em outro lugar e seguramente a partir de outros paradigmas teóricos.

Feita essa breve incursão nas fases do liberalismo e retomando nosso tema central — Assistência e formação do mercado de trabalho —, é necessário agora situarmo-nos no período da formação da economia de mercado, período em que "a sociedade tem que ser modelada de maneira tal a permitir que o sistema funcione de acordo com as suas próprias leis", de tal forma que se faça jus à afirmação de que "uma economia de mercado só pode funcionar numa sociedade de mercado" (Polanyi, 1980, p. 72). E a consequência disso é que "ao invés da economia estar embutida nas relações sociais, são as relações sociais que estão embutidas no sistema econômico" (idem, p. 72).

Os mercados isolados e reguláveis passam a constituir uma forma de economia, dirigida por preços de mercado, que se afirma cada vez mais como autorregulável, significando[16] que toda produção tem que ser vendida no mercado e que todo o rendimento provém de tais vendas. Nesse sistema, não só todos os elementos da indústria, mas também os bens, inclusive os serviços, assim como "*o trabalho*, a *terra* e o *dinheiro*, sendo seus preços chamados, respectivamente, preços de mercadorias, *salários*, *aluguel* e *juros*" (Polanyi, 1980, p. 82; grifo nosso), são para o mercado. Nesse sistema nem "o preço, nem a oferta, nem a demanda" podem ser fixados ou regulados. Só serão válidas práticas "políticas e medidas que ajudem a assegurar a autorregulação do mercado, criando condições para fazer do mercado o único poder organizador na esfera econômica" (idem, p. 82).

Entretanto, é nessa época também que se afirma o mercado, que é de alguma forma a negação dos grandes valores do iluminismo. Paradoxalmente a economia de mercado emerge no marco de valor do iluminismo, mas acaba por negá-lo. O centro que até então era o homem passa a ser o do mercado. O homem deixa de ser centro e fim para tornar-se instrumento e meio. Não apenas o indivíduo deixa de ter importância como um ser em si, mas é a própria sociedade que passa por uma total transformação. Segundo Polanyi, essa

---

16. Economia de mercado, conforme síntese de Polanyi, é "um sistema econômico controlado, regulado e dirigido apenas por mercados; a ordem na produção e a distribuição de bens é confiada a esse mecanismo autorregulável. Uma economia desse tipo se origina da expectativa de que os seres humanos se comportem de maneira tal a atingir o máximo de ganhos monetários. Ela pressupõe mercados nos quais o fornecimento de bens disponíveis (incluindo serviços) a um preço definido igualarão a demanda a esse mesmo preço. Pressupõe também a presença do dinheiro, que funciona como poder de compra nas mãos de seus possuidores. A produção será, então, controlada por preços, pois os lucros daqueles que dirigem a produção dependerão desses preços. A distribuição de bens também dependerá de preços, pois estes formam rendimentos, e é com a ajuda desses rendimentos que os bens produzidos são distribuídos entre os membros da sociedade. Partindo desses pressupostos, a ordem na produção e na distribuição de bens é assegurada apenas por preços" (cf. Polanyi, 1980, p. 81).

"época do mercado", no seu aspecto social, significou a subordinação da "substância da própria sociedade às leis de mercado", com a inclusão do homem e da terra aos seus "mecanismos inelutáveis" (1980, p. 84), o que seguramente terá consequências bem específicas nas relações da sociedade em formação. "O trabalho, a terra e o dinheiro, obviamente, *não* são mercadorias", diz Polanyi (idem, p. 84). "Trabalho é apenas um outro nome para a atividade humana que acompanha a própria vida que, por sua vez, não é produzida para a venda [...] não pode ser armazenada ou mobilizada. Terra é apenas o outro nome para a natureza, que não é produzida pelo homem... O dinheiro é apenas um símbolo de poder de compra e, como regra, ele não é produzido, mas adquire vida através do mecanismo dos bancos e das finanças estatais. Nenhum deles é produzido para a venda" (idem, p. 85). Portanto, descrevê-los como mercadorias é algo "inteiramente fictício" (idem, p. 85). Mas é com o auxílio dessa ficção que o trabalho, a terra e o dinheiro são organizados em "mercadorias reais", passando como outras mercadorias a serem compradas e vendidas. Pior, "a ficção de serem produzidas tornou-se princípio organizador da sociedade" (idem, p. 87). Resulta então que o Estado e quaisquer outras instituições têm que ter a configuração de máxima distância do mercado. A política tem que ser tal que não interfira nessa autorregulação.

Acontece que "permitir que o mecanismo de mercado seja o único dirigente do destino dos seres humanos e do seu ambiente natural e, até mesmo, o árbitro da quantidade e do uso do poder de compra, resultaria no desmoronamento da sociedade" (Polanyi, 1980, p. 85). Tudo isso nos fornece elementos para compreender o que motivou o grande impacto que a Revolução Industrial teve, sobretudo sobre a vida do homem comum.[17] Especialmente o fato

---

17. "A Revolução Industrial não apareceu como uma mudança repentina. Iniciou-se em princípios do século XVIII, completando-se em meados do século XIX, sendo seguida mais tarde de outras transformações. A Revolução Industrial pode ser descrita como a época do

de a força de trabalho ter sido transformada de algo natural em "suposta mercadoria", quando "usada indiscriminadamente ou até mesmo não utilizada", não pode deixar de "afetar também o indivíduo [...] (que é) o portador dessa mercadoria peculiar" (idem, p. 85), sem jogá-lo num transtorno social tão sério que o degrade para bem abaixo de sua condição de homem. Ou ainda, "destiná-lo ao mercado provocava, igualmente, o estranhamento dos indivíduos consigo mesmos e perante outrem. Além disso, o mundo baseado na economia e no trânsito das mercadorias expunha as pessoas à fome e à morte, pela possibilidade de elas não serem absorvidas pelo mercado de trabalho, o que abria as portas para uma catástrofe que a sociedade nunca experimentara" (Fridman, 1989, p. 173).[18]

---

carvão e do *ferro*, que contrasta com a posterior, a época da *eletricidade* e do aço" (Crossman, 1980, p. 102). Como a Inglaterra estivesse "na vanguarda do processo da industrialização, os demais países puderam pular o período do ferro e do carvão, integrando-se diretamente numa fase posterior do capitalismo" (idem, p. 102). Embora os demais países tivessem suas peculiaridades no desenvolvimento industrial, tomamos (com os diversos autores) a referência da Inglaterra, por ter sido ali que o desenvolvimento industrial se deu por primeiro, constituindo-se como que num "modelo para todas as futuras mudanças industriais nos outros países" (idem, p. 102). Ernest Mandel, ao analisar as "Ondas Longas" na história do capitalismo", descobre quatro ondas longas. Situa a Revolução Industrial na primeira "Longa Onda [...] — o longo período compreendido entre o fim do século XVIII e a crise de 1847, basicamente caracterizado pela difusão gradativa da *máquina a vapor de fabricação artesanal* ou *manufatureira* por todos os ramos industriais e regiões industriais mais importantes. Essa foi a onda longa da própria Revolução Industrial" (1982, p. 83). As outras três são chamadas de primeira, segunda e terceira ondas tecnológicas (idem, p. 84).

18. Quando se trata da transformação do homem, da terra e da moeda em mercadorias, na observação de Luis Carlos Fridman, "Karl Polanyi é considerado um crítico mais radical que Marx da economia clássica e do pensamento liberal, ainda que ambos tenham partilhado de muitos diagnósticos acerca das contradições essenciais do regime capitalista" (ver em "A teoria social", de Karl Polanyi, em *A grande transformação* (Fridman, 1989, p. 166). Ainda, traçando um certo paralelo entre Marx e Polanyi, o mesmo autor nos leva a perceber que, embora Marx e Polanyi tenham sido mordazes críticos da sociedade capitalista, para Marx, "nada poderia conter esse progresso e esse horror; eram produtos históricos que não poderiam ser barrados", enquanto, para Polanyi, "ao contrário, a Grande Transformação e com ela a ruína da sociedade tiveram seu caminho desbravado pelos apóstolos da fé no mercado autorregulável" (idem, p. 176). Para Marx, "o fenômeno teve origens marcadamente econômicas" (idem, p. 176). Por isso, sua utopia estaria numa sociedade sem classes e na

Esses encontros e desencontros entre Polanyi e Marx, conforme pudemos ver na nota, e as diferentes saídas e esperanças que ambos nutrem pela felicidade do homem só podem ser compreendidos quando observamos a causa central do "caos" produzido pela economia capitalista. Em Polanyi, esta se centra na transformação e destruição dos valores na vida dos homens, transformando o homem em mercado. Da mesma forma toda a vida da sociedade se torna um apêndice do mercado. Por isso também "o futuro almejado por Polanyi" só pode estar "na recomposição ordenada das relações sociais-solidárias e naturais", na voz de Fridman (1989, p. 168), ao passo que em Marx "o desastre" se dá a partir de um fenômeno econômico da exploração entre classes, transformando o homem (o trabalhador) em mercadoria. É nisto que consiste a sua fetichização (cf. Marx, 1978, p. 87 ss.).[19] Isto tornara-se manifesto já nos escritos da juventude de Marx, ou seja, nos *Manuscritos econômico-filosóficos de 1844* — escrito ainda cheio dos mais puros resquícios hegelianos, tanto nas imagens quanto nos conceitos —, prin-

---

participação e distribuição dos bens produzidos pela sociedade, atendendo às necessidades das amplas maiorias. Já para Polanyi, o fenômeno "adveio de motivações religiosas, isto é, do mercado autorregulável" (idem, p. 176). Podemos ver isto melhor no próprio Polanyi, já que para ele "a causa da degradação não é, portanto, a exploração econômica, como se presume muitas vezes, mas a desintegração do ambiente cultural da vítima. O processo econômico pode, naturalmente, fornecer o veículo da destruição, e quase invariavelmente a inferioridade econômica fará o mais fraco se render" (Polanyi, 1980, p. 160). Por isso, sua utopia também estaria no fim da sociedade de mercado, a partir dos "contramovimentos" defensivos e autoprotetores da sociedade com a recuperação das referências espirituais e morais da natureza solidária da convivência humana. Enquanto isso Marx conceberia o "desenvolvimento das forças produtivas como impulso ininterrupto e necessário à emancipação dos homens" (Fridman, 1989, p. 183). Ademais, sempre ainda segundo este autor, Marx acreditava que "esses homens e mulheres que tinham perdido tudo lutariam pelo socialismo e destruiriam esse mundo pela revolução social" (idem, p. 167), enquanto "Polanyi não discordava, em geral, do sentido da emancipação socialista, mas lhe fazia sérias restrições" (idem, p. 168). Finalmente, nas palavras do intérprete, Polanyi "coincide com o marxismo na esperança de emancipar os indivíduos da saga trágica da economia do mercado" (idem, p. 163).

19. Ver El caráter fetichista de la mercadoria e su secreto.

cipalmente no segundo e terceiro manuscritos, onde lemos que "no operário temos pois, subjetivamente, que o capital é o homem totalmente subtraído a si mesmo, assim como no capital temos objetivamente que o trabalho é o homem que foi subtraído" (Marx e Engels, 1982, p. 606). Após uma rápida consideração, na qual recorda que, infelizmente, "o *trabalhador* tem a desgraça de ser um capital *vivo*", com todas as consequências disso decorrentes, Marx volta ao tema, afirmando que o "trabalhador produz o capital, o capital produz a ele, o que significa que ele se produz a si mesmo, e o homem enquanto *trabalhador*, enquanto *mercadoria* é o produto de todo o movimento" (idem, p. 606). As páginas do Segundo Manuscrito que seguem são extremamente eloquentes quanto às consequências dessa produção do homem como mercadoria, ou seja, a "*mercadoria-homem*" e sua função, mas não é aqui o lugar de nos determos sobre isso, bastando recordar que a classe trabalhadora só é tal porque forçada a levar a sua "força de trabalho ao mercado" para vendê-la, e é neste processo que uma parte do seu trabalho é apropriada pelos detentores dos meios e do processo da produção. Voltando ao "futuro" ao qual nos referíamos acima, Marx, após ricas páginas sobre a objetivação do capital, descreve agora a *essência subjetiva* da propriedade privada, ou seja, "a *propriedade privada* como atividade que é para si, como *sujeito*, como *pessoa*", identificando-a com o "*trabalho*", de tal forma que se estabelece como que uma *união intrínseca* entre a propriedade privada e o homem, processo que perpassa as diversas fases da formação do capital, "manifestando-se (finalmente) em todo o seu cinismo" (idem, p. 612-613), porque "ao converter em sujeito à propriedade privada em sua forma ativa, convertendo ao mesmo tempo o homem privado de entidade em essência, se torna claro que a contradição da realidade corresponde plenamente à essência contraditória reconhecida como princípio" (idem, p. 613). É a mais perfeita consumação do fetichismo! Assim o "futuro" e a "desalienação" (ou nas palavras de Marx, a superação da autoalienação) do *homem* e do *trabalho* só são possíveis pela completa abolição da propriedade privada objetivamente como "capital" e subjetivamente como "trabalho [...] com o advento do comunismo", porque "o comunismo é a expressão positiva da propriedade privada superada" (idem, p. 615), comunismo, bem entendido, "como superação da *propriedade privada* enquanto *autoalienação humana* e, portanto, como real *apropriação* da essência *humana* por e para o homem; por conseguinte, como total retorno do homem a si mesmo [...] humano [...] consciente e levado a termo no interior de toda a riqueza do desenvolvimento anterior" (idem, p. 617). Portanto, para Marx, a superação de classes e a consequente participação na produção e redistribuição dos bens produzidos, por meio de uma revolução, é a exigência.

Assim vemos em ambos uma crítica ao sistema capitalista que transformou o homem em mercadoria, mercadoria esta que, no entanto, tem suas particularidades se comparada às reais mercadorias.

Claus Offe, comparando o mercado de trabalho com os outros mercados, nos afirma que "são as particularidades" que o marcam e que o põem em "desvantagem", limitando assim suas "opções estratégicas" e, consequentemente, o colocam num "diferencial de poder" sempre — "favorável ao lado da demanda [mercado] e numa desvantagem ao lado da oferta [força de trabalho]" —, sempre que se trata de fixar "contratos de trabalho em situação de livre concorrência" (1989, p. 26).

Por se tratar de um caráter "fictício"[20] da "mercadoria", a força de trabalho entra no mercado de forma distinta em relação às outras mercadorias. Enquanto "a entrada das 'verdadeiras' mercadorias nos mercados é regulada, ou pelo menos codeterminada

---

20. Aqui Offe usa os termos de Polanyi, citando-o a partir de *A grande transformação* (1980).

pelo *critério relativo às expectativas de venda* de tais mercadorias, isso não acontece com a 'mercadoria' força de trabalho" (Offe, 1989, p. 27; grifo nosso). E isto acontece porque ela é determinada tanto "por processos demográficos não estratégicos e pelas regras institucionais da atividade reprodutiva humana", como pelos "processos socioeconômicos que 'liberam' a força de trabalho das condições em que poderia se manter de uma *forma diferente* da venda no mercado" (idem, p. 27). É importante lembrar aqui que a Revolução Agrícola antecedeu a Revolução Industrial e que o "mercado de trabalho foi o último dos mercados a ser organizado sob o novo sistema industrial" (Polanyi, 1980, p. 89, 102), impedindo dessa forma "modos de subsistência *fora do mercado* de trabalho (por exemplo, através da utilização da agricultura em terras particulares" (Offe, 1989, p. 27; grifo nosso). Deveras, a terra já havia sido transformada em mercadoria para o mercado, pois, "assim como o modo capitalista de produção pressupõe, em geral, que exproprie aos trabalhadores das condições de trabalho, assim pressupõe, na agricultura, que aos trabalhadores rurais se lhes exproprie da terra e se os subordine a um capitalista que explora a agricultura com vistas ao lucro" (Marx, 1986, p. 792). Isto faz com que a força de trabalho, que não tem como controlar a sua própria quantidade de oferta — de maneira estratégica — e ao mesmo tempo se vê alijada de outras formas de sobrevivência, esteja assim, conforme Offe, diante de uma *"desvantagem estrutural"* em relação à força de trabalho no mercado (1989, p. 28; grifo nosso). O mesmo autor aponta ainda uma outra desvantagem, na medida em que a "força de trabalho *continuamente depende dos meios de subsistência*, que só podem ser adquiridos se ela for 'vendida'" (idem, p. 28; grifo nosso), sem, no entanto, poder esperar por melhores condições para efetuar a venda. E isto se dá porque já não conta mais com os meios próprios (por exemplo, produtos agrícolas ou manufaturas) para sua subsistência, sendo que "um aspecto fundamental do processo de industrialização capitalista consiste exatamente na destruição dessas condições de independência econômica (ou seja, da autoss-suficiência-suficiência da produção agrícola familiar) e das condições de 'espera' estratégica por situações de demanda favoráveis. À medida que essas precondições são destruídas, a oferta da força de trabalho que não encontra demanda torna-se em si mesma 'sem valor'" (idem, p. 28). É por isso que "só através da presença de um esquema *politicamente organizado de seguro desemprego*, os vendedores da força de trabalho tornam-se capazes de 'esperar' estrategicamente (ao menos por algum tempo), em lugar de aceitar direta ou imediatamente qualquer demanda..." (idem, p. 29; grifo nosso). Offe segue descrevendo ainda outras particularidades da "mercadoria" trabalho em relação às demais mercadorias e as consequentes desvantagens por "opções estratégicas" que poderiam ser favoráveis à força de trabalho, como o que acontece, por exemplo, através da mudança e do *avanço tecnológico*, nos quais se manifesta "uma assimetria entre os dois lados do mercado", pois a "produção pode muito bem ser mantida mesmo com uma queda no uso do trabalho por unidade de produto, enquanto a reprodução da força de trabalho *não* pode ser mantida com uma queda na renda familiar" (idem, p. 29), necessitando, ao menos, de um padrão mínimo de vida para seguir produzindo.[21] Outra desvantagem diz respeito "ao potencial *qualitativo* de adaptação ao lado da oferta ao mercado de trabalho" (idem, p. 30). Nesse aspecto, o decisivo, conforme o autor, "é o maior grau de 'liquidez' qualitativa do capital em comparação com o trabalho" (idem, p. 30). Enquanto o capital se movimenta "em círculos, renovando-se constantemente", por seu

---

21. É importante que nos reportemos aqui à lei geral da acumulação em Marx, para o qual, pelo fato de o incremento dos meios de produção e da produtividade do trabalho crescer sempre numa velocidade maior que o da população produtiva, se expressa, capitalisticamente, em seu contrário, ou seja, "no fato de que a população operária cresce sempre mais rapidamente que a necessidade de valorização do capital" (Marx, 1986, p. 804).

turno "os vendedores da força de trabalho só podem variar a qualidade de sua oferta dentro de limites estreitos [...] e, somente devido a formas de apoio (político) externo, como educação e treinamento" (idem, p. 30), para se adaptar às novas exigências da produção. Ainda que Claus Offe tenha detectado corretamente a contradição do equilíbrio existente entre acumulação do capital e o desenvolvimento da força de trabalho, perde muito em ênfase quando confrontado com a percepção que o próprio Marx teve sobre o mesmo tema. Deveras, para Marx, "a lei, finalmente, que mantém um equilíbrio constante entre a sobrepopulação relativa ou exército industrial de reserva e o volume e a intensidade da acumulação, aprisiona o obreiro ao capital com grilhões mais firmes que as correntes com que Hefesto prendeu Prometeo na rocha. Esta lei produz uma *acumulação* de *miséria* proporcional à *acumulação* de *capital*. A acumulação de riqueza num pólo é pois, simultaneamente, acumulação de miséria, sofrimento, escravidão, ignorância, embrutecimento e degradação moral no polo oposto, isto é, no lado em que se encontra a classe que *produz seu próprio produto como capital*" (Marx, 1986, p. 805).

Diante dessas desvantagens para a força de trabalho, não é difícil concluir que ela demanda a afluência de uma regulação dessas relações que é feita por um "fator externo ao mercado", ou seja, o Estado, para regular inclusive o seu afluxo ao mercado e subsidiar, através de suas políticas sociais, o fator trabalho, para que este possa seguir produtivo para o capital e, por outro lado, "destruir outros modos de subsistência" de modo a que a força de trabalho do campo se "liberasse" para o mercado de trabalho na indústria.[22] Para Thompson, as leis ou regulamentação de acesso

---

22. James O'Connor, em seu artigo sobre capitalismo e meio ambiente — em que se diz amparado por uma abordagem nova, definida de marxista-polanista —, afirma que, "sendo que as condições de produção não são produzidas como mercadorias, é preciso que alguém

às terras comunais, na Inglaterra, certamente se configuram nesse exemplo. Mais especificamente a Lei dos "Cercamentos", momento em que as terras passaram a se concentrar em poder de muito poucos, expulsando o "povo comum" do direito ao acesso das terras comunais e quando "os argumentos dos defensores dos cercamentos giravam em torno do aumento das rendas e da produtividade por acre", para alimentar uma população em crescimento. E assim, "de uma vila à outra o cercamento avançava, *destruindo a economia de subsistência* dos pobres que já era precária" (Thompson, 1988, p. 44; grifo nosso).[23]

Atentos aos desdobramentos que se seguem, à medida que este sistema se cristaliza e dada a gravidade dos efeitos sociais resultantes, seriam desnecessárias maiores descrições. No entanto, queremos registrar aqui algumas das condições sociais que o período da Revolução Industrial deixou na Inglaterra. Segundo Polanyi, "nesse período, foi ainda o progresso, na sua escalada

---

as torne disponíveis ao capital na quantia, qualidade, tempos e lugares necessários. Este alguém é o Estado". E ainda, "todas as atividades do Estado liberal-burguês — com exceção da emissão da moeda e das forças armadas — entram na categoria da 'regulamentação ou produção das condições de produção'" (1993, p. 40).

23. No Brasil isto se faz com a Lei n. 601, de 18 de setembro de1850, a chamada Lei das Terras Devolutas, que representou o primeiro esforço no sentido de disciplinar o direito agrário em nosso país. Proibiu-se "a ocupação das terras devolutas, só se admitindo a compra mediante pagamento em dinheiro" (Borges, 1984, p. 16). "Punha-se termo ao regime das posses, admitida a transmissão da propriedade apenas pela sucessão e pela compra e venda" (Faoro, 1987, p. 408). No entanto, o que melhor revela a formação do capital no campo e a consequente expulsão do pequeno proprietário para "liberá-lo" para o mercado de trabalho na indústria está em que "a Lei das terras fixava um preço unitário suficientemente alto para que os lavradores não se tornassem proprietários com facilidade...". Ou ainda, "pode-se ver aí, uma manobra da classe dos latifundiários objetivando criar obstáculos à formação de pequenas propriedades" (Borges, 1984, p. 16). Também Faoro assim se refere à Lei das Terras: "para o futuro, as terras públicas só seriam adquiridas por meio da compra, com a extinção do regime anárquico das ocupações" (1987, p. 409). Ainda, "Os sistemas legais — a sesmaria (até 1822), a posse (até 1850), a venda e a concessão (depois de 1850) — traduzem conflitos e tensões, tentativas e objetivos harmônicos com o uso geral da economia" (idem, p. 409).

mais grandiosa, que acarretou uma devastação sem precedentes nas moradias do povo comum. Antes que o progresso tivesse ido suficientemente longe, os trabalhadores já se amontoavam em novos locais de desolação, as assim chamadas cidades industriais da Inglaterra; a gente do campo se desumanizava em habitantes de favelas; a família estava no caminho da perdição e grandes áreas do país desapareciam rapidamente sob montes de escória e refugos vomitados pelos 'moinhos satânicos'" (1980, p. 56). A adjetivação que o autor usa para esta descrição nos parece suficientemente forte para expressar o que o suposto progresso trouxe para o homem tornado "mercadoria". Situação não menos trágica sobrou para a natureza tornada mercadoria, gerando consequências que só tempos bem posteriores poderiam avaliar com mais precisão. Tempo, certamente, não muito diverso do atual. Tanto a natureza, considerada inexaurível, como o homem — sempre renovável —, foram as grandes vítimas do capital e do mercado.

Na sequência se pretende avançar na compreensão do significado da Assistência que, em geral, é solicitada a agir sobre as "des-ordens" que a "ordem" deixou. Importa, outrossim, perceber como essa ordem se utiliza — entre outros —, de mecanismos de Assistência e qual a sua parcela de responsabilidade para, por um lado, formar o mercado de trabalho ou então, por outro, para retardar a sua formação.

A Lei da Assistência do Sistema Speenhamland, que veremos na sequência, parece inscrever-se na lógica do retardamento da implantação do mercado. Trata-se, segundo Polanyi, de uma forma de resistência "inconsciente" da sociedade frente à "possibilidade de ser transformada em mero apêndice do mercado" (1980, p. 89). Também para Thompson, "os últimos anos do século XVIII presenciaram um esforço desesperado do povo para reimpor a economia moral mais antiga, em detrimento da economia livre de mercado". E é "contra esse pano de fundo [...] que se deve ver a decisão da

Speenhamland, 1795, para o subsídio dos salários de acordo com o preço do pão" (1987a, p. 71).[24] Deveras, não se poderia entender de outra forma um sistema que concede abonos, fornecendo às pessoas uma renda mínima, independentemente de seu trabalho, quando o espírito da época talvez exigisse o contrário, ou seja, uma mão de obra livre e competitiva. É bom frisar sempre que, no Sistema da Speenhamland, o indivíduo recebia Assistência mesmo quando empregado, caso seu salário fosse inferior a uma determinada renda familiar estabelecida pela tabela. Tratava-se de um sistema de Assistência "externa", bem distinto da forma que o precedera, isto é, já não se exige que o indivíduo permaneça no asilo de indigente, ou seja, agora trata-se de uma Assistência pública fora dos "Work Houses". Tratava-se certamente de um anacronismo ou do "retorno à regulamentação e ao paternalismo", de uma "vingança, justamente quando parecia que a máquina a vapor clamava por liberdade e as máquinas reclamavam o emprego de braços humanos" (Polanyi, 1980, p. 99). O conjunto da situação criada por essa lei deixa claro que, ao lado do retardamento da implantação do mercado de trabalho, estava aí presente o interesse do latifúndio rural para proteger a "aldeia" que nessa época se encontrava faminta, como ainda a tentativa de manutenção da mão de obra no campo, já que eram grandes os desníveis salariais entre cidade e campo.[25] Por sua vez, já para Fridman, comentando Polanyi, "as forças que reagiram à implantação da sociedade de

---

24. A luta focal era contra os que comercializavam o trigo e estabeleciam seu preço (preço de mercado), ainda antes que fosse colhido. Segundo Thompson, encontramos num panfleto de Retford, de 1975, o seguinte: "'Aqueles Vilões Cruéis, os Moleiros, Padeiros etc., vendedores de farinha, sobe a farinha com combinação entre eles ao preço que querem para provocar uma fome artificial numa Terra de Fartura'" (1987a, p. 70).

25. Trata-se certamente ainda de um prolongamento do que, por longa data, determinou a política inglesa, ou seja, as agrupações partidárias dos Tories e Whigs, de cuja polarização se originou o que pode descrever-se "como um conflito entre la Court e el Country (corte e campo)" (Barúdio, 1986, p. 338).

mercado — que tinham no seu horizonte, diferenciadamente, o retorno ao feudalismo ou o avanço para o socialismo — ressaltaram, direta ou indiretamente, a retomada de uma sociedade regenerada em seus valores morais e na solidariedade. O mundo fundado na atividade econômica conspirava contra as garantias mínimas da sociabilidade" (Fridman, 1989, p. 179). Portanto, era importante que se adotassem "métodos que protegessem o setor rural contra a desarticulação social, que reforçassem a autoridade tradicional, que impedissem o êxodo de mão de obra rural e que elevassem os salários agrícolas sem sobrecarregar o fazendeiro" (Polanyi, 1980, p. 104). Ou ainda, "se melhorou rapidamente a situação dos mais indigentes, teve como contrapartida provocar um abaixamento generalizado dos salários agrícolas: como havia compensação, os patrões tiveram tendência para descarregar sobre a coletividade" (Rosanvallon, 1984, p. 112) o custo dessa assistência mediante um abatimento nos impostos. Escreve Thompson, "a resolução de Speenhamland, 1795, foi motivada tanto por razões humanitárias quanto por necessidades. Mas a perturbação dos sistemas de Speenhamland e do rodízio de trabalhadores em toda a sua diversidade foi assegurada em função da necessidade dos maiores fazendeiros — um setor que requisitava um número excepcional de trabalhadores ocasionais — de manter uma reserva permanente de mão de obra barata" (1988, p. 53). Marx refere-se às esbravejantes acusações que faziam as duas facções da classe dominante, "a burguesia industrial" e "os aristocratas rurais", lembrando um velho refrão inglês que diz que "quando dois ladrões se agarram pelos cabelos, sempre ocorre algo bom" (1986, p. 844). Além disso, "a estrepitosa e apaixonada rixa entre duas frações da classe dominante em torno à questão de qual das duas explorava mais desavergonhadamente o operário foi de um lado e de outro a parteira da verdade" (idem, p. 844). É evidente que a Lei de Speenhamland atendia a duas frentes. Por um lado, preocupa-se com a necessidade de fazer frente ao quadro sombrio dos problemas sociais do capitalismo nascente, estabelecendo como que a auto-proteção da sociedade que estava sendo transformada em apêndice econômico; por outro, mantém os baixos salários no meio rural numa tentativa de restaurar o "Antigo Regime", com o que nada mais faz senão retardar a formação do mercado de trabalho, exigência maior da "nova ordem". Melhor, "o debate em torno das leis dos pobres, no fim do século XVIII e no início do século XIX, reflete praticamente as *tensões entre a aristocracia rural* e a *burguesia industrial em ascensão*" (Rosanvallon, 1984, p. 113).[26] A Speenhamland realmente alcançou parte de seus objetivos, mas seu efeito foi duplo: no campo mantém o baixo salário, já que as cotas da Assistência incidiam sobre o salário propriamente dito (Bergeron et al., 1986, p. 169), na medida em que, ostensivamente, beneficiou os empregados; na verdade, porém, "utilizando fundos públicos para subsidiar empregadores" (Polanyi, 1980, p. 106), fica claro que estes últimos são os realmente beneficiados, uma vez que era possível manter empregados por conta dos impostos. Assim, não surpreende que, com sua vigência, os salários fossem reduzidos a níveis inferiores aos da subsistência (cf. idem, p. 106), desmoralizando o homem que, agora, já não é mais um trabalhador, mas se transforma num indigente.[27] Um outro efeito maléfico e não menos contraditório dessa lei constitui-se no seu próprio "paternalismo", visto

---

26. "A gentry via nas leis sobre os pobres a condição da salvaguarda da ordem rural tradicional..." (Rosanvallon, 1984, p. 113).

27. No que se refere à lei de beneficência do período, Marx assim se expressa: "Recorda-se como se aplicava a lei no campo: a paróquia completava, sob a forma de Assistência aos pobres, [sob a forma de esmolas, 4. ed.] a diferença entre o salário nominal e a soma mínima requerida para que o trabalhador se limitasse a seguir vegetando. A relação existente entre o *salário pago* pelo arrendatário e o déficit salarial coberto pela paróquia nos mostra duas coisas: a primeira, a redução do salário abaixo do seu mínimo, a segunda, o grau em que o trabalhador agrícola era um composto de assalariado por uma parte e por outra de indigente, ou o grau em que fora transformado em servo de sua paróquia" (Marx, 1986, p. 843).

que protege a mão de obra do sistema de mercado — agora organizava os elementos da produção... — "afastando a gente comum de seu status anterior, compelindo-a a ganhar a vida oferecendo seu trabalho à venda, enquanto, ao mesmo tempo, privava esse trabalho de seu valor de mercado" (Polanyi, 1980, p. 92). Finalmente, essa lei com seu sistema de abonos passou a afetar a produtividade no trabalho e baixou o "salário-padrão". Um outro elemento contraditório dessa lei constitui-se no tabelamento do preço do pão. Entretanto, sua tabela alterava-se com muita frequência. Assim, ainda que, pela lei, o Estado tivesse que compensar — via abonos — essa defasagem constante, não deixa de demonstrar também o limite que esse tipo de Assistência significava no total.[28] De fato, na medida em que o mercado de trabalho foi o último a se constituir, encontramo-nos ante um trabalhador desmotivado para buscar melhores salários, mas deixando novamente aos "proprietários e cultivadores [...] uma mão de obra abundante e a bom preço", nada mais fazendo do que mais uma vez frear a "constituição de um amplo mercado de trabalho, em detrimento da indústria" (Bergeron et al., 1986, p. 169). Também em Rosanvallon encontramos: "A Indústria, pelo contrário, necessitava de uma força de trabalho móvel e disponível. A lei do domicílio e a existência de um '*Direito*' ao rendimento mínimo, independente do rendimento do trabalho, constituíam poderosos obstáculos à formação de um proletariado industrial" (1984, p. 113). Com o retardamento da constituição desse mercado de trabalho e com um trabalhador desmotivado e dependente retarda-se, outrossim, sua organização.

E, embora o "impacto do comércio mundial" já se houvesse estendido além dos "sete mares", mas sempre, é claro, acompa-

---

28. Observa Polanyi: "Embora o aumento dos impostos fosse espetacular e tivesse efeitos de calamidade em algumas regiões, parece mais provável que a raiz do problema não fosse tanto o peso desse encargo como o efeito econômico que os abonos salariais exerciam sobre a produtividade do trabalhador" (1980, p. 107).

nhado de suas "agudas flutuações" (Polanyi, 1980, p. 100-101), isso resulta em ocupações esporádicas dos empregados na indústria, acarretando constantes idas e vindas entre o campo e a cidade. A pobreza no campo cresce e na cidade o trabalhador vai se acumulando em insalubres aglomerados industriais. Por tudo isso os "homens correm cegamente para o abrigo de uma utópica economia de mercado" (idem, p. 111). Assim se prepara o ambiente para proclamar com "crueldade científica" a Nova Lei dos Pobres de 1834. Não há dúvidas de que foi, agressivamente, o avesso de tudo o que vinha sendo feito no campo da Assistência, como veremos a seguir.

Pode causar estranheza a forma mais delongada com que nos ocupamos com o "sistema Speenhamland" de Assistência em relação às demais *Poor Laws*. É que acreditamos que ele efetivamente marca o final de uma época e o início de outra. Além do mais, concordamos com Polanyi, quando diz que ao tratar a Speenhamland "estamos lidando com as origens dos problemas sociais de nossa própria época" (idem, p. 272), e pelo fato de que "nossa consciência social foi fundida nesse molde" (idem, p. 94). Não bastasse isso, seu estudo é importante por se tratar do "estudo do nascimento da civilização do século XIX" (idem, p. 94). E mais ainda, porque "a história social do século XIX foi determinada pela lógica do sistema de mercado [...] após ter sido liberado pela *Poor Law* Reform 1834", segundo a raiz disso tudo, ou seja, "o ponto de partida dessa dinâmica" foi a "Speenhamland Law" (idem, p. 94). E não bastasse tudo isso para justificar seu estudo, Polanyi parece exagerar quando diz: "A figura do indigente [...] dominava uma discussão que deixou marcas tão profundas como as dos acontecimentos mais espetaculares da história" (idem, p. 94). Isto nos diz do quanto a Assistência esteve no cenário central desse período, merecendo por isso observações cuidadosas. A nosso ver, ela ocupou esse espaço tão central — entre uma e outra época — não apenas por influenciar no retardamento da formação do mercado de trabalho, dando assim uma resposta vantajosa às forças do "Antigo Regime", como também veio responder no alívio da pobreza que nesse período tanto se espalhara pelas aldeias rurais, como ainda estava indigestamente presente nos nascentes "aglomerados" industriais.

2.3 A ordem agora é do mercado

Poor Law 1834 — A nova lei dos pobres

Entramos agora no período em que a filosofia que norteia o mundo econômico é a do liberalismo clássico (1790-1860). As leis são as leis do mercado. A concorrência livre entre os capitais é o que se exige. Nesse novo momento a política do Estado também é outra. Estamos ante "a transição para um sistema democrático e uma política representativa", significando uma reversão total ao que vinha sendo a tendência da época anterior. É a "mudança de mercados regulamentados para autorreguláveis"; é o período do liberalismo clássico do *laissez-faire* do mercado, que representou no final do século XVIII "uma transformação completa na estrutura da sociedade" (Polanyi, 1980, p. 83). No pensamento desse período a "generosidade com a população significava" — conforme descrição feita pela Comissão da Lei dos Pobres de 1834 — "a tolerância com a indolência e com o vício" (Thompson, 1988, p. 53). O mercado agora exige uma mão de obra abundante para garantir a autorregulação de salários, uma vez que "a doutrina de que o trabalho encontra seu preço 'natural', de acordo com as leis da oferta e da procura, já havia substituído a noção do salário justo" (Thompson, 1988, p. 52).

É nesse contexto que devemos conceber a *"Poor Law* de 1834", ou seja, a Nova Lei dos Pobres.

É no contexto do projeto da Reforma de 1832 e na New *Poor Law* de 1834, dele decorrente, que se situa a origem do capitalismo moderno (Polanyi, 1980, p. 91). Essa Nova Lei dos Pobres encontra-se nas antípodas da Speenhamland, que veio revogar. Por meio dela são abolidos os abonos e a Assistência externa. Os pobres devem voltar aos albergues onde se impõe a tortura psicológica para desestímulo dos que quisessem ficar internados para receber Assistência. Mais uma vez, contraditoriamente, isso era feito por "filantropos benignos como meio de lubrificar as rodas do moinho do trabalho" (idem, p. 93-94). Os pobres já não mais são atendidos nas paróquias e em demais lugares em geral. Muda-se até mesmo o conceito de pobre. Este já não é mais todo aquele que é incapaz de viver "num ócio tranquilo", mas só o que realmente passa necessidades absolutas. Consequentemente, a Assistência ficou restrita aos albergues e abrigos, ficando "a critério do candidato decidir se ele se considerava realmente tão destituído de meios que iria voluntariamente procurar um abrigo que fora transformado deliberadamente num antro de horror" (idem, p. 110).[29] É evidente que com tais medidas muitos pobres foram abandonados à própria sorte. Os que mais sofriam eram os assim chamados "pobres merecedores" que, no entanto, eram "orgulhosos demais para se recolherem nos albergues, que se haviam tornado um abrigo vergonhoso" (idem, p. 93).[30] Com essas poucas ilustrações fica

---

29. Thompson registra alguns depoimentos de "comissários assistentes" da Nova *Poor Law*, em relação aos abrigos dos pobres: "Nossa intenção é tornar as casas de correção semelhantes a prisões".

30. Outro comissário: "Nosso objetivo [...] é estabelecer uma disciplina severa e repulsiva que terminará por aterrorizar aos pobres, e a convencê-los a não buscarem essas casas" (1988, p. 114). Constata o autor: "Em toda a história moderna talvez jamais se tenha perpetrado um ato mais impiedoso de reforma social" (Polanyi, 1980, p. 93). E Thompson: "Não há dúvida de que o padrão de vida dos indigentes decaiu" (1988, p. 113). E registra numa nota de rodapé: "A partir de 1834, pretendeu-se tornar as condições dos indigentes nas casas de correção 'menos atraentes' do que as dos trabalhadores pior situados fora delas" (idem, p. 114).

manifesto o que resultou do que se pretendia uma "Assistência Administrada". Mas não foi só isso. Temos ainda coisas bem piores. Pela *Poor Law* de 1834 foi abolida a Assistência aos que não tivessem defeitos físicos, criando-se uma administração bem mais rígida para as organizações assistenciais. Assim, os deficientes psíquicos e inúmeros miseráveis de toda espécie foram simplesmente alijados de qualquer auxílio. Não surpreende, então, que "multidões de vidas foram esmagadas quando se pretendia apenas criar um critério de genuína indigência com a experiência dos albergues" (idem, p. 93). Em suma, a Nova Lei dos Pobres de 1834 foi uma reação frontal ao sistema Speenhamland.[31]

Até aqui vimos apenas o fenômeno, o facilmente constatável. Sob a roupagem da "organização da Assistência" e do estabelecimento de critérios para afirmar "quem é quem", a revogação da Speenhamland foi "consequência do trabalho de uma classe que entrava no cenário histórico — as classes médias da Inglaterra" (Polanyi, 1980, p. 110), que iriam realizar o que os proprietários rurais e a aristocracia não fez, ou mesmo tentou impedir, ou seja, "transformar a sociedade em economia de mercado" (idem, p. 110). Além disso, o que mais fortemente caracterizou esse período foi certamente "o significado da 'Nova *Poor Law*', como ponto focal de mudança social, [que] não pode ser subestimada. Seu *objeto declarado* era reduzir a taxa de pobreza, mas *seu alvo* mais amplo era

---

31. Uma ilustração sobre o que significa a Lei dos Pobres aos olhos dos trabalhadores, a partir de uma informação de um tecelão ao Comitê, em 1834, registrada por Thompson:

"Minha situação é clara: faltam doze meses para que eu complete 60 anos, e, dentro de oito anos, segundo meus cálculos, terei me tornado um indigente. Por mais que me empenhe, não consigo sequer juntar a quantia de um xelim, pois, quando estou bem, empenho todas as minhas forças simplesmente para me manter vivo. [...] Falo sinceramente como um homem que padece destas circunstâncias. Considero o projeto de emenda à Lei dos Pobres como um sistema de coerção sobre os miseráveis e sei que, muito em breve, estarei sob seus terríveis efeitos. Eu não merecia isto. Sou um homem leal e extremadamente apegado às instituições do meu país, que eu amo muito. 'A Inglaterra, com todos os seus defeitos, ainda assim eu a amo': esta é a linguagem da minha alma..." (1988, p. 162).

ASSISTÊNCIA SOCIAL ENTRE A ORDEM E A "DES-ORDEM"

liberar a mão de obra para constituir o mercado de trabalho como pré-condição para o investimento industrial. A economia de mercado se afirmava e exigia que a força de trabalho se transformasse em mercadoria" (Braga e Paula, 1986, p. 10). Um sistema de trabalho mais competitivo só se instituirá após esse período (1934). "Assim, não se pode dizer que o capitalismo industrial, *como sistema social*, tenha existido antes desta data" (Polanyi, 1980, p. 94; grifo nosso). Também em Rosanvallon temos essa confirmação. "Foi esta Lei [1834] que permitiu a formação de um mercado do trabalho competitivo e favoreceu a emergência de um proletariado móvel obrigado a vender a sua força de trabalho, mesmo a baixo preço, para sobreviver. Neste sentido, 1834 marca uma data essencial no desenvolvimento do capitalismo industrial na Grã-Bretanha. O desenvolvimento da economia de mercado tornara-se possível pela formação de uma verdadeira *sociedade de mercado*" (1984, p. 113).[32] De forma idêntica, o capitalismo industrial, como um sistema social, só pode ser observado a partir de então, quando quase que imediatamente manifestações de autoproteção começam a ocorrer, em especial com as leis fabris, até o reconhecimento dos sindicatos em 1870. É o tempo em que o homem, feito mercado de trabalho, começa a constituir-se como classe trabalhadora, ou então, em que a força de trabalho de "classe em si" começa a constituir-se em "classe para si".

O pensamento político-econômico desse momento predomina sob a forma da "liberdade individual", isto é, a pregação de que à medida que o indivíduo busca melhorar individualmente sua própria situação, estará contribuindo para o bem-estar coletivo. A ação do Estado se restringe a assegurar a liberdade de mercado, dando sustentação legal ao sistema. Por outro lado, "se o Estado

---

32. Além do mais, "paralelamente, a instauração do livre-câmbio pela revogação da lei sobre o trigo em 1846 (Anti-Corn Law Bill) consagrou a entrada da Grã-Bretanha na sua grande era liberal do século XIX" (Rosanvallon, 1984, p. 113).

provia às suas necessidades (do pobre) este (o pobre) não as recebia como portador de direitos, mas porque era tendencialmente perigoso para a ordem pública e para a higiene da coletividade" (Bobbio et al., 1986, p. 416). O mesmo se constata em Braga e Paula, quando se referem ao conteúdo da Lei dos Pobres (1834) no que concerne ao atendimento da saúde. Tratava-se da "ideia de uma assistência controlada, de uma intervenção médica que significasse tanto uma maneira de ajudar os mais pobres a satisfazer suas necessidades de saúde [...], quanto um controle pelo qual a classe dominante e seus representantes de governo assegurassem a saúde das classes dominadas, e por conseguinte, a proteção dos ricos" (1986, p. 11), formando assim um "cordão sanitário entre ricos e pobres", onde os ricos, no dizer dos autores, "têm a 'garantia' de não serem vítimas de fenômenos epidêmicos que se disseminam a partir da classe pobre" (idem, p. 11).[33]

Nesse período, embora pública, e mantendo a forma marginal e emergencial, vê-se a Assistência sendo mais dirigida a determinados grupos de interesse. Jamais é considerada como um fim em si mesma e como algo substantivo a ser alcançado. Portanto, é uma Assistência altamente controladora e controlada. O enfoque técnico é o elemento forte na administração das ações assistenciais desse período, que continua sendo uma "doação", agora do Estado, não distinto por isso do aspecto gratuito e filantrópico "aos pobres", de igual forma como vinha sendo praticada até então pelas organizações privadas.[34]

_____

33. É interessante notar que o secretário da "Poor Law Comission", Edwin Chadwick, é considerado hoje o pai da Saúde Pública na Inglaterra. E mais, é a concepção da saúde pública da "Poor Law" de 1834 que persiste até hoje (cf. Braga e Paula, 1986, p. 11). Caracterizada como uma "medicina social", assumida pelo Estado, porém como controle da saúde da força de trabalho, permite que a classe dominante se proteja dos perigos gerais que esta pode significar.

34. Também Sérgio Adorno, em "A gestão filantrópica da pobreza urbana", aborda a Assistência como forma de saneamento urbano quando analisa a emergência da filantropia higiênica na cidade de São Paulo no final do século XIX e início do atual (1990, p. 9-10).

Quanto a algumas características da Assistência desse período e sua relação com as políticas sociais, temos hoje reflexões críticas interessantes.[35] Mas não é aqui o lugar de uma análise mais exaustiva dessas características, podendo, portanto, retornar noutros momentos de nosso trabalho.

Concluindo esta breve introdução à fase da formação do mercado de trabalho e sua relação com a Assistência, convém ressaltar mais uma vez o que Polanyi diz de cada período e o que cada um representou para a emergente classe trabalhadora. O primeiro, o da Speenhamland, 1795-1834, que, na verdade, antecedeu à economia de mercado, estava destinado a "impedir a proletarização do homem comum ou, quando menos, diminuir seu ritmo. O resultado foi a pauperização das massas, tanto urbanas como rurais, que quase perderam a forma humana no decorrer do processo" (1980, p. 83). O segundo período, o da *Poor Law* de 1834, sobretudo na primeira década, que chocou o sentimento público pela forma abrupta com que se revogou a Assistência anterior. Já vimos como se refere à "crueldade científica desse decreto", aliada a uma "atrocidade burocrática", que "esmagou multidões de vidas". É o período em que a Assistência será tão somente para a "genuína indigência" (idem, p. 93-94). No terceiro (de 1844, aproximadamente, até 1880), os problemas "foram incomparavelmente mais profundos [...] se comparados aos efeitos gerais da mais potente de todas as instituições modernas — o mercado de trabalho" (idem, p. 94).

---

35. Em Sônia Míriam Draibe, encontramos a ideia de que, embora a Assistência se constitua numa forma "ancestral" da política social, não quer isto dizer que já é uma forma superada de fazer política social (cf. 1990b, p. 19). Draibe refere-se ainda a uma "duplicidade" presente na política social, que se caracteriza por uma "política para os pobres (em geral, uma pobre política) ao lado de uma política para os ricos (em geral, rica, sofisticada e muitas vezes também financiada com recursos públicos)" (idem, p. 24). Na mesma relação, encontramos outras expressões, como a de Maria do Carmo Falcão — ao analisar a Assistência Social no Brasil —, referindo-se à Assistência como "um 'corredor' que atravessa todas as Políticas Públicas, que se superpõe a elas e cria projetos e ações especializadas para os desassistidos" (Falcão, in Sposati, 1991, p. 94).

Comparando as situações criadas e não resolvidas em cada período, percebe-se que "se a Speenhamland cuidava do povo como de animais não muito preciosos, agora esperava-se que ele se cuidasse sozinho, com todas as desvantagens contra ele" (idem, p. 94). Mas "se a Speenhamland significava a miséria da degradação abrigada, agora o trabalhador era um sem lar na sociedade" (idem, p. 94), levando-o a perceber — "a partir da pobreza" — o significado da vida numa sociedade muito complexa, onde a "pobreza parecia acompanhar a abundância", num paradoxo em que, de um lado, se prega o "princípio da harmonia e da autorregulação" e, do outro, o "da competição e do conflito" (idem, p. 95-96). É nessa visão paradoxal que se forma a nova consciência do homem como força de trabalho.

Temos assim a confirmação de que se, de um lado, um sistema de Assistência — a Speenhamland Law de 1795 —, mantendo uma mão de obra abundante, barata e dócil no campo, contribuiu para retardar o processo da formação do mercado de trabalho, por outro, temos um sistema de Assistência, a Nova Lei dos Pobres, de 1834 — racionalizando a Assistência Pública, obrigando o homem a sobreviver com a venda de sua força de trabalho, ainda que por pouco preço —, que contribuiu na formação e afirmação de uma verdadeira sociedade de mercado.

Como na economia de mercado só se mantém a produção em andamento e só se obtêm lucros mediante e garantia da autorregulação através de mercados competitivos pela transformação do homem em mão de obra e da natureza em matéria-prima, modificou-se a organização da própria sociedade, considerada a partir de então nada mais que um mero "acessório do sistema econômico" (Polanyi, 1980, p. 87). Por isso, tanto num sistema quanto no outro, a Speenhamland Law, em sua fase inicial, se constituía numa pretensa ajuda, ou seja, veio "socorrer" o pobre rural. Como pudemos ver nas análises, nesse sistema de Assistência, num período de apenas trinta anos (1795 a 1834), o homem teria sido jogado numa situação abaixo de "sua condição humana", pobre, dependente e sem disposição para o trabalho. Na nova fase da Assistência os protagonistas da Lei 1834 vêm advogar a salvação desse "dejeto" que o sistema anterior teria deixado e, por sua vez, organizam uma "nova" forma de Assistência. E, ironicamente, mais uma vez, em nome de uma Assistência "organizada", multidões foram abandonadas à sua própria sorte, conforme pudemos ver nas ricas ilustrações dos analistas.

Disso resulta que o homem foi feito agora mero "acessório do sistema econômico" — e, diga-se isto, com a ajuda da Assistência —, levando a implicações de tal monta que em nome do progresso se levaria a sociedade a uma total destruição. "A sociedade humana poderia ter sido aniquilada, de fato, não fosse a ocorrência de alguns contramovimentos protetores que cercam a ação desse mecanismo autodestrutivo" (Polanyi, 1980, p. 88). É perfeitamente dispensável citar aqui os inúmeros movimentos das organizações proletárias, especialmente de base fabril, e mais marcadamente em fins do século XIX, que, ainda tímidos e sem os devidos suportes teóricos, iniciaram o processo de resistência.

Vemos assim forjada uma nova fase na qual a ordem se vê obrigada como que a "autorizar" o mecanismo Estado e assumir uma nova posição frente às questões sociais. É a formação de Estado Social, como veremos a seguir.

CAPÍTULO 3

Formação do Estado social e a afirmação dos direitos sociais

São tantas e tão variadas "as relações entre a organização política e a sociedade" e as "finalidades que o poder político organizado persegue nas diferentes épocas históricas e nas diversas sociedades" (Bobbio, 1988, p. 113), que se torna tarefa muito difícil tentar situar em alguma forma de Estado as suas respectivas caracterizações, sem correr o risco de fragilizar esta distinção atribuindo-lhe caracterizações muito apressadas.

O conhecido teórico das Ciências Políticas Norberto Bobbio nos apresenta dois critérios para tentar conseguir "um pouco de ordem numa matéria tão rica e controversa". O primeiro seria o "critério histórico", que significa entender o desenvolvimento das formas de Estado a partir de uma sequência histórica. O segundo, o "relativo à maior ou menor expansão do Estado em detrimento da sociedade", que é entender as diferentes formas de Estado a partir de sua relação com a sociedade, mas, sobretudo, a partir das bases ideológicas que o sustentam (idem, p. 113). É partindo desses critérios de Bobbio que pretendemos nos situar em relação à forma de "Estado Social' como um Estado de Direito (Diaz, 1972, p. 104), no qual os direitos sociais "são a via pela qual a sociedade entra no Estado" (Bobbio et al., 1986, p. 401). Trata-se do Estado que se constrói a partir do final do século XIX e início do atual, quando — segundo o linguajar de Polanyi — o "homem-mercado de trabalho" se transforma em classe trabalhadora. Trata-se, já agora numa concepção marxista, do momento em que a "massa do país" é transformada "em trabalhadores", constituindo a força de trabalho que, diante do capital, se reconhece como classe — "classe em si" — e que, na sucessão de lutas e à medida que se conscientiza politicamente e assimila o conhecimento e o sentido histórico dos interesses de classe, transforma-se em "classe para si" (cf. Marx, 1985, p. 159). É o tempo no qual já se percebe uma nova relação na sociedade, não mais com a comunidade da aldeia, mas com a grande organização industrial.

Se até aqui quase sempre nos referimos às formas do Estado na perspectiva do liberalismo clássico, ou então, à forma do Estado no período da formação da economia de mercado sem muita atenção em situá-las num contexto maior, isto já não será possível nesta parte. Aqui necessitamos precisar melhor a formação do Estado Social como um Estado de Direito, passando do Estado Moderno ao início do Estado Contemporâneo. É nesse momento que se dá o nascimento propriamente dito dos direitos sociais que, no desdobrar do século XX, começam a ser afirmados sob os auspícios do *Welfare State*. Ainda que seja este o marco específico neste item, não podemos, inicialmente, deixar de nos situar num nível mais amplo para entender melhor as caracterizações que essa organização política ("Estado") recebeu no decorrer dos tempos.

Deveras, desde a clássica formulação dos regimes políticos de Heródoto, a saber, a *monarquia*, o governo de um só homem; a *oligarquia*, o governo dos melhores ou dos "superiores" aos demais; a *democracia*, o governo da massa, passando pelas teorias de Platão e Aristóteles até meados do século XIX, todas as teorias nada mais fizeram do que justificar a necessidade de uma instância suprema (o Estado) que regulasse a vida em sociedade ou, então, tentaram legitimar esta ou aquela forma específica de organização social concreta. Temos, assim, a divinização do Estado, considerado como "sociedade perfeita" (em Tomás de Aquino e na vertente escolástica), ou a teoria do Estado como um "mal necessário" para evitar a "guerra de todos contra todos", de Hobbes, ou seja, do "Homo homini lupus", em que cada homem é um lobo para o seu próximo, para que não aconteça que os homens se destruam a si mesmos de modo irremediável; "eles percebem a necessidade de estabelecerem entre si um acordo, um *contrato*; um contrato para construírem um Estado que refreie os lobos, que impeça o desencadear-se dos egoísmos e a destruição mútua" (Gruppi, 1986, p. 12). Justifica-se assim o absolutismo formulado por Maquiavel e aperfeiçoado em Bodin, apresentando-se o Estado como "garante", defensor e protetor do indivíduo e da sociedade.

Dessa forma, "Hobbes foi identificado com o Estado Absoluto, Locke com a Monarquia parlamentar, Montesquieu com o Estado Limitado, Rousseau com a Democracia, Hegel com a Monarquia Constitucional e assim por diante" (Bobbio, 1988, p. 54). Poderíamos seguir por essa trilha na qual encontramos que ao Estado são atribuídas as mais variadas funções: *positivas* — emolução dos indivíduos, mantenedor da ordem geral, satisfação do bem comum e outras — ou *negativas* — coerção da insaciabilidade dos apetites desordenados individuais, da criminalidade, do desejo de posse ilimitado, entre tantos outros — até o questionamento mais radical do próprio ser do Estado, negando-lhe qualquer direito à existência, como o fizeram as teorias libertárias radicais, de Max Stirner, Bakunin e dos anarquistas de todos os tempos.

Não é sem razão que, então, nos perguntamos: o Estado sempre existiu? É um fenômeno que apareceu em um determinado momento histórico? A humanidade necessita desse "Leviatã", desse "aparelho ordenador ou repressor"? Parece que não. Segun-

ASSISTÊNCIA SOCIAL ENTRE A ORDEM E A "DES-ORDEM"

do Bobbio, "o Estado, entendido como ordenamento político de uma comunidade, nasce da dissolução da comunidade primitiva fundada sobre os laços do parentesco e da formação de comunidades mais amplas derivadas da união de vários grupos familiares por razões de sobrevivência interna (o sustento) e externa (a defesa)" (Bobbio, 1988, p. 73). Já para outros, conforme o mesmo autor, "o nascimento do Estado assinala o início da era moderna" (idem, p. 73). O nascimento do Estado marca, assim, a passagem da idade primitiva da humanidade para a idade madura (= civilizada). O Estado "não é um conceito universal, mas serve para indicar e descrever uma forma de ordenamento político surgido na Europa a partir do século XIII, em base a pressupostos e motivos específicos da história europeia e que após este período se estendeu [...] a todo o mundo civilizado" (Bobbio et al., 1986, p. 425).

Tomamos como marco delimitador histórico desse recorte os séculos XVII e XVIII, ou seja, o auge do liberalismo, ou um pouco antes até, quando o pensamento registra mudanças que aconteceram na sociedade que fazem emergir o Estado Moderno e com ele a emergência de uma nova forma de sociedade (a sociedade capitalista). Esse Estado Moderno, na verdade, vem se formando desde o século XVI, época em que a política entra em cena, afirmando-se como um espaço autônomo em relação à religião e à filosofia, e só se completa no século XIX, na sua configuração constitucional ou de direito. É neste último que, sobretudo, centraremos nossa análise.

3.1 A formação do estado de direito e o início da discussão sobre os direitos sociais

A fase absolutista e a fase constitucional ou de *direito* são dois momentos diferentes do próprio Estado Moderno. O momento de ruptura entre ambos acontece na Revolução Francesa, que "socio-logicamente, significa a passagem de uma sociedade de condições para uma sociedade de classes" (Diaz, 1972, p. 29); passagem da esfera da legitimidade para a esfera da legalidade. Ou, dito de outra forma, "através da Revolução Francesa, dá-se a passagem do naturalismo racionalista dos séculos XVII e XVIII para o positivis-mo liberal do século XIX" (idem, p. 30). Mas não é só isso, senão que no próprio processo do acontecer da Revolução Francesa "a dignidade e a racionalidade do Direito natural dos séculos XVII e XVIII passam, no século XIX, a ser atributos do Direito Positivo" (idem, p. 30). Deveras, a rigor só podemos falar em Estado de Di-reito após a Revolução Francesa.[1] O que caracteriza essa ruptura é algo bem mais substantivo e essencial do que muitas vezes se afirma. Não é apenas a forma do Estado que muda, senão sua própria substância. Se, de acordo com Diaz, o controle anterior do poder era mais de caráter ético, religioso e naturalista, a partir de agora começa a estreita vinculação com Estado Liberal de Direito como expressão jurídica da democracia liberal (cf. idem, p. 7-25).[2]

Ainda conforme Diaz, há uma diferença entre o que se pode-ria chamar de primeira fase do Estado de Direito, denominado Estado *Liberal* de Direito, e uma segunda fase, denominada de Estado *Social* de Direito. O primeiro, ou seja, o Estado Liberal de Direito é o Estado que garante os direitos fundamentais do Homem (leia-se: da burguesia), estabelecendo a separação ou divisão dos

---

1. Estado de Direito é um Estado cujo poder é regulamentado pela lei. Contrapõe-se a qualquer forma de Estado absoluto ou totalitário. É um Estado submetido ao controle de caráter jurídico (cf. Diaz, 1972, p. 18-20).

2. As características principais do Estado de Direito, quase unanimemente admitidas pelos estudiosos, poderiam ser assim sintetizadas: o império da lei e a lei como expressão da vontade geral; a divisão dos poderes em legislativo, executivo e judiciário; a legalidade da administração, ou seja, a atuação conforme a lei e o controle judicial (sujeito à fiscalização e suas disposições); garantia suficiente e segurança jurídica para a realização dos chamados direitos e liberdades fundamentais da pessoa humana. (Diaz, 1972, p. 34-47).

poderes. Trata-se de um Estado abstencionista, de não intervenção, ou seja, é a afirmação da liberdade econômica na configuração do liberalismo clássico, de tal forma que nele "os *direitos naturais* ou direitos humanos acabam por ser simplesmente os direitos da burguesia, direitos que só de modo formal e fictício são igualmente concedidos aos indivíduos das classes inferiores" (Diaz, 1972, p. 44). Já o segundo é um Estado intervencionista e ativo. Caracteriza-se por um executivo forte, mas nem por isso do "executivo absolutamente incontrolado dos Estados Totalitários". Trata-se, apesar de tudo e a rigor, de um Estado de Direito (idem, p. 104).

É por isso mesmo que, já mais para o final do século XIX e início do século XX, "os sistemas democrático-liberais do Ocidente procuram evoluir por *si mesmos* no intuito de adaptar as estruturas políticas e jurídicas às novas necessidades do desenvolvimento técnico, social e econômico das últimas décadas" (Diaz, 1972, p. 101; grifo nosso). Uma evolução que, segundo Diaz, fica assinalada "como passagem do Estado Liberal de Direito para o Estado Social de Direito" (idem, p. 101). Se o primeiro se caracteriza como sendo um Estado "abstencionista liberal", com base no "individualismo", o segundo tem a pretensão de, "por meio de uma revisão e de um reajuste do sistema", evitar os "defeitos" do primeiro, "postulando um tratado de *caráter social*" com a "afirmação dos Direitos Sociais" (idem, p. 101 e 102).

Como vimos anteriormente, os direitos humanos, embora assegurados formalmente pelas Constituições, efetivamente acabam por transformar-se em direitos de uns poucos. Se o liberalismo clássico, com seu fundo de individualismo burguês, se constitui numa "garantia insuficiente" mesmo para a realização e "proteção dos direitos e das liberdades de todos os homens", por sua vez, o Estado Social de Direito se apresenta como o campo onde se dá "um alargamento na zona da aplicabilidade" desses mesmos direitos, na medida em que, "embora sem alterar os pressupostos econômicos básicos" (a nosso ver, uma questão extremamente importante), "pretende a instauração de uma Sociedade ou Estado de Bem-Estar (*Welfare State*)" (Diaz, 1972, p. 44).[3]

Aqui será muito útil trazer a distinção entre "Estado-protetor" e "Estado-providência" e a relação que Rosanvallon apresenta no desenvolvimento dos mecanismos de segurança da sociedade. A primeira observação de Rosanvallon que queremos trazer aqui diz: "a minha opinião é que é impossível entender a dinâmica deste Estado-providência fazendo uma leitura histórica demasiado 'curta'. Por leitura curta, entendo o fato de situar o seu desenvolvimento em relação aos movimentos do capitalismo e do socialismo nos séculos XIX e XX" (1984, p. 18). Situando melhor, é "no próprio movimento do Estado-nação moderno" que está "a chave da força do Estado-providência" (idem, p. 18). Ainda, "o Estado-providência do século XX é um aprofundamento e uma extensão do Estado-protetor 'clássico'. [...] o Estado-protetor define o Estado moderno como forma política específica" (idem, p. 18).[4] A segunda observação que queremos trazer é que a realização da passagem do Estado-protetor para o Estado-providência (é uma radicalização e um aprofundamento), sendo o Estado-providência identificado como um órgão "muito mais complexo que o Estado-protetor. Não tem apenas por função proteger bens adquiridos (a

---

3. Em Suzanne de Brunhoff lemos: "Quanto à expressão 'Estado-providência' ou Estado 'do bem-estar' (*Welfare State*), ela foi forjada por economistas e homens políticos hostis a qualquer proteção social dos operários da indústria, na segunda metade do século XIX, pessoas favoráveis ao Estado 'neutro' e 'barato' e ao Estado 'policial', protetor das pessoas e seus bens" (1991, p. 56). Além dessas, as expressões de "Estado Social" (do alemão, "Sozialstaat"), e/ou "Estado Assistencial" são também expressões que encontramos na literatura política, econômica e sociológica para nominá-lo (cf. Offe, 1989, p. 12).

4. Brunhoff situa o "Estado-Providência" como fazendo parte já de todo o período da formação do Estado Social; ou seja, "o Estado-Providência nasceu como contraponto à organização sindical e política (socialista) do movimento operário no fim do século XIX: bem antes dos textos de Keynes referentes à crise e ao emprego. É por engano que se costuma fazer da política social uma consequência das ideias keynesianas" (1991, p. 56-57).

ASSISTÊNCIA SOCIAL ENTRE A ORDEM E A "DES-ORDEM"

vida ou a propriedade); visa igualmente ações positivas (de redistribuição de rendimentos, de regulamentação das relações sociais, de direção de certos serviços coletivos etc.)" (idem, p. 19). E, ainda, para nos ajudar na melhor compreensão dos aspectos do Estado-protetor e do Estado-providência, nos apresenta, resumidamente, as seguintes aclarações:

"1. O Estado moderno define-se fundamentalmente como um Estado-protetor. 2. O Estado-providência é uma extensão de um aprofundamento do Estado-protetor. 3. A passagem do Estado-protetor ao Estado-providência acompanha o movimento pelo qual a sociedade deixa de se pensar a partir do modelo do corpo para se conceber sob o modelo do mercado. 4. O Estado-providência visa substituir a incerteza da providência religiosa pela certeza da providência estatal. 5. É a noção da probabilidade estatística que torna praticamente possível e teoricamente pensável a integração da ideia de Providência no Estado" (idem, p. 23).

Parece mesmo que o autor quer nos preservar de uma leitura linear do desenvolvimento do mecanismo de proteção social na sociedade e, como que concluindo, reafirma tudo o que dissera acima, na medida em que "a minha abordagem, baseada na distinção entre Estado-protetor e Estado-providência e na precisão de suas relações, permite ainda compreender melhor por que é que foi nas grandes crises, quer sejam sociais, econômicas, ou internacionais (as guerras), que o Estado-providência progrediu, do século XIX até o século XX" (idem, p. 24).

Além de muito ilustrativo em relação ao que vínhamos refletindo, não deixa de ser um alerta para as diferentes concepções do desenvolvimento das características "protetoras" na sociedade. E Rosanvallon, a nosso ver, pretende essa leitura distinta, tanto em relação ao período, para o qual apresenta um alargamento para além da lógica do capitalismo, quanto aos limites, colocando-os na ordem cultural e sociológica.

É necessário reafirmar que a passagem do Estado Liberal de Direito, de fato, não foi linear. Vários fatores determinam essa realidade que tem sua explicação na passagem do capitalismo concorrencial para o capitalismo monopolista. Como justificativa política apresenta o crescimento e o fortalecimento da organização da classe trabalhadora com seu consequente aumento do poder de pressão e reivindicação. A justificativa econômica, ao contrário, está na existência de excedentes. É nessa situação que o Estado, apesar de preferentemente proteger as classes dominantes, pode fazer concessões à classe trabalhadora nas sociedades industriais.

Importa reconhecer e afirmar que o Estado Liberal de Direito, embora insuficiente para a realização dos direitos apregoados no liberalismo clássico, não deixa de ser um significativo avanço em relação aos Estados absolutistas que o antecederam e dos quais não nos ocuparemos aqui. Por outro lado, importa reconhecer também que é a própria realidade e desenvolvimento capitalista que exige um tratamento mais amplo das questões sociais. Assim, é no interior do próprio Estado que agora se gestam e desenvolvem mecanismos que se ocupam com esse atendimento. Segundo Diaz, é este o *Estado Social de Direito* que, apesar de tudo, ainda é insuficiente, visto que "o processo dinâmico da democratização material e das garantias jurídico-formais dos direitos humanos haverá de exigir, como veremos, a passagem do sistema capitalista do Estado Social de Direito para o Sistema socialista do Estado *Democrático* de direito" (1972, p. 44). Quanto a isso, se permanecermos atentos às análises que são feitas sobre o modo como se opera com as questões sociais no Estado Social de Direito capitalista, não só podemos concordar com o autor, como também pretender conquistar essa forma alternativa proposta.

A questão social, ou seja, a questão de que a força de trabalho, que havia sido deslocada do meio rural onde gozava de um tipo de solidariedade para uma nova forma de vida competitiva nos aglomerados da indústria urbana, faz com que esta mesma sinta a necessidade de uma nova organização coletiva, enfrentando o processo de transformação do mercado de trabalho para a classe trabalhadora a fim de fazer frente à situação em que fora colocada pelo desenvolvimento industrial.[5] Questão essa que vinha se desenvolvendo e que eclodiu na segunda metade do século XIX, e que colhe de surpresa a burguesia, colocando-a agora ante o difícil dilema da "coexistência das formas de Estado de Direito com os conteúdos do Estado Social" (Bobbio et al., 1986, p. 401), situação em que cabe ao Estado de Direito afirmar as liberdades burguesas de cunho individual, represando a intervenção do próprio Estado. E tudo isso porque o Estado Social afirma os direitos sociais como "direitos de participação no poder político e na distribuição da riqueza social produzida".[6] Além disso, sempre ainda segundo Bobbio, outras diferenciações se explicitam, já que "enquanto os direitos fundamentais representam a garantia do *Status quo*, os direitos sociais, pelo contrário, são *a priori* imprevisíveis, mas há de ser [*sic*] sempre atendidos onde emergem no contexto social", configurando-se em sua caracterização conjuntural e histórica. É esta também a razão pela qual "a integração entre o Estado de Direito e o Estado Social não possa dar-se a nível constitucional, mas só a nível legislativo e administrativo", porque se os direitos fundamentais são a garantia de uma sociedade *separada do Estado*, os direitos sociais, pelo contrário, representam a via por onde a sociedade *entra no Estado*, modificando-lhe a estrutura formal (idem, p. 401).

---

5. Sobre a *Questão Social*, veja-se mais em: Cerqueira Filho (1982, p. 21); Iamamoto e Carvalho (1983, p. 77, 128); Iamamoto (1992, p. 76 ss.); Bobbio et al. (1986, p. 403) e Braga e Paula (1986, p. 41).

6. Note-se que o Estado Social de Direito reclama participação política e participação na *distribuição* da riqueza produzida, permanecendo ainda liberal. Enquanto isso exigir participação política e participação na *produção e redistribuição* dos bens, já seria um Estado fundamentado em bases ideológicas distintas das do liberalismo.

Aqui a reflexão de Barbalet nos será de grande valia. Ele nos lembra que "os direitos sociais não podem conferir segurança econômica numa base universal, porque a segurança econômica não se submete à expressão formal da mesma maneira como o fazem a igualdade perante a lei e a participação política" (1989, p. 111).

Apesar disso, embora os benefícios como direito social devam ser assegurados e regulamentados constitucionalmente, não é pela via constitucional que se garante a sua ampliação, uma vez que o "fornecimento dos serviços sociais como direitos está necessariamente condicionado pela base fiscal do Estado" (Barbalet, 1989, p. 112-113).

Bobbio torna-se ainda mais enfático quando diz que "a mudança fundamental consistiu, a partir da segunda metade do século XIX, na gradual integração do Estado político com a Sociedade Civil, que acabou por alterar a forma jurídica de Estado", ou seja, alterando os processos de legitimação e a estrutura administrativa (cf. Bobbio et al., 1986, p. 401).

Em suma, conforme Diaz, "o que agora se ajuíza é a eficácia do liberalismo como sistema capaz de resolver os problemas difíceis e complexos que, na viragem de uma sociedade moderna, se colocam quer ao nível da expansão e do desenvolvimento econômico quer ao nível da ação executiva e administrativa dos órgãos do governo. A cultura de massas, a planificação ainda que capitalista, a sociedade de consumo, o progresso constante da técnica etc. são coisas que parecem *emparceirar mal* com algumas maneiras de proceder do Estado Liberal" (1972, p. 103; grifo nosso). Logo, os aspectos mais críticos que se colocam, conforme podemos ver, são os "do individualismo" e os do "abstencionismo estatal" que agora necessitam encontrar suficiente explicação para uma intervenção distinta. Disto resulta que o primeiro, a saber, "o individualismo", seja enfrentado com o qualificativo social, conferindo-se-lhe o estatuto de um direito; ou mais ainda, elevando-o a um *direito social*. O "abstencionismo estatal", por seu turno, é transformado no Estado intervencionista, um Estado ativo. Por aquilo que foi dito até aqui, já se torna manifesto por que o Estado, a partir desse período, está, por assim dizer, "autorizado" a intervir não só no campo político, mas também no econômico e, consequentemente, no social.

Ainda sobre a constituição e o significado do Estado-providência, mesmo para entender melhor ainda o que refletimos até agora, é imperioso ouvir François Ewald que, em sua obra *L'Etat providence* afirma-nos tratar-se de "uma nova positividade política" que impropriamente se designa pela expressão "Estado-providência" (1987, p. 373).[7]

Não se trata nem da "correção do Estado liberal nem de uma etapa de transição no sentido de um Estado socialista", mas de que ele "constitui uma realidade *sui generis*" (idem, p. 531). A nova positividade política, "sociedade de solidariedade, sociedade securitária ou Estado providência, como se queira" (idem, p. 531), nas palavras do autor, "descreve uma figura política *inédita*, cuja significação ultrapassa a pura instituição dos seguros sociais. Ele está implicado numa filosofia que não é mais aquela que a Revolução francesa herdou do século XVIII. Ele depende de uma conjuntura epistemológica original" (idem, p. 373; grifo nosso).

---

7. Conforme Ewald, "a expressão é imprópria, por causa de sua significação negativa: ela induz a acreditar que o Estado Providência não passa de um enxerto ou de um parasita do Estado liberal, que seria possível podar facilmente. Isto contradiz a tese da formação de sociedades de segurança". Sem dúvida, continua o autor, "pode-se gerir diferentemente as instituições do Estado Providência, mas com isto não se suprime a realidade sociológica que o sustenta" (1987, p. 373). Mais adiante, noutro momento de análise, na mesma obra, se repete essa ideia. "É fato singular que esta nova positividade não se tenha sistematizado. Ela não possui nome: as expressões *Estado Providência* ou *Estado gerencial* são impróprias para designá-la adequadamente", porque "se as transformações que o Estado liberal sofreu foram objeto de múltiplas análises, foram-no de setor por setor e sem que se tenha questionado fundamentalmente a grade referencial do modo liberal como pertinente para analisar a nossa sociedade. O pensamento político permanece dominado pela referência liberal do Estado de Direito" (idem, p. 531).

O autor situa mais especificamente o período de 1880-1910 como sendo o espaço que "assiste ao nascimento e à institucionalização de uma nova racionalidade política e jurídica" (idem, p. 372-373), quando "a demarcação liberal das obrigações é abolida e o princípio da responsabilidade[8] é substituído pelo esquema da seguridade como diagrama da regulação social. [...] poder-se-ia falar do nascimento de uma sociedade de segurança". A "responsabilidade não desaparece mas se converte no atendimento e repartição dos riscos" (idem, p. 373), uma vez que nesse período já se confirmara que a "vida moderna, mais do que qualquer outra, é uma questão de riscos". Prossegue o autor, "é a confissão de que o mundo real não é aquele sonhado pelos redatores do código civil" e "quaisquer que sejam os cuidados que cada um pode dedicar aos seus negócios, os danos não são a exceção, mas a regra" (idem, p. 353). Mesmo a sociologia — que é a fundamentação teórica do período — já afirmara que a "vida social não é naturalmente harmônica, mas conflituosa, prenhe de prejuízos" (idem, p. 353). Não se trata mais de achar culpados mas de descobrir "quem deverá suportar a perda causada pelo dano", e o momento em que "a fonte e o fundamento da responsabilidade se deslocam do indivíduo para a sociedade" (idem, p. 354). Ewald — segundo intérpretes do período —, confirma que "a responsabilidade muda de lugar: não é mais a qualidade de um sujeito, mas, sobretudo, a consequência de um fato social [...] Não há mais danos cuja perda seja apenas individual. Todo dano é social" (idem, p. 354). E a "repartição dos riscos passa a ser enfrentada pelo princípio da *solidariedade*" (idem, p. 356). O essencial da doutrina da solidariedade, ainda conforme

---

8. Princípio da responsabilidade "é um princípio de objetivação e de julgamento de condutas ligadas à posição liberal de direito". Quando *"ninguém pode atribuir ao outro o ônus da sua existência, dos golpes do destino ou das infelicidades que venha a sofrer* [...] em outras palavras, *cada um é, deve ser, supõe-se que seja responsável por sua sorte, sua vida, seu destino"* (Ewald, 1987, p. 64).

Ewald, "não está exatamente, nem na formulação de um regime de obrigações sociais que abole a demarcação liberal, nem na ontologia do ser social. Está sobretudo na tentativa de formular uma regra de justiça alternativa à regra liberal" (idem, p. 367).[9]

Constata-se ainda que já "no final do século XIX era ainda em termos de moral que se debatia a questão das obrigações. Estava-se aprisionado na velha oposição entre o direito e a moral" (idem, p. 358). No entanto, "as instituições de seguridade privada ou social não pararam de se desenvolver, enquanto a doutrina da solidariedade, que servira ao movimento de securitização no fim do século XIX, envelhecia" (idem, p. 385). O pensamento liberal, segundo Ewald, a partir de uma leitura de F. A. Hayek, "em seu princípio é dualista: além do liberalismo, só existe o totalitarismo". Por isso afirma que "o pensamento liberal é, pois, por princípio, incompatível com a hipótese [que é a nossa, diz o autor] de que a noção de justiça social e a racionalidade que sustenta as políticas do Estado-providência remetem a uma posição epistemológica própria, inédita e irredutível aos esquemas tão constrangedores nos quais a crítica liberal pretende encerrar todo pensamento social" (idem, p. 580). Com o fim de contrapor-se a isso e reafirmar a sua hipótese, diz que o Estado-providência se oferece com "quatro grandes significações", que resumidamente poderiam apresentar-se da seguinte forma:

a) Que "ele [o Estado-providência] se vincula ao surgimento das sociedades industriais. Esta é sua primeira significação. Menos que propor corretivos necessários aos efeitos nefastos da industrialização, o Estado providência deve oferecer um espaço favorável ao seu desenvolvimento". Como "o direito civil, em particular, não

---

9. As "doutrinas da solidariedade", conforme observação crítica de Ewald, "são hoje conhecidas sob o aspecto envelhecido e empoeirado do solidarismo". E o solidarismo seria uma "espécie de solução de terceira via entre o liberalismo e o socialismo, umas dessas vãs tentativas de conciliar os contrários, a maneira pela qual a burguesia da *Belle Époque* teria procurado escapar ao perigo operário" (Ewald, 1987, p. 358).

fornecia o instrumento para a regulação das sociedades industriais", sendo que o "direito social é, desde o início, o direito destas sociedades". Como que justificando, diz: "Há pouco sentido em indagar se ele serve mais aos interesses dos operários ou dos patrões; ele existe para beneficiar tanto uns quanto outros — é a lógica da sua instituição". Portanto, "a criação dos seguros sociais, com o princípio de repartição de riscos ao qual obedecem, atesta a integração da indústria na sociedade" (idem, p. 373).

b) Uma outra significação é que "a instituição do Estado-providência assinala uma data decisiva na história da assistência: aquela em que a problemática da ajuda e do socorro, que já perdera a sua significação religiosa, perde a sua dimensão moral", na qual "somente tem valor o que é reconhecido, sancionado sob a forma de direito" (idem, p. 374). Diz mesmo que "este esvaziamento da moral em benefício do direito na problemática é certamente um dos eventos mais importantes da história contemporânea". E que "com o Estado-providência, a problemática política transita da moral à sociologia" (idem, p. 374).

c) Usando uma expressão de M. Foucault, diz que o "Estado-providência realiza o sonho do 'bio-poder'. O Estado-providência é um Estado que não visa tanto proteger a liberdade de cada um contra as agressões que pode sofrer dos outros quanto assumir o modo mesmo pelo qual o indivíduo gere a sua vida. Sua palavra-de-ordem é a *prevenção*". E ainda, "o Estado-providência acusa o Estado liberal de ser um mau gestor da vida: há um equívoco considerável na liberdade para o forte esmagar o fraco, no livre jogo da concorrência". Portanto, "na idade do Estado-providência, a noção de direitos dos homens só se entende como direito à vida". No máximo, defender o ser vivo que tem "necessidades a satisfazer" (idem, p. 374-375).

d) Como uma quarta significação nos coloca diante da proposição de que a "instituição do Estado providência dobra os sinos

ASSISTÊNCIA SOCIAL ENTRE A ORDEM E A "DES-ORDEM"

pelas doutrinas do direito natural". Por isso, entre outras, estamos diante de questões como "o social, essencialmente dividido, repartido entre grupos e classes simultaneamente solidárias e antagônicas, poderia fornecer esta regra universal necessária à manutenção do consenso social? O Estado-providência não nos faria regressar a um sucedâneo de estado de natureza, onde apenas contariam as relações de força, não mais operando entre indivíduos, mas entre grupos?" (idem, p. 375-376).

Acompanhando o autor em suas qualificações do Estado-providência, é possível perceber com mais clareza o real significado do Estado-providência dentro de um processo mais amplo, ou seja, no próprio projeto da ordem burguesa como tal, constituído, porém, como vimos, com muito realce e certa insistência do autor, de uma *positividade política própria*". Em outro momento já havíamos visto o mesmo a partir de Bobbio, constatando que se trata de uma alteração da *forma jurídica do Estado*, quando a interação do Estado com a sociedade civil exige novas formas no processo de legitimação e na estrutura da administração (1986, p. 401). Foi necessário, portanto, encontrar novas formas não só no reconhecimento, como também no atendimento das questões sociais que se colocavam a partir de então. De forma igual François Ewald volta a insistir que "percebe-se bem que o modelo civilista e liberal do direito não é capaz de dar conta das práticas jurídicas do novo Estado" (1987, p. 376). De fato, diz o autor: "Vimos nascer o Estado-providência, suas primeiras instituições e a filosofia que serviu para pensá-las. Resta, a partir da experiência do século XX, explorar melhor sua realidade". Isto para podermos responder a uma questão "verdadeiramente importante" que, segundo o autor, é sobre a "possibilidade de um direito alternativo ao direito civil, ou seja, como é possível um direito social que não se anule numa pura prática de comando?". Ou então, "é possível, na conjuntura do Estado-providência, uma regra de justiça que ofereceria a objetividade necessária ao julgamento jurídico?" (idem, p. 376).

Atender aos reclamos sociais como direito, sem anular as exigências do direito civil que define o modo de ser liberal, eis uma questão de difícil saída que se coloca para o estatuto liberal neste momento. Vemos, portanto, que, com a formação do Estado Social, a recém-afirmada sociedade burguesa se vê frente a uma questão que, na verdade, ainda hoje a desafia, mesmo tendo passado pela breve experiência do *Welfare State* keynesiano, como veremos mais adiante.

O direito social, propugnado pelo Estado Social, "não veio preencher as lacunas do direito civil", tem "sua positividade própria". Assumindo a posição do autor, pode-se dizer: "Suas regras de julgamento, técnicas jurídicas específicas e uma referência doutrinária que pouco tem a ver com as construções do direito natural que sustenta o direito civil" (idem, p. 459). Por isso, uma das principais características do "direito social é que ele introduz e organiza o conflito dos direitos. A sua novidade não reside tanto no conteúdo dos direitos que ele confere quanto ao seu modo de *inscrever o conflito no direito*" (idem, p. 462). Opõe duas vontades, opõe necessidades, e sobretudo opõe desigualdades, exigindo que constantemente se façam concessões, conforme as vantagens e/ou desvantagens que se apresentam conjunturalmente. "Se outrora a justiça passava pela suposição da igualdade das vontades, a *justiça social* implica, ao contrário, uma objetivação dos indivíduos nas suas desigualdades respectivas, desigualdades que, precisamente, será necessário compensar em função de um ideal de igualdade que, se realizado, faria aparecer na sua irredutível identidade as diferenças individuais" (idem, p. 459).

Uma outra característica do direito social é, portanto, que ele "opõe a multiplicidade de direitos diferenciados — razão pela qual falar-se-á em *Direitos Sociais*, no plural" (idem, p. 75). Ele "não pode mais ser para nós o modelo sonhado na idade clássica e institucionalizado no seu fim [...] É para nós, um novo ideal, uma ideia reguladora, algo que está perpétua e incessantemente por construir e realizar" (idem, p. 513).

Uma vez inscrito o "conflito no direito", ele agora é "menos princípio de solução que desafio, menos princípio de coexistência que fator de divisão (mesmo na sua pretensão universal)...". O juiz, agora, neste novo sentido jurídico, deverá decidir não mais "qual dos dois interesses em conflito está em seu direito, mas qual o valor respectivo das normas de que tais interesses se socorrem. Rigorosamente, não há mais sentido em querer o direito, pois isto seria querer um direito — o direito de uns contra os outros. Ingressou-se numa ordem jurídica que é o da *negociação permanente*" (idem, p. 513).

O autor aqui faz belas exemplificações de como o Estado Social tem se comportado, nas negociações tanto em âmbito nacional quanto no internacional, e a "expressão *querer o direito*" não pode significar "senão querer o direito de uns contra os outros" (idem, p. 514).

Com a afirmação do Estado Social, a sociedade da nova ordem, embora liberal, se vê ante uma realidade que a desafia e exige dela o compromisso de proteção social.

De tudo isso se deduz que diferentes significações das instituições jurídico-políticas de Estado fazem com que o movimento da proteção social também tenha suas características próprias. Retomando isto para o caso da Assistência Social, num primeiro momento, na expressão de Ewald a partir do "diagrama liberal" — quando se supõe que cada um seja responsável pela sua própria sorte (idem, p. 64), ou seja, o "princípio da responsabilidade que fornece a regra do *julgamento liberal* da pobreza" —, a causa da pobreza deve ser buscada no "próprio pobre, nas suas disposições morais, na sua vontade: a pobreza é *uma conduta*". Como consequência, "não há responsabilidade econômica ou social pela miséria que justifique um programa de assistência pública cujo custo a sociedade deveria suportar" (idem, p. 66). Uma vez que se concebe que o "pobre é pobre por si mesmo, por sua própria culpa, por sua própria *imprevidência*", entende-se que haja "a necessidade de uma intervenção *beneficente* que dê ao pobre a força que lhe falta para escapar à sorte que é sua" (idem, p. 72; grifo nosso). Donde a recomendação — "filantropos, que pretendeis melhorar a condição de vida de vossos semelhantes, lembrai sempre ao pobre que seu destino está em suas próprias mãos... Não vos esqueçais: o maior bem que podeis fazer às classes laboriosas é o de lhes ensinar a passar sem o vosso socorro" (idem, p. 32) — soe muito ilustrativa. É por isso mesmo que o exercício da beneficência começa a ser uma relação descontínua e incerta. Deve ser localizada, e "não poderia ser global, socorrendo os pobres em massa, como população; mas deve tomá-los um a um, adquirindo as formas que convêm a *cada caso individual*" (idem, p. 73; grifo nosso). A ação da beneficência será então uma "ação moralizadora: ela deve produzir uma *conversão* — converter o pobre em sua relação consigo mesmo com o mundo e com os outros". Trata-se, e isto é importante frisar, de "convertê-lo [o pobre] às leis da economia, recordar-lhe seus deveres para consigo mesmo, reforçar o sentimento de sua *dignidade*, mostrar-lhe que ele tem a sua sorte nas mãos. A prática da beneficência deve, antes de mais nada, tomar a forma de um ensinamento. É uma educação" (idem, p. 73). Este é o linguajar típico dos pressupostos da "autodeterminação" e da promoção humana.[10] À medida que o século XX avança, os passos para a laicização se alargam, quando a caridade é substituída pela benemerência, e a "problemática liberal da assistência" se encontra diante de uma

---

10. Para os profissionais do Serviço Social brasileiros, esse linguajar está presente ou ao menos é muito familiar até a "teorização" formulada nos documentos de Araxá (1967), Teresópolis (1970), Sumaré (1978), quando então começa a se tornar "estranho e por isso mesmo incômodo" (ver CBCISS, *Teorização do Serviço Social*, 1984). Com isso não queremos dizer que já esteja totalmente superado em nossas práticas, porém, não faz mais eco nas discussões teóricas da profissão.

ASSISTÊNCIA SOCIAL ENTRE A ORDEM E A "DES-ORDEM" 133

"estranha mistura de necessidade e abstenção, esta modalidade de constranger sem obrigar", que só pode ser entendida quando situada na história da Assistência e da caridade que a precede. Pois, conforme François, "os liberais têm uma herança; eles não querem acabar com as práticas assistenciais — querem reformá-las"; e ainda, "a atitude liberal certamente não é a de um recolhimento, de um desinteresse, de um descompromisso. Antes, ela cristaliza uma nova experiência da pobreza [...] uma nova sensibilidade que, longe de remetê-la à periferia do corpo social, quer situá-la, ao contrário e por longo tempo, no seu centro" (idem, p. 73). Isto acontece quando o "pobre não testemunha mais a presença de Deus sobre a terra; ele é somente o signo de uma desordem a destruir" (idem, p. 74). E assim "a pobreza torna-se um problema da sociedade; reclamando como tal, uma política do Estado" (idem, p. 73).

Se na fase da constituição da economia capitalista de mercado — especialmente na formação do mercado de trabalho — a Assistência é rejeitada, agora o Estado passa a assumi-la como uma função sua, ainda que de forma incipiente e marginal,[11] conferindo-lhe o estatuto de uma *política social*. Mais tarde tudo isso adquirirá contornos próprios e evoluirá para as políticas específicas dos diversos setores.

3.2 O *Welfare State* como saída para o novo dilema da ordem

Mesmo que Diaz se refira à passagem do Estado Liberal de Direito para o Estado Social de Direito como tratando-se de uma

---

11. Baran e Sweezy, analisando a proporcionalidade do crescimento das despesas de vários setores do Estado americano, sob a denominação de "Estado de Bem-Estar Social", entre os anos de 1929 e 1957, assim se expressam: "As despesas que afetam o bem-estar do povo cresceram apenas no ritmo em que a economia como um todo cresceu também" (1978, p. 156).

evolução dos sistemas democráticos liberais do Ocidente em sua adaptação de ultrapassadas estruturas políticas e jurídicas às novas necessidades do desenvolvimento técnico, social e econômico (1972, p. 101), não concordamos muito com os termos de "evolução por si mesmos", principalmente quando nos lembramos dos muitos movimentos operários que se originam e se fortalecem no ocaso do século XIX e início do XX, tanto na Inglaterra — resultando aí na aprovação da lei sindical de 1870 —, quanto na França — com todas as lutas descritas em *A Guerra Civil em França* (Marx, 1983) —, como ainda os movimentos socialistas que desembocaram na Revolução Russa de 1917. Recordamos, outrossim, os partidos socialistas que se formaram nessa época em vários países. Acreditamos, portanto, que se, por um lado, há uma necessidade de reciclagem no capitalismo, reajustando-se este e corrigindo erros de percurso com relação ao individualismo clássico liberal por meio da afirmação dos chamados direitos sociais, na consecução do *Welfare State* (idem, p. 102) há, por outro, uma significativa contribuição da própria organização e luta, mesmo que incipiente, da classe trabalhadora. Esta se manifesta nas mais diversas organizações proletárias, pressionando por novas posturas do sistema liberal que até aqui fazia crer que o desenvolvimento capitalista asseguraria também a igualdade e o bem-estar dos cidadãos. Para compreender o Estado Social e a sua expressão no *Welfare State* não nos parece suficiente constatar que o direito, a liberdade e a igualdade não podem ser assegurados no "individualismo" que vinha sendo a tônica num Estado "absenteísta" e que o acento agora devesse se dar numa tônica "social" dos direitos, transformando-se o Estado absenteísta num Estado ativo, acoplando tanto as funções políticas quanto as econômicas. É ainda muito importante que se leve em conta que estamos num novo contexto, sendo necessário que nos situemos na fase do "capitalismo organizado", na expressão do social-democrata alemão Rudolf Hilferding (cf. Bobbio et al., 1986, p. 145; Mandel, 1982, p. 22; Polanyi, 1980, p. 43), fase em que a economia se concentrou em monopólios numa diminuição da livre concorrência de mercado e numa explícita intervenção do Estado. É a fase em que o Estado explicitamente é chamado para arbitrar o conflito entre o capital e o trabalho, além de, é claro, para administrar a reprodução da força de trabalho, fazendo até mesmo algumas concessões à classe trabalhadora, caso isto seja necessário para manter a "tranquilidade e a paz" ou no "propósito de restabelecer a ordem, de forma que a produção e acumulação pudesse continuar ininterruptamente" (Sweezy, 1976, p. 278-279). Mesmo que se caracterize a fase monopolista como sendo a de um Estado presente e ativo na economia, isto não nos deve levar a crer que não o estivesse na fase concorrencial. Mais, segundo Baran e Sweezy, é "uma suposição errônea a de que ele teve importância insignificante na história anterior do capitalismo" (1978, p. 74). Erro maior ainda é pensar que ele distribua, feito um árbitro, as benesses de forma igual entre classes distintas. Para afirmar que ele (o Estado) assume preferentemente os interesses dos que já desfrutam das melhores posições, nos amparamos em Sweezy, segundo o qual, "se as classes em desvantagem possuíssem o poder estatal, tentariam usá-lo para estabelecer uma ordem social mais favorável a seus interesses" (1976, p. 272). É preciso ter bem presente esse aspecto do Estado nesta fase "nova" do capitalismo, quando o Estado aparece com uma roupagem "social" e como "distribuidor" equitativo das benesses que o capital já acumulou.

O período da formação dos monopólios dá-se a partir de 1870. Conforme Baran e Sweezy, isso começou a ocorrer mais explicitamente nas duas últimas décadas do século XIX (1978, p. 224),[12] caracterizando-se pela busca de um aumento da taxa de lucros

---

12. Aqui cabe uma nota dos autores sobre o significado de monopólio: "Usamos a palavra 'monopólio' para nos referirmos não só ao caso de um vendedor único de uma mercadoria para a qual não há substitutivos, mas também ao caso muito mais comum de 'oligopólio', i. é, uns poucos vendedores dominando os mercados para produtos que se substituem uns aos outros de forma mais ou menos satisfatória" (Baran e Sweezy, 1978, p. 16).

— lucros extras — por meio do controle monopolista dos preços e, consequentemente, dos mercados. Essa taxa de lucros extras tanto pode advir de uma "dedução de mais-valia de outros capitalistas ou da dedução dos salários da classe trabalhadora" (Sweezy, 1976, p. 304), de tal forma que "a taxa da acumulação no capitalismo monopolista tende a ser maior que a taxa em condições de competição" (Sweezy, 1976, p. 306). Ademais, com o avanço tecnológico a tendência de economizar trabalho se fortalece e o preço das mercadorias monopolizadas se eleva. Por sua vez, a tendência de elevar a taxa de acumulação e reduzir a taxa de consumo começa a exigir maior sensibilidade para evitar o subconsumo. Diante desse quadro torna-se imperativo criar mecanismos de "consumo improdutivo", o que se torna uma das características do Estado de Bem-Estar Social.

A novidade quanto ao Estado e sua relação com o mercado marca o período como sendo o de uma crescente intervenção deste na economia, sendo ainda o próprio Estado corresponsabilizado na questão econômica. Trata-se do momento em que se estabelece o "capital financeiro" através dos bancos, que começam a assumir um papel expressivo para possibilitar a compra e venda das ações das empresas e propiciar créditos.[13] Este (o capital financeiro) inclui-se entre os "oganizadores" do capital que, como os demais, exige sua parte de lucro. E para que este não lhe escape, não duvida em nomear os "organizadores" do capital, exigindo, por sua vez, uma parte cada vez mais considerável desse lucro. Para consegui-lo mais facilmente nomeia "seus representantes para participar na direção das empresas", exercendo "grande influência sobre as políticas adotadas" (Sweezy, 1976, p. 296). A "fusão gradual do capital monopolista bancário com o monopolista industrial" é a base que "origina um fenômeno qualitativamente novo no desenvolvimen-

---

13. Nesse período "a forma de propriedade também mudou, tornando-se disponível através das ações da Bolsa" (Bobbio et al., 1986, p. 402).

to do capitalismo, o *capital financeiro* e a oligarquia financeira. [...] A existência do capital financeiro e a consequente aparição da *oligarquia financeira* constitui um dos traços fundamentais do imperialismo" (Vólkov et al., 1985, p. 36, 39).[14]

O domínio do capital, sob a organização do capital financeiro, está com os "grupos financeiros monopolistas nacionais e internacionais que compreendem monopólios de diversas esferas da economia". E tendo o controle da economia, "os magnatas do capital financeiro determinam também as políticas dos Estados capitalistas" (Vólkov, 1985, p. 39). Com a constituição do capital financeiro, constatamos, pois, que a "relação Estado-economia foi modificada [...] O paradigma mudou: a política econômica interfere agora diretamente, não só através dos modelos protecionistas em relação ao capital monopólico, mas também das manobras monetárias do Banco Central e, pouco a pouco, mediante a criação de condições infraestruturais favoráveis à valorização do capital industrial" (Bobbio et al., 1986, p. 402).

É um Estado que, conforme Bobbio, durante todo o século XVIII contribuiu para a criação da forma-mercado, não só das mercadorias, mas também do trabalho (Polanyi, 1980), e que, agora, ainda segundo Bobbio, "intervém ativamente dentro do processo de valorização capitalista" (1986, p. 402).

---

14. Por imperialismo entende-se, em geral, a relação que se estabelece em relação à economia mundial, em que os "monopolizadores" se dirigem às "colônias" para delas extrair novos lucros, a partir de suas vantagens monopólicas em desvantagem para os de economias dependentes. É uma procura incessante por novos mercados (ver Baran e Sweezy, 1978, p. 13-14). É um termo cunhado por Lenin, em *El Imperialismo, fase superior del capitalismo*, especialmente no seu capítulo VII, onde diz: "Se fosse necessário definir da forma mais breve possível o imperialismo, deveria dizer-se que o imperialismo é a face monopolista do capitalismo" (Lenin, 1913-1916, p. 459). Ou ainda, "o imperialismo é o capitalismo na fase do desenvolvimento no qual se acentuou a dominação dos monopólios e do capital financeiro, no qual a exploração de capitais começou a ter maior importância, no qual começou a divisão do mundo pelos trustes internacionais, terminando assim a divisão de toda a terra entre os países capitalistas mais importantes" (idem, p. 460).

Em relação ao quadro político institucional, na fase "imperialista", haverá um deslocamento do poder no próprio Estado com o declínio das instituições parlamentares, tão prestigiadas no período do capitalismo da fase concorrencial, uma vez que "com o fortalecimento dos laços de classe e o aguçamento do conflito de classes, o parlamento tornou-se um campo de batalha para os partidos que representavam interesses divergentes de grupos e de classes" (Sweezy, 1976, p. 350). Deveras, é próprio do parlamento que aí se encontrem "representantes da classe trabalhadora que podem impor um controle 'democrático' à economia", opondo-se aos partidos que tradicionalmente defendem os interesses do capital contra o trabalho (cf. Bobbio et al., 1986, p. 402). É então necessário que se esvazie o poder parlamentar, reforçando o executivo que se manifesta por constantes intervenções através de decretos "e por um crescente recurso ao poder de revisão judiciária pela qual o juiz podia interpretar a lei geral e abstrata" (idem, p. 402), alterando assim também a forma política do Estado. Na verdade, o verdadeiro poder então se desloca para "fora" do Estado, para uma "organização corporativa do poder" (idem, p. 402).

Ainda em relação ao nível internacional, quando os países imperialistas tentam se estabelecer para extrair seus lucros extras dos países ainda não monopolizados, o autor diz que "não devemos imaginar que o capital encontra tudo pronto para recebê-lo nas regiões atrasadas", uma vez que as populações têm suas próprias formas de ganhar a vida. "Consequentemente, as áreas devem ser colocadas sob jurisdição do Estado Capitalista e as condições favoráveis ao crescimento de relações de produção capitalista devem ser impostas" (Sweezy, 1976, p. 335). Os mesmos países são "convidados", através de seus governos, a garantir todas as formas de infraestrutura, investindo em obras públicas, energia, rodovias, recursos naturais etc., "em suma, atividades que não representam uma concorrência com as mercadorias exportadas pelos países industrialmente adiantados" (Sweezy, 1976, p. 336). A exportação

ASSISTÊNCIA SOCIAL ENTRE A ORDEM E A "DES-ORDEM"

139

do capital leva então "a um desenvolvimento unilateral das economias das áreas atrasadas" (idem, p. 336). O envolvimento em guerras é outra decorrência natural do processo imperialista, o qual pode encontrar resistências para se implantar, surgindo, então, a exigência da "força" para que os Estados dependentes assegurem as razões favoráveis para as "inovações" do capital monopolizado. Por outro lado, as guerras representam ainda um "investimento improdutivo" em armamento para equilibrar o subconsumo. Enfim, é preciso "queimar" os excedentes da acumulação resultante do capital monopolista para se contrapor à lei da tendência constante do excedente no capitalismo monopolista (cf. Baran e Sweezy, 1978, p. 60-84), lei que Baran e Sweezy, de certa forma, contrapõem à "lei da baixa tendencial de lucros" marxista.[15]

Aqui é bom lembrar que não se trata de uma superprodução de bens de valor de uso, mas de bens de valor de troca; de mercadorias, portanto. É Mandel que nos confirma isso ao dizer que "as crises capitalistas são crises de superprodução de valores de troca" (Mandel, 1990, p. 210).[16] Isso porque, ainda segundo Mandel, "os capitalistas não estão interessados na simples venda de mercadorias.

---

15. Os autores, porém, fazem a seguinte observação: "Substituindo a lei do lucro decrescente pela do excedente crescente, não estamos, portanto, negando ou modificando uma teoria tradicional da Economia Política. Estamos, simplesmente, tomando conhecimento do fato indubitável de que a estrutura econômica capitalista sofreu uma modificação fundamental desde que tal teorema foi formulado" (1978, p. 79). Paul Singer, estabelecendo uma interlocução com os próprios Baran e Sweezy, mais Schumpeter (estudiosos do processo de inovação tecnológica e sua relação com o excedente), em relação a isso verificou a *acentuação* de uma tendência, que na verdade é de *toda a história do capitalismo*: a de que o excedente virtual tende realmente a crescer (Singer, 1989, p. 55). Pela observação de Singer, há um crescimento excedente sempre e na medida que o desenvolvimento tecnológico avança. Nossa posição é continuar fechando com Baran e Sweezy, uma vez que o avanço tecnológico, no monopolismo, é indiscutivelmente *mais acentuado* que no período anterior.

16. As crises se dão "não porque há muito poucos produtos que a vida econômica se desregula. É porque há a impossibilidade de venda de mercadorias a preços que garantam o lucro médio — i.é, porque há, portanto, 'muitas mercadorias' — que a vida econômica se desorganiza, que as fábricas fecham suas portas, que os patrões demitem e que a produção, as rendas, as vendas, os investimentos e emprego caem" (Mandel, 1990, p. 210).

Estão interessados em vendê-las com *lucro suficiente"* (idem, p. 211). Ademais, uma vez que "o excedente que não pode ser absorvido, não será produzido, segue-se que o estado normal da economia monopolista é a estagnação" (Baran e Sweezy, 1978, p. 113). Para livrar-se dessa possível contradição, criam-se constantemente "mecanismos de consumo". Quanto a isso, Baran e Sweezy assim se expressam: "A tendência do capitalismo monopolista em gerar mais excedente do que consegue absorver pode ser neutralizada, ou mesmo inteiramente dominada, pelos principais estímulos externos, mas *far-se-á sentir* de modo característico sempre *que estes estímulos enfraqueçam ou desapareçam"* (idem, p. 224). Isto é a crise. É sabido que fazem parte dos consumidores do excedente a apropriação privada dos capitalistas, as campanhas de venda e o Estado, com todos os seus gastos administrativos, militares e da Assistência ao necessitado. Desdobrando algo mais a absorção do excedente pelo Estado, veremos logo que ele não se dá de forma proporcionalmente igual. Baran e Sweezy o dividem em três componentes, e o chamam de gastos com "compras para fins de defesa", em que estariam os gastos militares; "gastos com 'transferências financeiras', que são as várias formas de pagamento de seguros sociais" (desemprego, velhice, veteranos); e gastos com "compras não destinadas à defesa" (onde se incluiriam gastos com a educação pública, a construção de estradas, a saúde e a higiene, a conservação e recreação, o comércio e a habitação, a polícia e bombeiros, os tribunais, prisões, legislativos e executivos) (idem, p. 155-156). Nestes últimos estariam basicamente situados os gastos para o "funcionamento e o bem-estar da sociedade" (idem, p. 155). Na análise dos autores em questão, o item das "despesas que afetam o bem-estar do povo, cresceram apenas no ritmo em que a economia como um todo cresceu também" (idem, p. 156). Portanto, o item das despesas com "compras de bens e serviços não relacionados à defesa não trouxe assim quase nenhuma contribuição para resolver o problema de absorção do excedente" (idem, p. 156). O que particularmente nos interessa aqui é o aspec-

ASSISTÊNCIA SOCIAL ENTRE A ORDEM E A "DES-ORDEM"   141

to que trata das despesas com as "transferências financeiras", uma vez que é sob esta rubrica que se encontra o *Welfare State* Americano e que, segundo Baran e Sweezy, apresentou um significativo crescimento.[17] "Embora uma fração apreciável desse crescimento (12%) represente um maior pagamento de juros (principalmente aos Bancos, empresas e pessoas de alta renda), a sua maior parte é constituída de várias formas de pagamento de seguro social (desemprego, velhice, veteranos) que certamente melhoraram o bem-estar de consideráveis grupos de cidadãos necessitados. É este o *único* elemento substancial de verdade na afirmação comum que desde 1929 os Estados Unidos se tornam um '*Estado de Bem-Estar Social*'" (idem, p. 156; grifo nosso). É necessário que fixemos com os autores que este foi o "*único*" elemento, pois "sob os outros aspectos, as despesas que afetaram o bem-estar do povo cresceram apenas no ritmo em que a economia como um todo cresceu também" (idem, p. 156), se é que se pode falar em crescimento nessa fase de crise e depressão. A rigor, ponderando a situação de miséria, fome e desemprego em que se encontra o povo comum, como veremos adiante, não se pode falar em Estado de Bem-Estar em 1929. O que se pode admitir é que a causalidade social que leva ao *Welfare State* está dada. Portanto, "quanto à absorção do excedente", o crescimento das "transferências financeiras deu, indubitavelmente, uma contribuição significativa" (idem, p. 156), mostrando, portanto, como as despesas com o Estado de Bem-Estar Social vieram preferentemente atender a uma das necessidades centrais do capital daquele período e ainda a um bem *determinado* grupo de pessoas em detrimento da população como um todo. Mostra-nos ainda que o "Estado de Bem-Estar Social" não o é para a massa da população, que consome apenas para sobreviver, mas para determinados grupos sociais que certamente apresentam potencial de maior consumo.

---

17. De 1929 a 1957 o crescimento foi de menos de 2% para 6% do PNB. (Baran e Sweezy, 1978, p. 156).

Justifica-se, portanto, e além disso, um atendimento social com características seletivas. Tudo para alcançar o que foi o objetivo mais vigoroso, ou seja, a "absorção do excedente", o que, segundo assinalam Baran e Sweezy, foi alcançado. Ainda, quanto ao item "dispêndio governamental" para a absorção do excedente, a maior parte ficou mesmo no elemento "gastos para fins de defesa", onde se inscrevem os gastos militares (de menos de 1% do PNB a mais de 10%) (idem, p. 156).[18]

Nos estímulos externos que absorvem excedente estariam também os "novos produtos" ou "invenções que marcaram a época". Para Baran e Sweezy, "invenções que marcaram época" são as que "abalam toda a estrutura econômica, criando além do capital que absorvem diretamente, vastos mercados para investimentos". Entre elas estaria a "máquina a vapor, a estrada de ferro e o automóvel" (idem, p. 219).[19] Embora coloquem estas descobertas entre os estímulos que absorvem o excedente, fazem uma observação de que "parece claro que tanto a máquina a vapor, quanto o automóvel abriram oportunidades de investimento a muito mais capital do que eles próprios puderam absorver" (idem, p. 220).[20]

Na concepção de nossos autores, "as tendências à estagnação inerentes ao capitalismo monopolista já haviam começado a domi-

---

18. Para observar melhor o que significa o gasto militar para a economia, nos dizem que "a absorção maciça do excedente em preparativos militares foi o fator-chave da história econômica dos Estados Unidos, no pós-guerra. [...] Mais de 9% da força de trabalho depende, hoje, em seus empregos, do orçamento militar. Se as despesas militares fossem novamente reduzidas a proporções anteriores à Segunda Guerra Mundial, a economia norte-americana voltaria a um estado de depressão profunda, caracterizada por taxas de desemprego de 15% e mais, como ocorreu durante a década de 1930" (Baran e Sweezy, 1978, p. 156-157).

19. Basicamente, com algumas restrições quanto a datas, eles colocam a máquina a vapor no século XVIII, a estrada de ferro no século XIX e o automóvel no século XX (Baran e Sweezy, 1978, p. 97).

20. Sua absorção estaria muito mais no efeito indireto que produziria estímulos em outros mercados. Por exemplo, com o automóvel vem a indústria de petróleo, do vidro e da borracha, bem como a construção de rodovias (cf. Baran e Sweezy, 1978, p. 220).

nar o cenário econômico nos anos posteriores a 1907. A guerra e o surto automobilístico encobriram-nas, mas só por algum tempo". Em relação à década de 1920, quando o surto automobilístico está no auge,[21] fala-se de uma aparente prosperidade, pois já "germinavam sementes de desastre" de uma capacidade produtiva acima da capacidade de absorção (idem, p. 236), o que a partir de 1929-1930 se torna uma "queda precipitada na taxa de utilização da capacidade" (idem, p. 237).[22] Assim a tendência à estagnação foi a "marca indelével numa década inteira da história econômica" até que a economia pudesse "ser de novo impulsionada por um estímulo externo suficientemente poderoso, agora a Segunda Guerra Mundial" (idem, p. 239). Ainda para nos situar melhor na dimensão da crise do período, verificamos que em "1939, ao final da década, aproximadamente um quinto da força de trabalho do país e mais de que um quarto de sua capacidade produtiva estavam ociosos" (idem, p. 241).[23]

Por tudo o que já vimos não é difícil concluir, com os autores, que o capitalista sem estímulos externos é *impotente* para superar uma situação de estagnação (idem, p. 243).

É indiscutível que é sob este pano de fundo que deve ser colocada a teoria econômica de "pleno emprego" keynesiana (John Maynard Keynes, 1883-1946) que nesse período — embora

---

21. "O aumento de dez vezes no número de emplacamentos entre 1915-1929 [...] dá uma exata noção do impacto do automóvel nesses anos" (Baran e Sweezy, 1978, p. 234). Segundo os autores, a depressão de 1930 foi tão profunda que interrompe o surto automobilístico e só retorna após sério desgaste, com estoques elevados, no pós-guerra, quando "pôde mais uma vez tornar-se um importante estímulo" de consumo (Baran e Sweezy, 1978, p. 240).

22. Uma queda de 83% da ocupação da capacidade para 66%. Uma baixa brusca e generalizada de preços, propiciada pelo drástico corte no volume de novos projetos depois da queda da Bolsa de Valores no outono de 1929 (Baran e Sweezy, 1978, p. 236-237).

23. A média de utilização de capacidade produtiva da década de 1920, de 85,5%, decai para 63,4% na década de 1930. Em 1932 chegou-se a ocupar apenas 42% da capacidade real da indústria americana (cf. Baran e Sweezy, 1978, p. 237, 240).

considerada heterodoxa para o mundo liberal — é necessária ao capital monopolista para aliviar a estagnação econômica em que este se encontrava. Este é um ponto que parece fundamentar o *Welfare State* que vai tomar expressão nesse período. Por isso também é muito compreensível que se apele para medidas institucionais a fim de contornar a pressão social resultante dessa crise. Em Przeworski, encontramos uma descrição que nos dá a exata dimensão, sob o aspecto social, do que significou "o problema da década de 1930". Segundo ele "eram recursos ociosos: máquinas paradas e homens sem trabalho. Em nenhuma outra época da história a irracionalidade do sistema capitalista foi tão flagrante. Enquanto famílias morriam de fome, alimentos já produzidos eram destruídos. O café era queimado, os porcos eram dizimados, os estoques apodreciam, as máquinas enferrujavam. O desemprego era o problema crucial da sociedade" (1989, p. 244). A teoria keynesiana, que toma como "objeto de sua análise a economia nacional (Inglesa) em seu conjunto", enfoque que recebeu o nome de "teoria macroeconômica", afirma que "o problema central se radica nos fatores que determinam o nível e a dinâmica nacional" (Vólkov et al., 1985, p. 213).[24] Conhecida também como Teoria "anticíclica", sugere como necessidade a regulação dos diferentes momentos da oferta e demanda, sendo que em períodos de depressão e crise exige que a demanda seja assegurada pela intervenção do Estado. Na introdução à obra do próprio Keynes, Adroaldo M. da Silva diz que "Keynes nos ensinou que a ação do Estado, através da Política

---

24. Macroeconomia: "Foi Keynes quem transformou a macroeconomia, de uma disposição de espírito, em uma teoria: um método dedutivo para analisar os determinantes da renda nacional e avaliar políticas alternativas. Seus seguidores construíram modelos matemáticos de economias capitalistas e descreveram estatisticamente, de acordo com esses modelos, economias particulares. A nova teoria tornou-se a moldura na qual grupos particulares apresentaram seus interesses como universais; tornou-se o instrumento para a articulação de pretensões hegemônicas e a linguagem da política econômica" (Przeworski e Wallerstein, 1988, p. 30).

econômica, é ingrediente básico do bom funcionamento do sistema capitalista" (in Keynes, 1985, p. xxii). Mas o que ficou mais forte mesmo, na contribuição keynesiana, é que ele advoga o pleno emprego como forma de manter em alta a demanda de consumo e assim proporcionar um bem-estar a todos. Deveras "o ativismo do Estado é o complemento indispensável do funcionamento dos mercados para se obter o máximo nível de emprego possível; portanto, maximizar o nível de bem-estar da coletividade. Essa é a mais duradoura contribuição de Keynes" (Silva, in Keynes, 1985, p. xxii). No pensamento ortodoxo do período, investir na demanda dos trabalhadores era considerado um "interesse particularista, e inimigo do desenvolvimento futuro", visto que "o bem-estar dos pobres era um assunto de caridade privada, não da economia" (Przeworski e Wallerstein, 1988, p. 33). Mas algo maior estava em jogo, uma vez que no "arcabouço keynesiano é o *consumo* que fornece a força motriz da *produção*, e repentinamente os trabalhadores e os pobres passaram a ser os representantes do interesse universal", justamente porque "seus interesses *particularistas em consumir* coincidiam com o interesse *geral em produzir*" (idem, p. 33).

O novo marco da Assistência é agora o *Welfare State*, que já teve seus ensaios nos anos 20 e 30 com uma intervenção do Estado, tanto na produção de bens como em alguns atendimentos sociais. E isto, segundo Bobbio, em "instituições institucionais" muito diversas. "Enquanto em países nazifacistas a proteção ao trabalho é exercida num regime totalitário [...] nos EEUU do New Deal, a realização das políticas da Assistência se dá dentro das instituições políticas liberal-democráticas" (1986, p. 417).

O primeiro documento a "exprimir os grandes princípios da constituição do Estado-providência Moderno", que também leva em conta a política de pleno emprego de Keynes, é o Relatório de Willian Beveridge (1942) (cf. Rosanvallon, 1984, p. 114-115). Mesmo que seja nos anos 1950 e 1960 que o keynesianismo se converteu na tendência predominante do pensamento econômico burguês, é preciso reportar-se aos anos 40, na Inglaterra, para encontrar a afirmação explícita do princípio fundamental do *Welfare State*: "independentemente de sua renda, todos os cidadãos, como tais, têm direito a serem protegidos" (Bobbio et al., 1986, p. 416). É sabido também que é no segundo Pós-Guerra que todos os Estados tomam medidas que ampliam os serviços sociais e "instituem uma carga fiscal fortemente progressiva e intervêm na sustentação do emprego ou da renda dos desempregados" (idem, p. 416). Temos, na expressão de H. L. Wilenski, 1975 — citado por Bobbio —, o *Welfare State* como sendo "o Estado que garante 'tipos mínimos de renda, alimentação, saúde, habitação, educação, assegurados a *todo o cidadão, não como caridade* mas *como direito político*'" (idem, p. 416; grifo nosso). Mais clara fica ainda a ideia com a afirmação de que "na realidade, o que distingue o Estado Assistencial de outros tipos de Estado não é tanto a intervenção direta das estruturas públicas na melhoria do nível de vida da população quanto o fato de que tal ação é *reivindicada pelos cidadãos como direito*" e que os conceitos do *Welfare State* estão vinculados às "sociedades de elevado desenvolvimento industrial e de sistema político do tipo liberal-democrático" (idem, p. 416), o que se verá mais adiante também em Przeworski (1989), enfatizando, no entanto, o mérito dos partidos social-democratas no avanço do bem-estar social.

Porém, o que na verdade caracteriza o Estado Social é que ele é "dotado de um executivo forte" ou, resumindo com Diaz, poder-se-ia dizer que o *"Welfare State* se caracteriza por um predomínio da *Administração* sobre a *Política* e por um predomínio da *Técnica* sobre a *Ideologia*" (1972, p. 113). Disso segue a tese do período de que uma "boa administração" e uma "boa técnica" bastam perfeitamente para alcançar o objetivo do desenvolvimento econômico e, em consequência, o bem-estar geral (idem, p. 113). Assim o *Welfare State*, conforme Diaz, pretende assentar-se "numa prioridade técnica" em que o "controle do Estado deve ficar nas mãos dos técnicos e dos peritos" (idem, p. 115). "Os peritos em *meios* substituem os peritos em fins". (idem, p. 116). É a afirmação do Estado tecnocrata para um desenvolvimento econômico, em que se acredita, além de um pretenso bem-estar, numa ação estatal livre de ideologias. É indiscutível, diz o autor em questão, que "o bem-estar para todos é um bem" (idem, p. 114). O problema que se põe é até que ponto é possível conciliar o "bem-estar e o neocapitalismo", que, de certa forma, leva a um nivelamento, mas que, conforme a reflexão de Diaz, "produz nivelamento nos aspectos mais superficiais da vida social", enquanto que nas "zonas mais decisivas e radicais" continua e até se aprofunda "a desigualdade e ausência de bem-estar de largos setores de classes sociais" (idem, p. 116). Outra característica desse período é tentar passar a ideia de despolitização com um aspecto neutro. Em Diaz encontramos o exato rebate a isso quando afirma que "a despolitização não é mais do que a manutenção do sistema vigente" (idem, p. 119).

O próprio Diaz, continuando sua crítica ao *Welfare State*, toma de empréstimo a frase de um analista, segundo o qual, "economicamente, o *Welfare State* supõe e significa a culminância do capitalismo. Daí que seja aplicável apenas a países que, tendo passado já por etapas econômicas prévias ao grande desenvolvimento da produção e ao pleno emprego, estejam maduras para o ingresso numa economia de consumo" (apud Diaz, 1972, p. 122), isto é, para países nos quais o desenvolvimento econômico ao menos tenha chegado a uma fase de acumulação tal que tenha um excedente para o consumo. Disso resulta que, para a realidade dos países não desenvolvidos, além das críticas, como a da insuficiência do *Welfare State*, estes ainda estão muito distantes do que se esperaria do bem-estar. O que nos parece ser o problema do bem-estar social está naquilo justamente que ele se coloca como sua característica, isto é, no seu "propósito de tornar compatíveis dois elementos num único sistema: um o capitalismo como forma de produção e outro, a consecução de um bem-estar geral" (Diaz, 1972, p. 112), ou seja, um nível de vida elevado para *todos* num sistema desigual. Disso parte o autor para justificar a sua proposta do "Estado Democrático do Direito" que vai além desse Estado Social de Direito que ainda significa bem-estar para alguns — para um Estado de Bem-Estar real, onde o nível de produção já tenha chegado ao nível "de plena produção e pleno emprego". Em suas palavras: "partindo do nível de bem-estar geral e universal é que se manifesta com clareza que o bem-estar do neocapitalismo não basta para a democracia, que o *Welfare State* (O Estado Social de Direito) não é ainda o Estado Democrático de Direito" (idem, p. 123). O autor insiste que é preciso ir além. E com isso concordamos inteiramente, na medida em que a "crença na possibilidade de tal compatibilidade constitui precisamente o elemento psicológico, e ao mesmo tempo, ideológico que serve de base para o neocapitalismo típico do *Welfare State*" (idem, p. 112), produzindo um "afrouxamento de tensão moral" e criando um modelo de "consumidor satisfeito" (idem, p. 122).

Embora se admita "que o *Welfare State* representou um avanço positivo em relação ao capitalismo clássico", podemos também concluir que "o neocapitalismo não constitui realmente um sistema de bem-estar democrático" (idem, p. 126), uma vez que exclui todos os países que não chegaram ao nível do desenvolvimento exigido para a acumulação de um excedente, à disposição do consumo. "A democratização econômica, social e política deve ser proposta, hoje em dia, para meta de alcance universal, coisa deveras difícil de conseguir com o imperialismo econômico que parece derivar inevitavelmente do neocapitalismo dos mais desenvolvidos Estados de Bem-Estar" (idem, p. 126). Disso se infere que se possa concluir com Baran e Sweezy, quando assinalam que "o progresso que numa sociedade racionalizada tornaria possível um grande avanço em

ASSISTÊNCIA SOCIAL ENTRE A ORDEM E A "DES-ORDEM" 149

direção à abundância para todos, sob o capitalismo monopolista constitui uma ameaça para a subsistência de uma porção cada vez maior da massa trabalhadora" (1978, p. 247).

Só nos será possível avançar na compreensão sobre o Estado de Bem-Estar Social se, com Przeworski, considerarmos que "as teorias econômicas são racionalizações dos interesses políticos de classes e grupos conflitantes, e como tal devem ser tratadas... Projetos econômicos implicam projetos políticos e sociais" (1989, p. 243). E nesse sentido aponta o keynesianismo como fornecedor das bases de uma ideologia de "compromisso" (idem, p. 243 e 244). Compromisso esse que consiste em que "aqueles que não possuem instrumentos de produção consentem com a instituição da propriedade privada do estoque de capital, enquanto os que possuem instrumentos produtivos consentem com as instituições políticas que permitem a outros grupos apresentar eficazmente suas reivindicações quanto à alocação de recursos e à distribuição do produto" (idem, p. 243). Esse compromisso só é possível a partir da crença de que o "Estado seria capaz de conciliar a propriedade privada dos meios de produção com a gestão democrática da economia" (idem, p. 244). De forma mais explícita temos o seguinte: "O controle democrático sobre o nível de desemprego e a distribuição de renda tornaram-se os termos do compromisso que viabilizou o capitalismo democrático" (idem, p. 244). Só a partir dessa ideologia e desse compromisso é que podemos encontrar alguns elementos a favor das classes menos privilegiadas num sistema que não renuncia ao seu projeto de acumulação privada do capital, o que certamente aponta para aquela "incompatibilidade" de que falávamos acima.

Dado o quadro social que se apresentava com a depressão em 1930, se evidenciou que a população desempregada e faminta necessitava de algumas medidas de Assistência, o que, no entanto, era contrário ao espírito econômico ortodoxo. Contraditoriamente

— para o período —, a Social Democracia sueca[25] propõe que "em vez de se dar Assistência aos desempregados que se lhes dessem empregos". Estava assim lançado o "enlace entre a Esquerda e a economia keynesiana" (Przeworski, 1989, p. 244). Foi dessa situação "controversa" e dessa teoria heterodoxa que Przeworski não duvida em afirmar que foi o "keynesianismo que forneceu o alicerce para o compromisso de classes, dando aos partidos políticos representantes do operariado uma justificativa para exercer cargos políticos em sociedades capitalistas" (idem, p. 244). Os "social-democratas consideravam que seu irreversível progresso eleitoral culminaria em uma maioria que lhes permitiria, um dia, [sic] assumir o poder político e promulgar as leis que conduziriam a sociedade ao socialismo" (idem, p. 245). Porém, segundo a análise do autor, eles "comportaram-se como os demais partidos: com uma certa parcialidade distributiva em favor de seus eleitores, mas *cheios de respeito* pelos sagrados princípios do orçamento equilibrado, da deflação, do padrão-ouro etc." (idem, p. 245; grifo nosso), pois o modelo de sociedade não havia sido alterado. Além do mais, continuavam operando a partir do diagnóstico keynesiano de que a "causa do desemprego consistia na insuficiência de demanda. Assim, qualquer redistribuição de renda em favor dos que consumiam a maior parte do que ganhavam e qualquer expansão dos gastos do governo estimularia a produção e reduziria o desemprego" (idem, p. 246). Mesmo que, para o pensamento ortodoxo da economia da época, "o bem-estar dos pobres era um problema a ser resolvido pela caridade e não pela economia" e as reivindicações dos trabalhadores eram consideradas contrárias ao

---

25. O Partido Social Democrata ganha as eleições em 1932 na Suécia e rompe os grilhões da política monetária ortodoxa (Przeworski, 1989, p. 244). Partido esse que fica no poder de 1932 até 1988 — exceção de breve período de 1976 a 1982 —, o que dá uma grande estabilidade política e permite a implantação do que ficou conhecido como "modelo sueco", que se caracterizou pela aplicação de amplas medidas sociais, geralmente financiadas por impostos e numa intensa negociação entre os setores trabalho e capital (cf. Olof, 1991, p. 211-218).

desenvolvimento, o keynesianismo dá também a necessária "justificativa técnica" para um "compromisso de classes". E isto porque — e importa repeti-lo aqui —, na estrutura da teoria keynesiana, "é o consumo que fornece a força motriz para a produção", e, assim, "subitamente os trabalhadores e os pobres transformavam-se nos representantes dos interesses universais. Seu interesse particularista no consumo coincidia com o interesse geral da produção" (idem, p. 246).

Nesse "compromisso de classe" o Estado passa a exercer as funções de "fornecedor de serviços sociais e regulador de mercado" (idem, p. 247). Como consequências dessas medidas, "as relações sociais passam a ser mediadas por instituições políticas democráticas, em vez de permanecerem dependentes da esfera privada" (idem, p. 247). Segundo a análise do autor, "o compromisso de classe" sob a ideologia do keynesianismo se sustentou até o fim da década de 1960, criando oportunidades para que sob ela "diferentes grupos pudessem confrontar-se dentro dos limites de um sistema capitalista democrático" (idem, p. 248). Não estranha, pois, que aponte "a crise do keynesianismo" como sendo a "crise do capitalismo democrático" (idem, p. 248). Aqui convém retomar o significado de democracia, o que de certa forma já vimos anteriormente. Para Diaz, o Estado *Democrático* de Direito ainda está por ser construído, e sua proposta, para superar o Estado Social de Direito — que enquadra a ideologia keynesiana do Estado de Bem-Estar Social —, passa pela superação da "atual sociedade de massas". Para Diaz, "a Democracia exige participação *real* das massas; nesta perspectiva pode-se definir a sociedade democrática como sendo aquela capaz de iniciar um processo de *efetiva incorporação* dos homens, de todos os homens, nos mecanismos de controle das decisões, e de *real participação* dos mesmos nos *rendimentos da produção*. Sem tais elementos, uma sociedade de nosso tempo pode ser sociedade de massas — ainda que no nível mínimo de subdesenvolvimento e de subconsumo —, mas de modo nenhum será sociedade democrática" (1972, p. 150). Seguindo em sua proposta, passa a desdobrar ou mesmo denominar como "democracia formal" aquela "que tem sido a característica dos sistemas democráticos-liberais e, por seu turno, a 'democracia fictícia' (a pseudodemocracia) que corresponde aos sistemas totalitários fascistas" (idem, p. 153). Para ele "a 'democracia formal' é uma democracia insuficiente, mas a partir dela, apesar de todos os obstáculos, fica possibilitada a passagem para uma 'democracia real'" (idem, p. 145). Poderíamos perguntar em que consiste esta passagem? Na concepção do autor esta se constitui como sendo "a passagem do *capitalismo* para o *socialismo*". Surge, portanto, mais uma vez, "como sendo a passagem da democracia formal para a democracia real" (idem, p. 154; grifo nosso). A concepção de democracia em Przeworski, num primeiro momento, nos parece permanecer numa visão capitalista da democracia. Quando reflete sobre uma democracia afirmada, tendo em vista a negação do "compromisso de classe" que caracterizou o Estado de Bem-Estar social, esta se encontraria em perigo, ou então, estaria por ser negada na nova fase que se afirmava no pós-Bem-Estar, ou melhor dizendo, "é o primeiro momento desde a década de 1920 em que os proprietários do capital rejeitam abertamente um compromisso que implica influência pública sobre o investimento e a distribuição da renda. Pela primeira vez em muitas décadas, a direita [*sic*] possui um projeto histórico próprio: *libertar a acumulação de todas as cadeias impostas pela democracia*. Porque a burguesia não conseguiu completar sua revolução" (Przeworski, 1989, p. 258; grifo nosso). Mas, pelo contrário, se formos mais atentos, percebemos que ele incorporou a visão de Marx sobre a democracia capitalista que é, segundo citação do próprio Przeworski, a democracia que se sustenta a partir do "compromisso de classes" que deu sustentação ao Estado de Bem-Estar Social.

O autor é adepto dos que veem a sustentação da ideologia keynesiana como sendo "apenas a forma política de revolução da

ASSISTÊNCIA SOCIAL ENTRE A ORDEM E A "DES-ORDEM"   153

sociedade burguesa e não sua forma permanente de vida', 'só um espasmódico, excepcional estado de coisas [...] impossível como a forma normal de sociedade'" (Przeworski e Wallerstein, 1988, p. 31) Assim, a partir de Przeworski, "os trabalhadores consentem com a instituição da propriedade privada dos instrumentos de produção, e os proprietários desses instrumentos consentem com as instituições políticas que permitem a outros grupos apresentar eficazmente suas reivindicações" (1989, p. 257).[26]

Enquanto a produção continua abaixo do nível potencial, há incentivo para a demanda, mas ao chegar ao seu teto, passa a exigir novos investimentos. Partindo dessa reflexão, Przeworski faz sua crítica ao sistema keynesiano e ao Estado de Bem-Estar Social, uma vez que, "sendo esta produção potencial o teto máximo para a produção efetiva, o estímulo à demanda no curto prazo acaba por produzir efeitos negativos a longo prazo" (1989, p. 249). A burguesia, que do lado da oferta parece hegemônica, diz Przeworski, justifica a necessidade de *lucros para investir*. E "o aumento da produção requer investimento, o qual é financiado pela poupança que, por sua vez, é financiada pelo lucro. Portanto, o lucro é *condição* para o crescimento" (idem, p. 249; grifo nosso). Como, segundo essa visão, a "poupança constitui a mola propulsora para a acumulação", sempre conforme o mesmo autor, "como demonstram todos os estudos, a poupança dos trabalhadores é de pouca monta. Aumentar salários e transferências, bem como gastos com o 'bem-estar' parecem, pois, empecilhos ao crescimento. O mesmo se pode dizer da tributação sobre os ricos e de qualquer forma de intervenção

---

26. Compromisso esse "julgado inviável por Marx", conforme observação do próprio autor. "Pode ser válido lembrar que esse compromisso foi julgado inviável por Marx, que afirmou que a 'república burguesa' baseia-se em uma contradição que a torna inerentemente instável como forma de organização social. A combinação da propriedade privada dos meios de produção com o sufrágio universal, argumentou Marx, deve conduzir à 'emancipação social' das classes oprimidas, por intermédio de seu poder político, ou à 'restauração política' da classe opressora, por meio de seu poder econômico" (Przeworski, 1989, p. 243).

governamental que restrinja a lucratividade, mesmo que tais restrições reflitam custos sociais e externalidades negativas" (idem, p. 250). Assim os representantes do projeto da propriedade privada se veem autojustificados para deixar o "compromisso de classe" que para eles já perdeu o significado, diga-se, a importância, pois a fase da superprodução já foi resolvida. Não se pode dizer que nesse período não houvesse alguma melhoria para a classe trabalhadora. Certamente esta deu um passo à frente, ao menos para demonstrar uma face mais humana do capitalismo. O autor nos diz mais adiante: "os sonhos de uma utopia não podem ser substitutos para a luta por tornar o capitalismo mais eficiente e mais humano" (idem, p. 290). E ainda, "a pobreza e a opressão são uma realidade e não serão mitigadas pela possibilidade de um futuro melhor. A luta para melhorar o capitalismo é tão essencial quanto sempre foi. Contudo, não devem confundir essa luta com a busca do socialismo" (idem, p. 290).

Aqui o autor entra mais explicitamente naquilo que para ele seriam, propriamente, as causas do fim do Estado de Bem-Estar Social. Ou seja, aquilo que, para os conservadores, se constituirá num problema do fluxo do lucro como tal. O argumento de que com lucro baixo as empresas não investem é então justificado: "O argumento da direita é que tal situação é impraticável, pois sem uma remuneração futura suficiente os capitalistas não se absterão do consumo no presente" (idem, p. 251). Segue-se a isto que "as políticas da Direita, portanto, destinam-se a aumentar a taxa de lucro efetiva, reduzindo drasticamente as taxas nominais de tributação das vendas derivadas da propriedade, cortando gastos públicos não militares, eliminando todas as regulamentações limitadoras de lucro e restringindo o direito de organização e greve dos trabalhadores. Em troca, oferecem a promessa de investimento crescente, melhora da produtividade e aceleração do crescimento" (idem, p. 252). Colocam o lucro como condição para o investimento, renovação e ampliação do capital e prometem redistribuição futura, o que por si só não assegura uma melhoria nas condições de vida, uma vez que o "lucro pode ser entesourado, consumido, exportado ou mal investido" (idem, p. 257). Mais, a relação dos capitalistas com os trabalhadores "cessa quando termina o ciclo produtivo e os salários são pagos, nada existindo na estrutura do sistema capitalista de produção que garanta que os assalariados serão os que se beneficiarão de fato de uma parte do lucro (*sic*: = salário) ser, no presente, deles retirada sob a forma de lucro" (idem, p. 257). Qualquer compromisso que implique "influência pública sobre investimento e a tributação de renda" é rejeitado. Está na perspectiva e no projeto da direita libertar-se de qualquer controle externo ao mercado. Przeworski assim o descreve: "Na atual ofensiva da Direita não está contida simplesmente a questão da tributação dos gastos governamentais ou mesmo da distribuição da renda. Os planos para abrandar a tributação de lucro, abolir controles do meio ambiente, eliminar os programas de bem-estar, retirar do governo o controle sobre a segurança de produtos e as condições de trabalho e enfraquecer os sindicatos operários constitui mais do que uma reorientação da política econômica. Trata-se de um projeto para uma nova sociedade, uma revolução burguesa" (idem, p. 258). Nessa nova sociedade as relações sociais e políticas têm que se "despolitizar". A "tensão entre acumulação e legitimação seria superada: a acumulação autolegitimadora para aqueles que dela se beneficiassem, não sendo procurada nenhuma outra forma de legitimação [...] a reprodução da força de trabalho voltaria à alçada da iniciativa privada [...] as pessoas excluídas da participação em atividades remuneradas não teriam garantia de sobrevivência por nenhuma instituição", podendo mesmo ser ignoradas (idem, p. 258-259). Finalmente, como consequência de tudo isso, nessa "nova sociedade" os trabalhadores seriam desorganizados como classe; o poder de monopólio dos sindicatos seria efetivamente solapado. Os trabalhadores "seriam controlados por uma combinação de cooptação descentralizada por algumas empresas [...] e ameaçados pelo desemprego" (idem, p. 259). O autor nos coloca ante uma questão: qual a viabilidade de tal projeto nas sociedades democráticas? Em sua perspectiva, um tal projeto, em condições democráticas, "onde a participação eleitoral tem sido tradicionalmente intensa, onde os partidos da classe operária contam com o apoio eleitoral e onde o acesso ao sistema eleitoral é relativamente aberto [...] o projeto da direita parece fadado ao fracasso" (idem, p. 259). No entanto, e apesar disso, ele mesmo nos apresenta como nas sociedades ditas democráticas, nas quais o processo eleitoral é controlado pelos partidos das elites, pela repressão ou manipulado pelos meios de comunicação de massa, não será tão difícil vingar um projeto de sociedade nessa perspectiva. Implantar-se-ia, então, um sistema em que as "relações econômicas seriam despolitizadas. O planejamento econômico pelo governo seria abandonado. A legitimação ficaria por conta do mercado. Enfim, o 'açoite econômico' voltaria à cena como o mecanismo central do controle político" (idem, p. 259). Não é necessário que sejamos especialmente perspicazes para constatarmos que tudo isto está nos projetos e nos modelos de governos que se pretendem "modernos" ou modernizantes.

No entanto, para entender melhor em que consiste esse "novo" projeto da ordem e quais as perspectivas que se apontam para o atendimento social, depois de um *Welfare State* visivelmente em crise, é necessário que se aprofunde a reflexão sobre esta mesma crise.

CAPÍTULO 4

Crise do *Welfare State* e a assistência social na perspectiva do neoliberalismo

Quanto mais nos aprofundamos no estudo do desenvolvimento do Estado de Bem-Estar Social (*Welfare State*), mais detectamos notas evidentes segundo as quais as formas de proteção social propiciadas por esse modelo de Estado estão visivelmente em crise, da mesma forma como são apontadas crises na atual fase do desenvolvimento econômico.

Já assinalamos que uma das características do *Welfare State* é uma progressiva intervenção do Estado na Assistência e na economia, assumindo o custo dos gastos sociais. Agora, porém, uma das investidas mais fortes para a superação da crise será apregoar a retirada do Estado da economia com a consequente diminuição no investimento dos custos com estes gastos sociais e a volta, com todo o vigor, ao enaltecimento de menos Estado e mais mercado, ou seja, o enaltecimento das virtudes do livre mercado por uma das vertentes do liberalismo. Trata-se claramente de um novo projeto social global, com nova relação entre Estado e sociedade.

Ademais, é voz corrente a afirmação de que o *Welfare State* está em crise.[1] Parece também haver consenso no diagnóstico de que essa crise tem seu epicentro num impasse financeiro. Isto aparece claro quando lemos que "o Estado-providência está doente com a crise que atravessa. O diagnóstico é simples: as despesas sociais continuam a aumentar aos ritmos anteriores, acelerando-se por vezes (particularmente em matéria de subsídio de desemprego), enquanto as receitas (impostos e quotizações sociais), que são por natureza indexados pelo nível da atividade econômica, se reduzem. Daí um lancinante problema de financiamento, perceptível nos últimos dez anos em todos os países industrializados" (Rosanvallon, 1984, p. 7).[2] Ou, dito de outra forma e resumindo com Draibe, "em geral, reconhece-se de partida que a crise econômica atual vem solapando as bases de financiamento dos gastos sociais: seja pela diminuição de receitas e/ou das contribuições sociais, provocadas pela redução da atividade econômica, seja pelas pressões advindas do desemprego crescente e da aceleração inflacionária, que elevam os custos e as despesas sociais" (Draibe e Wilnês, 1988, p. 58). Isto, entretanto, não quer dizer que esses autores acreditem que as causas das crises estejam aí, como veremos mais adiante.

Importa saber quais as causas apontadas para essa crise, ou seja, o que dizem os conservadores, os neoliberais e o que dizem os progressistas sobre essa crise do *Welfare State*.

O *Welfare State*, como ponto focal, apresentava uma declarada postura favorável à Assistência e aos seguros sociais custeados pelo Estado. Se neste "novo projeto" não cabe mais tanto Estado, a quem competirá esse atendimento, ou melhor, quais são as perspectivas da Assistência no projeto neoliberal?

---

1. Sônia M. Draibe e Henrique Wilnês, em artigo de 1988, já apresentam um balanço da literatura internacional sobre esta crise do *Welfare State* (1988, p. 53-78).

2. Rosanvallon, Pierre. *A crise do Estado-providência*, onde analisa esta crise, especialmente a partir do caso francês.

ASSISTÊNCIA SOCIAL ENTRE A ORDEM E A "DES-ORDEM" 159

Estes são alguns problemas que levantamos neste capítulo, em que se busca aclarar a função da Assistência no percurso do projeto da ordem burguesa.

4.1 Concepções de "crise" e causas

O primeiro problema a enfrentar diz respeito à concepção da própria crise. O que significa para uns e para outros. Para os apologetas da "economia de mercado", segundo Brunhoff, "não há crise, mas somente flutuações passageiras que se compensam a longo prazo, onde prevalece o equilíbrio" (1991, p. 19-21). Portanto, estamos ante a crença da autorregulação do mercado, mercado este capaz de absorver os descompassos na economia. Nessa visão, as crises parecem ter formas apenas conjunturais. Isto evidentemente é questionado pelos críticos progressistas, também por Brunhoff ao longo de seu texto. Num subtítulo: "Teorias do mercado sem crises", diz que "os 'novos clássicos' não têm mais teoria da crise do que já tinha o pensamento econômico tradicional. *Para eles, a crise não é uma categoria econômica*" (idem, p. 34). O que há, no máximo, são "desequilíbrios temporários que geram flutuações de curta duração e que se corrigem por si mesmos" (idem, p. 34). São conhecidos também, sobretudo no século XIX, por "'ciclos de negócios'" (idem, p. 34). E mais, "o evento que deu origem ao ciclo é de algum modo absorvido, neutralizado. As recessões ou crises *não são problemas, mas soluções*" (idem, p. 34; grifo nosso). Deveras, quem já não ouviu essa afirmação de "bem-sucedidos" empresários de nosso tempo, como sendo a "ideia força" a iluminar o seu dia de negócios? Ainda, crises "fazem parte da restauração do equilíbrio dos mercados. Seu custo em falências e desemprego é considerado como inevitável: é apenas o aspecto temporário do restabelecimento das condições de retomada" (idem, p. 34). Partindo disso, podemos admitir, com a autora, que economistas contemporâneos, como Milton Friedman, "conservam o essencial das orientações do pensamento econômico tradicional" (idem, p. 35). Para ele, "em 1929 e depois, não houve crise inerente ao sistema econômico. O que ocorreu foi um acontecimento 'exógeno', ou seja, um erro enorme cometido por um dirigente do banco central americano, que pertence ao aparelho do Estado considerado como externo à economia" (idem, p. 35).

Quanto ao *Welfare State*, também não é crise o que houve nas últimas décadas de nosso século. Segundo eles, o que aconteceu foi resultante do choque "da quadruplicação do preço do petróleo, em 1973, sob o efeito da vontade política dos países árabes fornecedores" (Brunhoff, 1991, p. 21). Em relação a isso, percebe-se a posição claramente distinta da autora quando, ironicamente, diz que "na ausência de causas econômicas 'endógenas' ou de leis históricas, a procura das causas de distúrbio do equilíbrio é semelhante à dos 'bodes expiatórios', externos aos agentes econômicos 'normais'" (idem, p. 41). Ante essas afirmações e citando Say, afirma que "o interesse privado é o mais hábil dos mestres", e ele (o interesse privado) não pode ser fonte de desequilíbrio; desse ponto de vista, *não há diagnóstico da crise*. Apenas "uma identificação dos eventos perturbadores, que, a longo prazo, forçosamente desaparecem" (idem, p. 41).

Diante de posturas como essas frente à "crise", as opiniões sobre suas causas geradoras certamente também serão distintas. Tentaremos, a seguir, situar as causas da própria crise a partir da perspectiva quer de conservadores, quer de progressistas. Conservadores, não no sentido de manter e/ou defender o *Welfare State*, senão enquanto "pregadores" e defensores do neoliberalismo e que, muitas vezes e em sua maioria, o fazem a partir da matriz clássica do liberalismo com algumas variantes e diferenças para este século. De fato, uma vez que "o neoliberalismo contemporâneo é quase um eco da economia política liberal clássica" (Esping-Andersen, 1991, p. 85), não estranha que Milton Friedman — um dos maiores expoentes do neoliberalismo —, em entrevista a John Lichfield, se intitule "um 'verdadeiro liberal'" (Lichfield, 1992, cad. 3, p. 3).[3]

Para Friedmam e seus seguidores, conforme Draibe e Wilnês, o Estado de Bem-Estar Social é "o principal responsável por todas as dimensões da crise. O financiamento do gasto público em programas sociais trouxe consigo as seguintes perversões: ampliação do déficit público, inflação, redução da poupança privada, desestímulo ao trabalho e à concorrência intercapitalista, com a consequente diminuição da produtividade, destruição da família, desestímulo ao estudo, formação de 'gangues', criminalização etc." (1988, p. 75).

Progressistas são aqui considerados os que, além de serem críticos do *Welfare State* — e não no sentido da busca de um "bode expiatório" —, ampliam suas críticas à própria estrutura que vem da "iluminação" liberal, passando pela expressão do *Welfare State* e a tudo que hoje se pretende afirmar no neoliberalismo.[4]

Retomando Rosanvallon que já nos auxiliou no *diagnóstico* da crise, vemos que "os problemas de financiamento do Estado-pro-

---

3. Conservadores, no sentido clássico, são os que reagiram à Revolução Francesa. Ou seja, segundo Esping-Andersen, "a economia política conservadora surgiu em reação à Revolução Francesa e à Comuna de Paris. Foi abertamente nacionalista e antirrevolucionária e procurou reprimir o impulso democrático. Temia a nivelação social e era a favor de uma sociedade que preservasse tanto a hierarquia quanto as classes. *Status*, posição social e classe eram naturais e dadas; mas os conflitos de classes, não" (1991, p. 87). Segundo eles, "se permitirmos a participação democrática das massas e deixarmos que a autoridade e os limites de classe se diluam, o resultado é o colapso da ordem social" (Esping-Andersen, 1992, p. 87-88). Dessa forma, se num primeiro período a burguesia era vanguarda — como o reconhece o próprio Marx —, já na década de 1930 deixa claramente de sê-lo, passando a assumir claras posições ligadas às ideias acima, quer em relação à revolução, quer ao impulso democrático dos trabalhadores ou às outras demandas das classes sociais subalternas.

4. Embora os neoliberais, atualmente, se autodenominem progressistas, para efeitos deste trabalho vamos considerar as nominações de "conservadores" e "progressistas", conforme as características dos mesmos descritas acima.

vidência [...] já não nos remetem simplesmente para preocupações de equilíbrio das receitas e das despesas" (1984, p. 8). Deve-se, sim, apostar num *novo contrato social* entre os indivíduos, os grupos e as classes. O principal bloqueio do Estado-providência é, finalmente, de *ordem cultural e sociológica*" (idem, p. 8; grifo nosso).[5] Portanto, seguindo a exposição de Rosanvallon, a "crise deve ser entendida simultaneamente como crise de um modelo de desenvolvimento e crise de um sistema dado de relações sociais" (idem, p. 8). Remete, portanto, ao que é muito mais uma crise de estrutura do que apenas uma crise financeira, que na concepção do autor é conjuntural, uma vez que "o problema pode colocar-se em termos de modificação da repartição do financiamento: modificação das relações entre o salário direto (salário líquido) e o salário indireto (prestações e serviços sociais) no quadro de um custo salarial global evoluindo mais lentamente, diminuição da alta das cotizações sociais compensada por um aumento da carga fiscal (é o que se chama fiscalização)" (idem, p. 15). Entretanto, para que isto aconteça, é preciso que se atenda ao "limite sociológico para o desenvolvimento do Estado-providência e o grau de redistribuição" que o seu financiamento implica (idem, p. 15). Afirma ainda que "é prioritariamente em termos sociológicos e políticos que devemos abordar os problemas atuais do Estado-providência" (idem, p. 17),[6] porque "se torna

---

5. Explica-nos, inclusive, que o alargamento dos mecanismos de proteção social, por ocasião da crise, se daria justamente porque nesse momento acontecem "novos contratos". "Se o Estado-Providência progride por saltos, em particular por ocasião das crises, é porque estes períodos constituem tempos de provação, devido aos quais há uma reformulação mais ou menos *explícita do contrato social*" (Rosanvallon, 1984, p. 24). O mesmo acontece na "experiência do conflito armado porque aí tudo se passa como se a sociedade voltasse às origens imaginárias, à formulação inicial do pacto social" (idem, p. 25).

6. Uma nota sobre a análise da "crise do Estado-providência" de Rosanvallon nos parece aqui oportuna. Trata-se de um autor que apresenta a crise com o predomínio sociovalórico sobre o econômico. No entanto, pelo que pudemos depreender de sua leitura, amplia a crítica para além da estrutura da concepção liberal do bem-estar, o que também se aplica à sua recomposição da "sociedade solidária" numa proposta (= "Pós-social-

necessário *ultrapassar o quadro do Estado-providência* para superar as tensões que se exprimem a seu respeito" (idem, p. 8-9). A propósito, segue Rosanvallon, "a perspectiva liberal — em ação num número crescente de países nos últimos cinco anos — ignora esta dimensão do problema. Contenta-se em opor, de maneira muitas vezes encantatória, as virtudes do mercado à rigidez do Estado redistribuidor" (idem, p. 9).

Por sua vez, um crítico marxista do porte de O'Connor se coloca a questão da crise fiscal do Estado Capitalista de uma forma bem diversa. Sua tese parte do pressuposto de que "o Estado Capitalista tem que tentar desempenhar duas funções básicas e muitas vezes contraditórias: *acumulação e legitimação*. Isto quer dizer que o Estado deve tentar manter, ou criar, as condições em que se faça possível uma lucrativa acumulação de capital. Entretanto, o Estado também deve manter ou criar condições de harmonia social" (O'Connor, 1977, p. 19; grifo nosso).[7] Assim, as "despesas estatais têm um caráter duplo correspondente às duas funções básicas do Estado Capitalista: capital social e despesas sociais" (idem, p. 19). O capital social é "a despesa exigida para a acumulação privada lucrativa" e as despesas sociais "compreendem projetos e serviços exigidos para a manutenção da harmonia social — para cumprirem a função de 'legitimação' do Estado" (idem, p. 20). Ainda, "devido ao caráter social do capital social e das despesas sociais, quase toda despesa estatal atende a estes dois (ou mais) propósitos simultaneamente" (idem, p. 20).

---

democrata") (1984, p. 108). Necessita observar-se, no entanto, que não se trata de um crítico da envergadura de autores como O'Connor, F. de Oliveira, Brunhoff, Baran, Sweezy, Mandel e outros que elegemos como nossos intérpretes preferenciais na análise da crise do *Welfare State*.

7. Uma de suas observações referentes ao tema que estamos estudando é a seguinte: "O Estado deve envolver-se no processo da acumulação, porém, tem que fazê-lo mistificando sua política, denominando-a de algo que não é, ou tem que ocultá-la, por ex., transformando temas políticos em temas administrativos" (O'Connor, 1977, p. 19).

Portanto, essa teoria se opõe aos que pregam o agigantamento do Estado como causa da crise do *Welfare State*. Continuando nesta mesma linha, O'Connor argumenta "que o crescimento do setor público é indispensável à expansão da atividade privada, especialmente da atividade monopolista" (idem, p. 22). Uma tese, portanto, em "franco contraste com um dogma fundamental do moderno pensamento liberal — que a expansão das atividades monopolistas inibe o crescimento do setor estatal" (idem, p. 22). Ou seja, segundo O'Connor, o capital monopolista, na verdade, exige mais Estado. Em resumo, "quanto maior o crescimento do capital social tanto maior o crescimento do setor monopolista, maiores serão os *gastos públicos* em despesas sociais de produção" (idem, p. 22). Mas este não é o único problema. Muito mais do que isso — e como a segunda tese de seu trabalho —, nos demonstra "que a acumulação do capital social e de despesas sociais é um processo contraditório que cria tendências para crises econômicas, sociais e políticas" (idem, p. 22) inerentes, portanto, ao próprio *ser* do Estado do modo de produção capitalista, visto que "a causa base da crise fiscal é a própria *contradição da produção capitalista* — o fato de a produção ser social enquanto os meios de produção são de propriedade privada" (idem, p. 51). Ou seja, é a socialização dos custos, por um lado, e a apropriação privada dos lucros, por outro. Admite sim que "durante os anos da década de 1960, especialmente no final do decênio, a crise fiscal (e social) fez-se especialmente aguda. As economias capitalistas adiantadas tiveram dificuldades para combinar uma crescente capacidade excedente e uma base tributária estática. Uma concorrência internacional em ascensão e a estagnação econômica exacerbaram o conflito a propósito do controle do orçamento — a distribuição das despesas públicas e o fardo da tributação" (idem, p. 52). De forma que, entre 1970 e 1971, "o governo federal americano experimentou todas as armas do arsenal da política nacional numa tentativa desesperada de amenizar a crise" (idem, p. 52). Daí conclui que a "crise fiscal" é inerente aos processos produtivos capitalistas mais desenvolvidos e não é a causa da crise do *Welfare State*.

Chegados a esse ponto, será importante aduzir a reflexão de Francisco de Oliveira que, baseando-se especialmente no pensamento de O'Connor com relação à crise do Estado-providência, nos oferece novos elementos de análise. Oliveira parte do pressuposto de que o financiamento público para a *acumulação de capital* sempre esteve presente no Estado, mas que este "dependia ocasionalmente da *força* e da *pressão de grupos específicos*", dando-lhe "um caráter pontual". A par disso, o "financiamento público contemporâneo tornou-se *abrangente, estável* e marcado por regras assentidas pelos principais grupos sociais e políticos. Criou-se uma *esfera pública* ou um mercado institucionalmente regulado [...] a per-equação da formação da taxa de lucro pelo fundo público, o que o torna um componente *estrutural* insubstituível" (Oliveira, 1988, p. 9-10). Constituindo-se, através disso, um *"padrão de financiamento público* da economia capitalista" (idem, p. 8; grifo nosso).[8] Da mesma forma, "do lado da *reprodução da força de trabalho*, a ascensão do financiamento público não foi menos importante" (idem, p. 9), uma vez que com o aumento das despesas públicas no investimento em educação, saúde, pensões e outros programas, nos últimos anos, o crescimento do salário indireto "transformou-se em *liberação* do salário direto ou da renda familiar disponível para alimentar o consumo de massa" (idem, p. 10). Logo, o crescimento do mercado de bens de consumo duráveis foi alavancado pelas despesas sociais públicas ou do salário indireto. Dessa forma, "a presença dos fundos públicos, pelo lado dessa vez da *reprodução da força de trabalho*

---

8. Para o autor, o conceito "'padrão de financiamento público' é preferível aos termos normalmente utilizados no debate, tais como 'estatização' e 'intervenção estatal'." *Estatização* "leva a supor que a propriedade é crescentemente estatal, o que está muito longe do real". *Intervenção estatal* "induz a pensar-se numa intervenção de fora para dentro, escamoteando o lugar estrutural insubstituível dos fundos públicos na articulação dos vetores da expansão econômica" (Oliveira, 1988, p. 11).

e dos gastos sociais públicos gerais, é *estrutural* ao capitalismo *contemporâneo*, e é, até prova em contrário, insubstituível" (idem, p. 10; grifo nosso). Assim é possível entender que o "padrão de financiamento público do Estado-providência é o responsável pelo continuado déficit público nos grandes países industrializados" (idem, p. 10-11). E é "esse padrão que, segundo o autor, está em crise" (idem, p. 11).

A posição crítica de Oliveira já aparece no início de seu trabalho, não deixando dúvidas quando diz que "a crise do Estado--providência — e o termo frequentemente é mais associado à produção de bens sociais públicos e menos à presença de fundos públicos na estruturação da reprodução do capital, revelando pois um indisfarçável acento ideológico na crítica à crise — tem levado à 'crise fiscal do Estado' nos termos de James O'Connor (1977), devido à disputa entre fundos públicos destinados à reprodução do capital e fundos que financiam a produção de bens e serviços sociais públicos" (1988, p. 11).[9]

Algo que nos parece novo, ao menos no que concerne ao que temos visto até aqui, é que, ao contrário do pensamento conservador que, segundo Oliveira, vê na crise fiscal *"uma tendência estagnacionária"*, *ele a nega*. E, numa aproximação com O'Connor, como já vimos, diz que a questão está na "expressão da abrangência da socialização da produção, num sistema que continua tendo como pedra angular a apropriação privada dos resultados da produção social [...] expressando uma retração da base social da exploração" (idem, p. 12).

---

9. Aqui a posição de Brunhoff, reportando-se à França, também, é clara. "O déficit da segurança social e do seguro desemprego [...] são antes de tudo *resultado* da crise econômica" (1991, p. 59). Por sua vez, "para a ortodoxia liberal, a crise financeira do Estado-Providência não é uma consequência, mas uma causa da crise econômica" (idem, p. 61). Sua crítica ao financiamento público como causa da crise é total e aplastante, pois para a ortodoxia, "com ou sem déficit, o Estado-providência é por si mesmo uma fonte de desequilíbrio. Ele não se tornou um monstro porque ele sempre foi um monstro, desde o seu nascimento, que é ilegítimo, resultado de um estupro da 'economia de mercado'" (idem, p. 61).

Já na análise das causas da crise, afirma: "O rompimento do círculo perfeito do Estado-providência, em termos keynesianos, é devido, em primeira instância, à *internacionalização* produtiva e financeira da economia capitalista" (idem, p. 12), ou seja, a "regulação keynesiana funcionou enquanto a reprodução do capital, os aumentos de produtividade, a elevação do salário real, se circunscreveram aos limites — relativos, por certo — da territorialidade nacional dos processos de interação daqueles componentes da renda e do produto" (idem, p. 12-13). Por outro lado, a internacionalização foi "possível graças ao padrão do financiamento público do *Welfare State*". Com a *internacionalização "desterritorializam-se o investimento e a renda"*. Porém, *o financiamento do Welfare State permanece nacional*. Se na "circularidade" anterior os ganhos fiscais correspondiam ao investimento, isto já não mais acontece, pois a "crescente internacionalização retirou parte dos ganhos fiscais, mas deixou aos fundos públicos nacionais a tarefa de continuar articulando e financiando a reprodução do capital e da força de trabalho" (idem, p. 13). Só a partir dessa reflexão podemos concluir, com Oliveira, que "nos limites nacionais de cada uma das principais potências industriais desenvolvidas, a crise fiscal [...] *emergiu da deterioração das receitas fiscais e parafiscais*" (idem, p. 13 grifo nosso).[10]

Outro ponto enfocado por Oliveira é o papel do padrão de financiamento público constituindo-se em esfera pública e regularizando a produção, ou seja, "ele põe ordem na competição do capitalismo desorganizado", na expressão de Claus Offe (1989). Demarcando os setores oligopólicos (*acesso ao fundo público*) e o setor competitivo "primitivo" (excluído do acesso), dissolve-se a

---

10. Aqui o autor dá um toque, nem tão sutil, afirmando que certamente é por essa razão que a "chiadeira" contra o *Welfare State* — que põe "o acento nos gastos estatais para a produção de bens e serviços públicos" — se iniciou nos Estados Unidos de Reagan e na Inglaterra de Thatcher, uma vez que é nesses países que a performance das multinacionais é mais acabada (cf. Oliveira, 1988, p. 13).

formação da "taxa média de lucro" de Marx, formando uma taxa média distinta para cada um dos setores (cf. Oliveira, 1988, p. 14). Entre os diferentes "recortes" da economia, privilegia setores de tecnologia de ponta, contribuindo assim na possibilidade de aumentar a "taxa de lucro de cada capital em particular (pois na equação particular, a fração do fundo público utilizada não tem remuneração ou quando a tem é francamente subestimada) diminui a taxa global da economia" (1988, p. 14). De igual forma que nossos interlocutores anteriores, também ele se encontra entre os que veem no *Welfare State* apenas uma nova fase do próprio capitalismo, visto que "o surgimento do antivalor é a capacidade que o capital tem de aparecer sob novas formas, e não como desvios do sistema capitalista, mas como necessidade da sua lógica interna de expansão" (Oliveira, 1988, p. 19). Ou então, porque "a história do desenvolvimento capitalista tem mostrado com uma especial ênfase, depois do *Welfare State*, que os limites do sistema capitalista só podem estar na negação de suas categorias reais, o capital, e a força de trabalho" (idem, p. 19). Toca ainda num ponto muito sensível que é a fetichização da mercadoria quando, ousadamente, afirma: "De fato, a des-mercantilização da força de trabalho opera no sentido da anulação do fetiche; cada vez mais, a remuneração da força de trabalho é *transparente*, no sentido de que seus componentes não são apenas conhecidos, mas determinados politicamente" (idem, p. 19). Se o nosso interlocutor é ousado nessa afirmação, não deixa por menos no que segue, pois "pode-se, apenas, sugerir que no lugar do *fetiche da mercadoria* colocou-se o *fetiche do Estado*, que finalmente é o lugar onde se opera a viabilidade da continuação da exploração da força de trabalho, por um lado, e de sua des-mercantilização, por outro, escondendo agora o fato de que o capital é completamente social" (idem, p. 19). É por isso que não lhe falta autoridade para discordar de pensadores que, na sua concepção de crise do *Welfare State*, apontam como saída o Estado

ASSISTÊNCIA SOCIAL ENTRE A ORDEM E A "DES-ORDEM"   169

mínimo. Diz enfático: "Trata-se de uma verdadeira regressão, pois o que é tentado é a manutenção do fundo público como pressuposto *apenas* para o capital; não se trata, como o discurso da direita pretende difundir, de reduzir o Estado em *todas as arenas*, mas apenas naquelas onde a institucionalização da alteridade se opõe a uma progressão do tipo 'mal infinito' do capital" (idem, p. 25). Ainda em relação ao Estado, é bom recordar a contribuição de Brunhoff, no paralelo que faz entre o Estado de Keynes e o dos neoliberais. Segundo ele, "Keynes queria um Estado forte, capaz de impor a todos o aumento das despesas públicas e a manutenção do nível de vida dos assalariados para acabar com a crise econômica atribuída à insuficiência da 'demanda efetiva'. Os novos ortodoxos, eles também, [embora paradoxalmente o neguem] querem um *Estado Forte*, capaz ele próprio de respeitar e fazer admitir uma ordem social baseada na liberdade de empresa, para que a regulação pelo mercado atue plenamente" (1991, p. 43). Aqui aventamos algumas conjecturas, no sentido de que se hoje, na fase do império dos monopólios, quando os neoliberais vão execrando o Estado, não o fazem porque de fato querem um Estado mínimo, mas porque reconhecem a fragilidade do mesmo frente às transnacionais que subordinam tanto o Estado quanto os governos nacionais. E é ainda em nome desse Estado forte que se encontra uma das justificativas do investimento público, admitida mesmo pelos neoliberais, para as despesas militares, as únicas despesas do Estado que são deliberadamente aumentadas (tanto em grandeza relativa, ou seja, em sua relação com as outras, como em grandeza absoluta). Justificam-se, com efeito, "pela necessidade social e política de se ter um 'Estado forte' no quadro da soberania estratégica americana" (Brunhoff, 1991, p. 32).

Já é sabido que o *"Welfare State"* americano só se firmou na fase keynesiana devido ao alto investimento militar, que lhe valeu até mesmo a denominação de "Estado Militarista Providência"

(Warfare-*Welfare State*), na denominação de O'Connor (1977, p. 153 ss.).[11] E quando observamos a massa de investimentos para fins militares na política dos que se pretendem pós-keynesianos, em relação a eles, poderíamos colocar a mesma questão que Baran e Sweezy se colocaram quanto ao período anterior: "Por que a oligarquia que mantém tão curtas as rédeas das despesas civis torna-se nas últimas décadas tão liberal para com os gastos militares?" (1978, p. 179).[12] Seria porque, conforme os mesmos autores, "os gastos governamentais maciços na educação e bem-estar tendem a solapar posições privilegiadas", enquanto "ocorre o oposto com gastos militares" (idem, p. 209), que, além de manter, reforçam as posições privilegiadas em detrimento de desigualdade para outros? Ou, como pretende Navarro, "este crescimento dos gastos militares corresponde a uma política explícita de reindustrializar a América" (1991, p. 204). Vemos, portanto, que além de exigir um Estado forte, também a política dos neoliberais — aqui se tratando dos americanos — é intervencionista. Continua o autor, "a intervenção do governo, porém, não para aqui. O governo americano empresta ou

---

11. Baran e Sweezy, explicando o relativo sucesso do *Welfare State* americano, a partir da absorção do excedente pelo investimento militar, concordam com essa afirmação quando dizem que "basta assinalarmos que a diferença entre a profunda estagnação da década de 1930 e a prosperidade relativa da década de 1950 é perfeitamente explicada pelas enormes despesas militares desta última" (1978, p. 178). E, apontando para vários índices analíticos a respeito desse investimento, como que concluindo, continuam: "Segue-se disso que, se o orçamento militar fosse reduzido às proporções de 1939, também o desemprego voltaria às proporções observadas em 1939" (1978, p. 170).

12. No artigo "Welfare e 'Keynesianismo militarista' na era Reagan", Vicente Navarro analisa argumentos dos "anti-*Welfare State*" em relação aos gastos e nos mostra que, enquanto os gastos militares aumentam, os gastos sociais diminuem. O aumento dos gastos do setor público no governo Reagan se deve ao "aumento dos subsídios e da compra de bens e serviços", o qual, segundo o autor, "foi possibilitado pela transferência sem precedentes de fundos federais do setor social para o militar, e por um enorme aumento do déficit federal" (Navarro, 1991, p. 204). Isso, traduzido em dados, nos mostra que "desde 1980, o orçamento da defesa dobrou; em 1990 ele terá triplicado a partir do início da década. Este crescimento dos gastos militares foi possibilitado, em grande parte, por reduções nos gastos sociais. Entre 1982 e 1985 os gastos militares aumentaram em 90 bilhões, ao passo que os gastos sociais sofreram um corte de 75 bilhões de dólares" (idem, p. 204).

avalia um trilhão de dólares, o que faz dele o maior banco de investimento do mundo. À luz de todos esses fatos, é difícil justificar uma definição do governo americano como não intervencionista" (Navarro, 1991, p. 204). Na verdade, pela análise de Navarro, trata-se do "keynesianismo social versus o keynesianismo militarista", ou então, Regan suplantaria o keynesianismo clássico, na medida em que "interveio não só no mundo do consumo, mas também no da produção" (idem, p. 207).

O que diferencia os neoliberais de Keynes, na visão crítica de Brunhoff, é que Keynes não atribuía "utilidade econômica às despesas públicas". Na concepção de Keynes, a utilidade estaria "ligada aos efeitos multiplicadores que essas despesas podem ter sobre o emprego e a renda. Nessa perspectiva, o 'Warfare' (Estado militarizado) não é inferior ao 'Welfare' (Estado da proteção social). O que importa é a *massa das despesas públicas*" (Brunhoff, 1991, p. 29). Mas é justamente a utilização de "critérios de utilidade e de rentabilidade para julgar as despesas públicas", das quais Keynes não queria se valer, "que agora é preconizada pelos novos liberais" (idem, p. 31), estabelecendo o que Brunhoff chama de "ruptura entre Keynes e os novos liberais" (idem, p. 33), quando estes estabelecem "uma hierarquia de *legitimidade* das despesas públicas" (idem, p. 33). Manifesta-se assim que, na ótica neoclássica, "esse novos ortodoxos admitem o aumento das despesas militares, mas *também* a redução das despesas sociais do Estado, referentes às modalidades de seguro público" (idem, p. 33). As "medidas de intervenção pública", na concepção dos neoliberais, perdem o estatuto de elementos econômicos mas também as desconsideram como "reformas, já que é mau tudo o que não é bom para a iniciativa econômica privada" (idem, p. 34).[13]

---

13. É também a partir dessas concepções que é possível aventar algumas das diferenças entre a política keynesiana de Reagan e a de seus predecessores. Conforme análise de Navarro, podemos ver que "Reagan vem estimulando a demanda através de gastos militares,

Como já foi visto anteriormente, para os novos ortodoxos, "crise não é uma categoria econômica", admitindo eles, no máximo, "desequilíbrios temporários que geram flutuações de curta duração e que se corrigem por si mesmos" (idem, p. 35). Logo, "se o Estado tivesse desempenhado seu papel normal quanto à emissão central da moeda, talvez não tivesse havido crise alguma" perturbando a antecipação de preços pelos agentes econômicos privados, já que "o crescimento inesperado da massa monetária perturba os equilíbrios econômicos 'reais'" (idem, p. 37). É essa a percepção da causa da crise que aparece na visão de Friedman, conforme a análise de Brunhoff (idem, p. 35-37).

Rosanvallon, no entanto, em todas essas reflexões é enfático ao dizer que "a dúvida sobre o Estado-providência não pode, portanto, ser entendida unicamente do ponto de vista da regulamentação dos equilíbrios econômicos que o regem. Não é apenas a extensão do Estado ou o peso das despesas sociais que está em causa. Esta dúvida manifesta um abalo muito mais profundo: são as relações da sociedade com o Estado que são objeto de uma interrogação. Se há crise, é nesse sentido" (1984, p. 26). Apresenta, a seguir, suas três "possíveis" explicações para a crise: a *primeira* estaria ligada à "Finalidade", mesmo que o Estado-providência tenha conduzido a uma importante redução das desigualdades (idem, p. 26). A questão recai sobre os objetivos do Estado-providência. Há a formação de "uma *dúvida sobre a igualdade* como finalidade social" (idem, p. 26). A *segunda* se daria quanto aos "Limites da solidariedade". Surge uma crise de solidariedade, porque "num contexto de crise econômica, a sociedade é menos exteriorizada, o crescimento deixa de desempenhar seu papel de lubrificante social" (idem, p. 26). Exige-se maior necessidade de "laço social", de "viver

---

e não sociais: seu keynesianismo é do tipo militarista; e Reagan avançou mais que outros presidentes, não só estimulando o consumo, mas também intervindo no mundo da produção" (Navarro, 1991, p. 205).

em conjunto", mas, paradoxalmente, "essa crise não é explosiva, a sociedade mantém-se 'fria'" (idem, p. 26). Isto se dá porque o Estado-providência, como um "agente central de redistribuição e, portanto, de organização da solidariedade, funciona como uma grande *interface*: substituiu o frente a frente dos indivíduos e dos grupos" (idem, p. 33). Artificializa os contatos sociais, mecanizando-os, na expressão do autor, e multiplicando os "efeitos sociais perversos. A *interface* é produtora de irresponsabilidade e de contração social" (idem, p. 34). Ninguém é responsável por ninguém. Também a "ineficácia econômica" e a "perda de autonomia e isolamento crescente dos indivíduos para quem o Estado é o principal recurso" alimentaram a crise do Estado-providência. Nesse sentido, diz: "Formulo a hipótese de que nasce um mal-estar da progressão a frio, mecânica, do Estado-providência se não for acompanhada de nenhum elemento simbólico de reformulação do contrato social" (idem, p. 26). A *terceira* explicação que o autor apresenta consistiria na "Modificação da Equação Keynesiana", através da qual o "Estado-providência sempre foi atacado e vilipendiado por certos interesses. Mas um *compromisso social presidia à sua existência e ao seu crescimento*" (idem, p. 26-27; grifo nosso). Que o *Welfare State* se sustenta em torno da ideologia do "*compromisso*" ou de um *contrato social* já nos foi lembrado por Przeworski (1989, p. 243 ss.) e Ewald (1987, p. 386-387), respectivamente. O que acontece é que as "críticas da direita e as insatisfações da esquerda entrecruzam-se" e ganham eco na opinião pública. Deveras, sempre segundo Rosanvallon, "há uma alteração dos termos daquilo a que chamo o *compromisso keynesiano*" (1984, p. 27). Para explicá-lo aduz uma observação que Keynes, profeticamente, teria feito já em 1940: "Parece estar politicamente excluído que uma democracia capitalista organize despesas suficientes para realizar a grande experiência que verificaria as minhas teses — a não ser que se verifique uma guerra". De fato, diz o autor, "só depois da segunda guerra mundial as políticas keynesianas serão aplicadas" (idem, p. 42). Nisso se baseia

Rosanvallon para dizer que "é impossível analisar o desenvolvimento do Estado-providência na sua etapa Keynesiana unicamente do ponto de vista da lógica do capital" (idem, p. 42) e que a própria "afirmação um pouco desiludida de Keynes recorda que o desenvolvimento do Estado-providência está igualmente ligado à existência de um compromisso social, quer seja formulado de maneira implícita ou explícita" (idem, p. 42).

4.1.1 Por que a crise se apresenta na década de 1970?

Depois de nos situarmos num quadro mais geral sobre as explicações da crise e suas causas, nas quais percebemos enfoques diferentes entre conservadores e progressistas — para continuar essa análise —, será interessante observar por que, mesmo a partir de causas distintas, tanto uns quanto outros a situam na década de 1970. Será importante tentar responder a essa questão. Aí certamente iremos encontrar novamente algumas explicações divergentes que nos permitirão entender melhor a derrocada do *Welfare State*, deixando um caminho livre para os que propõem — na visão dos que fazem parte do *status quo*, ou seja, do sistema — uma saída na afirmação do neoliberalismo.

Offe, aqui, nos apresenta o que chama de "lista de indicadores que produzem um quadro razoavelmente uniforme do que vem acontecendo desde meados dos anos 1970" (1989, p. 283), uma vez que se deve levar em conta as variações dos Estados de Bem-Estar, tanto na Europa Ocidental como nos EUA. Em relação ao porquê das diferenças, ou seja, no que concerne às características específicas do bem-estar social europeu e americano, temos, outrossim, uma interessante observação na análise de Natham Glazer,[14] segundo o

---

14. Natham Glazer, segundo editorial da referida revista, é professor da Universidade de Harvard. "Especialista em Previdência Social, dos mais amplamente respeitados do país,

qual "na Europa estas práticas [as políticas sociais] se desenvolveram como parte de um ideário mais amplo: eram os fragmentos sobreviventes de uma derrotada utopia e essa utopia, talvez a realizar-se algum dia, sempre existiu como suporte de uma política social" (1990, p. 37). Enquanto isso, nos "Estados Unidos as mesmas propostas tiveram de ser apresentadas em terreno puramente pragmático: não eram fragmentos sobreviventes de uma grande visão utópica. Eram simplesmente maneiras sensíveis de tratar de problemas" (idem, p. 37). Na Europa, ao menos como espectro, havia algo da ideologia socialista, o que já não se encontra nos Estados Unidos. Numa tentativa de responder às necessidades imediatas, sem alusão a uma "imagem maior", encontra-se, segundo o autor, "a dimensão ideológica do problema da imperfeição na política social americana" (idem, p. 37).

Mas voltemos às indicações de Offe para entendermos o porquê da crise da década de 1970. Assinala, *primeiro*, "uma crise contínua e às vezes um tanto dramática de perdas e derrotas eleitorais para partidos social-democratas e socialistas" (1989, p. 283). Como uma *segunda* causa, acentua que "houve uma descontinuidade marcante e muitas vezes abrupta, na evolução do nível *absoluto* dos gastos do Estado de Bem-Estar, conduzindo à estagnação ou ao lento declínio dos orçamentos, em contraste com um contínuo aumento de gastos durante praticamente todo o período após a Segunda Guerra Mundial" (idem, p. 284). Uma *terceira* indicação, em Offe, como causa da crise desse período, refere-se a um "declínio ainda mais acentuado nas transferências e serviços do Estado de Bem-Estar *relativamente* ao nível da necessidade, que é, ele próprio, causado pelo desemprego e pelas mudanças econômicas tanto demográficas quanto setoriais" (idem, p. 284). Com o aumento do desemprego e uma diminuição nos orçamentos, os serviços se

---

Glazer é antes de tudo um pragmático difícil de ser classificado no aspecto ideológico" (1990, p. 34). Já Draibe o coloca explicitamente entre os conservadores (1993, p. 89).

deterioraram e o que antes era tido como direito passou a ser concebido como benefício. Uma última indicação é o fato que uma "crescente lacuna entre o que costumava ser considerado necessidade e os serviços e benefícios realmente fornecidos não levou a um conflito em larga escala e/ou militante em defesa do Estado de Bem-Estar e sua contínua expansão" (idem, p. 284). Aqui temos uma importante contribuição em Rosanvallon, quando diz que o Estado de Providência foi uma "progressão mecânica que se realizou a frio" (1984, p. 31), visto que seu "desenvolvimento não foi acompanhado de nenhum movimento social significativo: ausência de revolta, ausência de explosão. Historicamente foi a primeira vez que este fenômeno se produziu. Todos os avanços do Estado-providência tinham estado anteriormente ligados a um significado social forte. [Mas], atualmente, nada disso acontece. Os mecanismos de redistribuição e de assistência *cresceram sem intenção política deliberada*. O Estado-providência não progrediu por cálculo da burguesia (para 'prevenir' uma explosão social), nem pela conquista de novos direitos de operários. [...] seu custo econômico apresenta-se a *todos sem uma verdadeira compensação política*" (idem, p. 31; grifo nosso). Estas são as razões que encontra para argumentar a favor da compreensão de que a crise do Estado-providência nada mais é que uma crise de "compromisso social". De fato, como vimos acima, "os descontos aumentaram sem que se observasse o mínimo elemento simbólico de reformulação do compromisso social" (idem, p. 31). Ainda, voltando ao fato de que o mesmo Offe continua afirmando que a crise se situa em torno da década de 1970, paralelamente às "mudanças" na política e nas ações políticas, "ao nível da opinião da elite e da ideologia da *esquerda* política, o componente *igualitário coletivista* de sua herança teórica está perdendo importância, enquanto os ideais e projetos *libertários, antiestatizantes e comunitários* tornam-se cada vez mais dominantes" (1989, p. 285). Isto fica claro quando cita Przeworski e Wallerstein, segundo os quais "o dilema da esquerda é que a única maneira de melhorar as condições materiais dos trabalhadores e dos pobres no capitalismo é através de uma intervenção estatal maciça, e o Estado não parece ser um mecanismo de intervenção confiável" (in Offe, 1989, p. 285). E, comentando Habermas (1985, p. 149 ss.), afirma que o Estado de Bem-Estar "se encontra ante um duplo problema, enfrentando a desconfiança, de um lado, do núcleo da classe trabalhadora e das categorias sociais em ascensão que abandonam os ideais coletivistas e, de outro lado, daqueles que, embora reconhecendo a conquista de alguma justiça social pelo Estado de Bem-Estar, também se conscientizam de sua contradição interna entre o poder estatal e o 'mundo vivido', ou entre o método do Estado de Bem-Estar e seus objetivos" (in Offe, 1989, p. 286). Mais adiante retornaremos a Offe, quando veremos que apresenta um desdobramento maior sobre as causas da crise do *Welfare State*.

Uma observação que não pode deixar de ser feita é em relação ao Estado de Bem-Estar da Suécia, que ficou conhecido como "modelo sueco". Este se estabeleceu basicamente a partir do longo período dos social-democratas no poder (1932-1976 e 1982) (cf. Olof, 1991, p. 221), que lhe deu uma caracterização muito específica. Deveras, o "que interessa destacar é que a social-democracia, como partido de governo, conseguiu em diversas áreas e matérias pôr-se de acordo com um ou mais partidos de oposição. [...] justamente naquelas áreas que representaram passos importantes no desenvolvimento da Suécia em direção a um amplo e avançado *Welfare State*" (Olof, 1991, p. 217). Nas "décadas de setenta e oitenta, a temperatura política na Suécia se elevou alguns graus" e "as composições políticas mudaram" (idem, p. 221-224). Algumas dificuldades econômicas se produzem, prevalecendo na Suécia com um *Welfare State* marcado com a "tradição pragmática da colaboração" (idem, p. 226).

Ainda, situando o início da crise — ao menos na sua forma aberta — na década de 1970, encontramos em *A crise do capital*, de Mandel, análises exaustivas, uma vez que ele se dá o trabalho de analisar as muitas crises havidas no capitalismo, estabelecendo os constantes ciclos recessivos e retomados na trajetória no capitalismo (1990, p. 221 ss.).[15] Estabelece ainda que "entre 1974 e 1975, a economia capitalista internacional conheceu a sua primeira recessão generalizada desde a Segunda Guerra Mundial, sendo a única, até então, a golpear simultaneamente *todas* as grandes potências imperialistas" (idem, p. 9). Além de qualificá-la como primeira após a Segunda Guerra Mundial a golpear a todos, diz ainda que "a recessão generalizada desde 1974/75 é uma *crise clássica de superprodução*" (idem, p. 23). E, altercando com os conservadores e suas explicações sobre as causas da crise, continua: "É preciso afirmá-lo tanto mais categoricamente quanto muitos meios se esforçam, pelas necessidades de uma causa que não é puramente acadêmica, para atribuir a responsabilidade dessa recessão generalizada aos 'xeiques do petróleo', ou até mesmo aos sindicatos e aos aumentos excessivos dos salários" (idem, p. 23). Portanto, segundo ele, o "caráter clássico" da recessão atual se evidencia sobretudo quando levamos em "consideração os dois traços que dominam a evolução da conjuntura a longo prazo". Vê a recessão como a *"conclusão de uma fase típica de queda de taxa média de lucros"* e *"a capacidade ociosa da produção da indústria* como *anteriores* à alta de preço do petróleo" (idem, p. 23-26).[16]

É mais ou menos consenso entre os vários autores que após a Segunda Guerra Mundial houve crescimento econômico nos prin-

---

15. Segundo Mandel, "desde a formação do mercado mundial do capitalismo industrial houve exatamente vinte crises de superprodução, com intervalos mais ou menos regulares. São elas as de 1825, 1836, 1847, 1857, 1899, 1873, 1882, 1891, 1900, 1907, 1913, 1921, 1929, 1937, 1949, 1953, 1958, 1961, 1970, e a de 1974-75" (1990, p. 37). Observamos que tomou "para cada uma (crise) sua data de eclosão no país capitalista que dominava na época o mercado mundial, isto é, a Grã-Bretanha antes da I Guerra Mundial e os Estados Unidos depois" (idem, p. 33-37).

16. Reportando-se à produção americana desperdiçada para fins militares e paramilitares, diz Mandel: "Podemos deduzir uma não utilização quase permanente para fins produtivos perto de um terço da capacidade instalada de produção nos Estados Unidos", detectando aí sua "crise atual" como "crise clássica de superprodução capitalista" (1990, p. 26).

ASSISTÊNCIA SOCIAL ENTRE A ORDEM E A "DES-ORDEM"

cipais países capitalistas. Brunhoff é taxativa quanto a isso. Segundo ela, "após a Segunda Guerra Mundial, trinta anos de crescimento econômico dos países capitalistas desenvolvidos, apesar de grandes flutuações nos Estados Unidos principalmente, parecem ter consagrado a contribuição das ideias keynesianas e a fecundidade da política econômica" (1991, p. 29-30). Mas Mandel dá uma explicação bem mais cabal a essa expansão a partir do que denomina "ondas longas" e "revoluções tecnológicas".[17]

Situa a "onda longa expansiva" (1940 a 1966) como resultante da "superexploração da classe operária realizada pelo fascismo e pela Segunda Guerra Mundial [...], que permitiu uma alta pronunciada da taxa da mais-valia e, dessa forma, da *taxa de lucro*" (Mandel, 1990, p. 26-27; grifo nosso). Isto levou a uma nova acumulação de capitais, "utilizada para tornar possível pôr em marcha em grande escala a terceira revolução tecnológica", produzindo uma taxa de lucro extra, conhecida como "rendas tecnológicas", sobretudo para os "monopólios tecnologicamente de ponta" (Mandel, 1990, p. 27). Essa revolução tecnológica, portanto, ocasionou "o prolongamento da expansão 'em condições ideais' para o capital [...] com uma taxa de lucro elevada e um nível de vida real das massas trabalhadoras em elevação, isto é, um mercado em expansão" (idem, p. 27).

Aqui o autor, a partir do desdobramento que faz da própria revolução tecnológica, afirma que esta contém um potencial de "uma concentração acentuada do capital". Além disso, o "longo período de 'pleno emprego'" reforçou "consideravelmente o peso objetivo da classe operária" e "a força de suas organizações de massa". Isso porque estariam aí as "dificuldades crescentes para o

---

17. Mandel analisa essas questões especialmente em *O capitalismo tardio*. Situa a quarta "onda longa" entre 1940, nos EUA, e 1945, nos demais países imperialistas, até fins de 1966, quando se dá a "terceira revolução tecnológica", caracterizada pelo controle da aparelhagem eletrônica (semiautomação) e "gradual introdução da energia nuclear" (Mandel, 1982, p. 83-84ss e 92-93).

capital em compensar a elevação da composição orgânica do capital por uma alta contínua da taxa de mais-valia a partir dos anos 1960". Mandel deduz decorrer disso a "erosão inexorável da taxa média de lucros, que, em correlação com a difusão cada vez mais universal das características da terceira revolução tecnológica", objetiva também a consequente erosão das "rendas tecnológicas", acabando por determinar uma inversão da "onda longa" (idem, p. 27). Posiciona-se claramente contra os que colocam a crise no apetite dos árabes, dizendo: "Numerosos autores não apreenderam de modo algum essa imbricação entre a 'crise do petróleo' e a inversão mais a longo prazo da conjuntura econômica, assinalada pela expansão da capacidade ociosa, isto é, pela superprodução constante e pela queda da taxa média de lucros" (idem, p. 27).[18]

Não bastasse a clareza anterior, mais adiante, num capítulo em que afirma ainda que "as causas fundamentais da recessão não foram eliminadas" (idem, p. 73), reafirma com ênfase que "a recessão generalizada de 1974-75 não foi nem produto do acaso, nem de algum 'acidente de percurso' (a alta do petróleo) da economia capitalista internacional. Ela é *resultado de todas as contradições fundamentais do modo de produção capitalista*, que vieram progressivamente à superfície, após haverem sido parcialmente contidas graças à inflação durante dois decênios (nos EUA durante dois decênios e meio) de crescimento acelerado" (idem, p. 73). E, como que desvendando a função da crise para o capital, nos coloca diante do ciclo 1976-80 — uma "breve retomada" — mas "muito limitada para reabsorver o desemprego" (idem, p. 161). Isto se deve ao fato de que a "'*função histórica*' da recessão de 1974-75, para a

---

18. Sobre o fato de a crise ser atribuída à alta de petróleo, Mandel assim se expressa: "O efeito do aumento do preço do petróleo e das rendas suplementares obtidas pelos países-membros da OPEP sobre a conjuntura econômica geral foi muito exagerado. Um mito persistente pretende mesmo considerá-lo a causa essencial da recessão de 1974-75. Além das funções ideológicas ou diretamente políticas de uma tal afirmação, seu caráter ilógico é evidente" (Mandel, 1990, p. 37).

burguesia internacional, foi precisamente a de acabar com o 'pleno emprego' como objetivo prioritário da política econômica, monetária e social e de reintroduzir um desemprego massivo permanente, para obstruir o 'mercado de trabalho'" (idem, p. 161).[19] Ainda, a "premiação de Nobel de Ciências Econômicas ao professor Milton Friedman em 1976 foi, desse ponto de vista, o *símbolo* da '*contra-revolução antikeynesiana*' que se produziu no campo da ideologia econômica burguesa, refletindo um deslocamento de prioridades socioeconômicas da classe capitalista no campo material e da luta de classes" (idem, p. 161-162). Segue dizendo que "os representantes da burguesia internacional" não "mascararam as palavras" quando afirmam que "'o desemprego é, portanto, o custo social para se acabar com a inflação'" (idem, p. 162). Como confirmação de sua tese volta à análise de "Marx de mais de um século", segundo o qual "o capitalismo não pode sobreviver a longo prazo sem exército industrial de reserva, isto é, sem desemprego" (idem, p. 163). E conclui, irônico: "Todos os nossos bons social-democratas e outros reformistas que afirmaram que a 'economia mista', na qual consideram que vivemos, não é mais economia capitalista tiveram, mais uma vez, suas expectativas frustradas" (idem, p. 163). Dessa forma nos mostra sua posição em relação à economia keynesiana, na medida em que essa não passa de uma fase da economia capitalista com seus ciclos de crise de superprodução, inerentes ao próprio desenvolvimento do sistema capitalista.

No capítulo sobre "a explicação marxista dos ciclos",[20] fala de elementos que "resultam da situação e das contradições específicas

---

19. *Política econômica* se refere à "economia mista" do período keynesiano nos países capitalistas desenvolvidos, período em que, segundo Brunhoff, a intervenção econômica do Estado assumiu o nome de *políticas econômicas*, que nada mais foi que o conjunto de medidas discricionárias que afetam a economia nacional, através do orçamento (política *financeira*), da política *monetária* (ação sobre o crédito e a taxa da câmbio) e da política *salarial* (regulamentação dos salários, instalação dos regimes de seguro) (cf. 1991, p. 22).

20. Ciclos de 1971-/75, 1976-82, e 1982-86(7) (Mandel, 1990, p. 221).

da economia capitalista internacional no início dos anos 1970" e de uma "convergência de cinco crises de tipo diferente" (idem, p. 221). A primeira seria *uma crise clássica de superprodução*", limitada que foi em "duração e profundidade por um *'deficit financing'* e uma expansão de crédito em grande escala"; a segunda, *"a combinação da crise clássica de superprodução com a mudança brusca de 'onda longa'"* (fim da quarta onda longa ou da terceira revolução tecnológica); a terceira, "uma nova fase da *crise do sistema imperialista*, da qual a alta do preço do petróleo e as negociações sobre 'uma nova ordem econômica mundial' não são senão reflexos indiretos"; a quarta, "uma crise *social e política agravada nos países imperialistas* que resultam por um lado, da conjugação entre a depressão econômica e um ciclo específico ascendente das lutas operárias", e por outro, "das reações provocadas pela tentativa da burguesia imperialista de impor aos trabalhadores o peso da crise e da redistribuição mundial da mais-valia"; a quinta, "finalmente, *a conjugação dessas quatro crises* com a profunda crise estrutural da sociedade burguesa de mais de um decênio [que] acentua a crise de todas as relações *sociais burguesas* e, mais particularmente, a *crise das relações de produção capitalista*". Dessas crises todas decorre que "a credibilidade do sistema capitalista — no sentido de poder garantir a melhoria permanente do nível de vida, o pleno emprego e a consolidação das liberdades democráticas — está fortemente minada em função das reincidências da recessão" (idem, p. 221-222). Dessa forma nos situa de maneira bem mais detalhada no que vem a ser a crise que se iniciou em meados dos anos 1970 e que se desdobra no que ficou conhecido como a crise do *Welfare State*. Também em Brunhoff encontramos um raciocínio nesta mesma linha, quando nos assegura que "nenhuma política econômica foi capaz de impedir a explosão de uma crise, que atingiu *todos* os países capitalistas desenvolvidos, em 1974-1975" (1991, p. 31; grifo nosso). De fato, "a crise econômica tornou-se aberta em 1974, por ocasião da quadruplicação do preço do petróleo" (idem, p. 44). Também o *"forte crescimento* de após-guerra" é lembrado por ela, o qual, no entanto, já vem "comprometido desde os meados dos anos 1960 pela baixa rentabilidade do capital, que cedeu lugar a um período de 'estagflação': alta de preços, aumento do desemprego. No fim dos anos 1970, os governos conservadores da Grã-Bretanha e dos Estados Unidos adotaram políticas chamadas de 'desinflação', à custa de um desemprego elevado. O objetivo do pleno emprego da mão de obra nacional deixou de ser prioritário" (idem, p. 31).

Aliás, quando se trata do *Welfare State* keynesiano, ou seja, de sua crise, é indispensável uma reflexão sobre a categoria do "pleno emprego", permanente cavalo de batalha da ideologia do Estado de Bem-Estar Social. Tanto Mandel, quanto Brunhoff e outros se referem à crise, na qual um dos pontos, a saber, "o objetivo do 'pleno emprego' deixaram de ser objetivo prioritário", provocando desemprego elevado (Brunhoff, 1991, p. 31) e/ou desemprego massivo permanente, para obstruir o "mercado de trabalho" (Mandel, 1990, p. 161). A propósito, Clarke, que também analisou a crise do *Welfare State*, escreve: "Embora depois da guerra houvesse medo de uma depressão com rápido aumento do desemprego, logo ficou claro que o perigo principal era a inflação". E segue: "Enquanto as medidas keynesianas eram amplamente utilizadas para refrear as pressões inflacionárias e a retórica keynesiana era moeda corrente, nenhum governo na década do pós-guerra comprometeu--se com a filosofia keynesiana do pleno emprego, às expensas do compromisso de conter a inflação" (1991, p. 146).

Isso tudo pode explicar-se pelo fato de que para "os 'novos clássicos' não têm mais teoria sobre a crise do que já tinha o pensamento econômico tradicional" (Brunhoff, 1991, p. 34), ou seja, para eles, as crises não são mais problemas, senão que fazem "parte da restauração do equilíbrio de mercados". Portanto, "o custo em falências e desemprego é considerado como inevitável: é apenas o aspecto temporário do restabelecimento das condições de retomada" (idem, p. 34). Um desdobramento lógico, portanto, vem a ser a categoria do *"desemprego voluntário"* que vem do pensamento clássico do mercado. A este, Keynes "opunha a ideia de um *'desemprego involuntário'"*, que é imposto aos trabalhadores e não escolhido por eles (idem, p. 36) e que os neoliberais agora transformam em noção de *"desemprego natural"* — "uma noção totalmente empírica", segundo Brunhoff, "pois provém de uma constatação efetuada a partir de um levantamento estatístico. Ele é desprovido de fundamento teórico" (idem, p. 36-37). Logo, "sendo 'natural', o desemprego não é índice de crise econômica para os autores neoclássicos" (idem, p. 37). Ou ainda, isto tem lógica no pensamento dos monetaristas, para os quais "a inflação é um fenômeno puramente monetário, efeito de um excesso da oferta da moeda, que perturba as antecipações dos agentes econômicos privados" (idem, p. 37).

Como para a sociedade de mercado a moeda e o trabalho são mercadorias, conforme já vimos anteriormente em Karl Polanyi (1980, p. 81 ss.), o excesso de oferta de trabalho também inflaciona o seu preço, levando muitos a não oferecer mais seus serviços (= desemprego voluntário). Ou, por outro caminho, "pela ideia de que a inflação é um fenômeno puramente monetário, efeito do excesso da oferta da moeda, que perturba as antecipações dos agentes econômicos privados" (1991, p. 37). Da mesma forma, a "'inflação salarial' (alta muito grande dos custos salariais) é um subproduto de uma emissão excessiva da moeda pelo Estado" (idem, p. 37). Haveria então uma alta monetária (artificial) que também poderia provocar um crescimento na taxa de emprego — também artificial em relação à taxa "natural" e um aumento do preço da "mercadoria trabalho". Isto levaria os assalariados a obter "um salário monetário mais elevado, o que estimula alguns a empregar-se *acima do limite da taxa de desemprego natural"* (idem, p. 37; grifo nosso). Entretanto, tão logo percebem que seu "salário *real* não aumentou com seu salário nominal 'deflacionado' pela alta dos preços dos produtos, eles deixam de oferecer os seus serviços.

ASSISTÊNCIA SOCIAL ENTRE A ORDEM E A "DES-ORDEM"

Então, após um desequilíbrio passageiro, volta-se à taxa *'natural'* (equilíbrio) do *desemprego"* (idem, p. 37). Logo, na concepção dos neoliberais não existe o desemprego estrutural, ainda que somem milhões os famintos que já não conseguem ou nunca conseguiram encontrar emprego em período algum.[21]

A concepção de *desemprego natural* é uma das maiores justificativas para se derrubar a concepção de *pleno emprego* da concepção do *Welfare State* keynesiano. Portanto, o desemprego em massa vem somar-se às causas de sua crise. No "plano ideológico, o centro do terreno foi então ocupado por uma nova ortodoxia favorável à regulação da economia de mercado" (idem, p. 31). Uma vez que a política econômica keynesiana é considerada incapaz de conter a crise, consequentemente "perdeu sua legitimidade" (idem, p. 31).

Para os progressistas, a crise está na diminuição da rentabilidade do capital, ou seja, na queda da taxa de lucros, que não tem nada de acidental, mas parte do próprio modo de funcionamento do capitalismo, independentemente do que marca o seu início. Desta vez é Brunhoff que nos traz os conceitos marxistas de *"exploração e acumulação* de capital", para fornecer à "análise das crises um quadro teórico que não se poderia encontrar na nova ortodoxia" (idem, p. 44). Como a "acumulação do capital alimenta-se do lucro" e como "só o trabalho assalariado pode fornecer uma mais-valia, um valor líquido acrescido em relação aos salários pagos para remuneração dos trabalhadores" (idem, p. 45), nos parece que está

---

21. Conforme Mandel, "a recessão de 1974-75 deixou uma taxa de desemprego estrutural que a OCDE (Organização para Cooperação de Desenvolvimento Econômico) avaliou em 15,5 milhões no conjunto dos países imperialistas no final de 1976. Ao término de 1977, a mesma OCDE estimulou que o desemprego havia crescido no conjunto dos países imperialistas para 16,3 milhões e previu que atingiria, em 1978, 17 milhões de desempregados oficialmente recenseados" (1990, p. 163). Para a situação atual do Brasil, vejam-se os dados apresentados, no final de 1992, tanto pelo IPEA quanto pelo NEPP da Unicamp e do Instituto de Estudos Políticos e Sociais do Rio de Janeiro, no que concerne aos índices salariais e de desemprego e suas consequências em relação à pauperização crescente em nosso país; "em 1990, de cada 10 brasileiros, 4,4 eram pobres e 2,3 indigentes" (IPEA).

aqui a "galinha dos ovos de ouro" do capital. Por isso, é crucial sua relação com o emprego e desemprego, ou seja, com o homem que é portador dessa "mercadoria" específica que é o *trabalho*. Nossa hipótese, portanto, é que é necessário que haja momentos, no próprio projeto do capitalismo, em que esse homem seja atendido mais especificamente para aumentar o quociente trabalho, amparando-o com Assistência farta, seguro-desemprego etc., como aconteceu no período do *Welfare State* keynesiano. Entretanto, e ao mesmo tempo, à medida que o trabalho se fortalece em sua organização e combatividade, todo esse "incentivo" tem que ser retirado. Ou, então, quando sua organização é tão frágil, incapaz de reivindicar, em nome da *regulação do mercado*, se lhe retira o que se havia proposto na fase anterior, diga-se, pelo mesmo sistema. Ou seja, os serviços se deterioram tanto, de forma que o que parecia ser um direito passa a ser apenas um benefício. Logo, uma Assistência mais ampliada ou mais enxuta fazem parte de uma mesma lógica. E, ao que tudo indica, estamos entrando numa "nova" fase dessa mesma lógica em que a Assistência necessita ser enxugada, ainda que o seja a partir de uma explicação no campo da ideologia de que isto sirva justamente para estimular o trabalho e o trabalhador.

Tentando avançar um pouco mais na caracterização, análise e compreensão das causas da crise do *Welfare State* apontadas por críticos progressistas e/ou conservadores, e uma vez melhor situados, queremos saber do porquê dessa crise aparecer nos anos 1970, continuando, finalmente, nosso paralelo sobre as causas da mesma.

Retornaremos a Claus Offe (1989), que nos apresenta "a ascensão do Estado de Bem-Estar" como correlacionada a "variáveis como crescimento econômico, participação política das massas e centralização burocrática e ao crescimento das tendências coletivistas nas ideologias dominantes e na opinião pública" (1989, p. 286). Vemos logo que, além de reforçar as posições de autores progressistas vistos anteriormente, que além de desdobrar as causas apresentadas ao situá-las nos anos 1970, acrescentam alguns novos ingredientes. Se a sucessão do Estado de Bem-Estar Social tem a ver com as questões acima, *sua crise* consistirá, em última análise, na sua diluição. Para mostrar-nos isso, o autor apresenta algumas causas que são, a nosso ver, responsáveis pela desestruturação de comunidades de interesses conscientes em sociedades industriais desenvolvidas e, portanto, "de fundamentos culturais e normativos do Estado do Bem-Estar" (idem, p. 309). Como *primeira causa*, fala das "crescentes disparidades de oportunidades de vida entre a totalidade dos trabalhadores assalariados" como um impedimento para estabelecer um "certo grau de comunhão de interesses" (idem, p. 309-310). Uma *segunda causa* estaria ligada ao aumento do que se chama de "crescimento sem emprego". Ou seja, há crescimento, ainda que pessoas se encontrem em "condições de desemprego manifesto, desemprego disfarçado, marginalizado do mercado de trabalho, ou que são destituídas da capacidade de ser empregadas ou, ainda, desincentivadas a participar do mercado de trabalho" (idem, p. 310). Normalmente, estas "categorias de pessoas, intensamente dependentes da provisão de transferências e serviços do Estado de Bem-Estar, são, no entanto, as mais vulneráveis politicamente" (idem, p. 310), fazendo com que haja "poucos motivos para que a classe média proprietária e o capital, ou mesmo os pertencentes ao núcleo da classe trabalhadora, adotem como próprios os interesses materiais dessa 'classe excedente'" (idem, p. 310). Uma vez que não oferecem perigo de conflito ou resistência, não motivam para que se invista em políticas de Bem-Estar para elas. Já a *terceira causa* surge de uma situação econômica determinada e em grandes dificuldades que necessitaria de uma forte aliança política para reativar o investimento em Bem-Estar. As forças que comporiam essa aliança estariam sem expressão. Ou seja, há uma espécie de "lei da gravidade" também social e política. Ou então, na síntese do autor: "Em termos um tanto simplistas, é preciso uma política para erigir um Estado de Bem-Estar, mas meras mudanças econômicas podem destruir seus componentes fundamentais e as fontes potenciais de resistência a tal destruição" (idem, p. 312). Uma *quarta causa*: tanto as *metas* (o atendimento aos serviços) "deparam-se com um declínio do apoio político" como também os *meios* (intervenção burocrática e profissional) "parecem ter perdido grande parte de aceitação, sendo muitas vezes considerados à luz corrosiva de um jogo distributivo explorador" (idem, p. 312). A *quinta causa* tem a ver, segundo o autor, com o comportamento político da "classe média" (profissionais qualificados, técnicos de grandes instituições) que, na verdade, seriam os mais beneficiados. No entanto, "quanto maiores a renda e os privilégios, maior se torna a inclinação para procurar *alternativas privadas* aos serviços do Estado de Bem-Estar" (idem, p. 313). Refere-se ainda — o que a nosso ver é um ponto nevrálgico — à questão dos *valores* do Estado de Bem-estar Social, deixando o caminho preparado para aquilo que a nova ortodoxia valoriza, a saber, um *preconceito* de *status*, "com a formação de identidades do tipo moralizante e/ ou particularista" (idem, p. 314), uma vez que o atendimento do Estado é para "categorias supostamente inferiores em termos morais" (mães solteiras — desempregados — minorias étnicas). Em relação ao comportamento político da "classe média", lembra ainda as lutas e campanhas de "caráter externo à classe" (movimentos pelos direitos civis, feministas, ecológicos...) que são como que novas formas de luta política da classe média, o que a leva a dar menos importância à luta por previdência social. *Sexta causa*: "O desaparecimento de um programa ou projeto político plausível e moralizador na esquerda europeia" (idem, p. 315). Em relação a isso apresenta suas observações, das quais a primeira seria "a patente incapacidade dos governos — inclusive social-democratas — de aplicar terapias causais e preventivas aos problemas socioeconômicos, que o Estado de Bem-Estar precisa então solucionar de maneira *ex-post* e compensatória, dedicando-lhes um volume cada vez maior de dinheiro" (idem, p. 315). Causas de fundo não são resolvidas, seja para atender os bem empregados com salário desemprego, visto que para eles deveria existir uma política de pleno emprego, seja no que concerne às questões de saúde, em que se fala da "explosão de custos", o que o leva a concluir que mais beneficiados são os fornecedores dos serviços do que os usuários. Outra observação estaria ligada diretamente à eficácia e legitimidade do Estado de Bem-Estar. É questionada a sua capacidade de implementar padrões morais de justiça redistributiva, visto que "como efeito combinado dessas mudanças estruturais, podemos prever a ascensão de orientações de comportamento de eleitores e cidadãos que apoiam políticas anti-Estado de Bem-Estar, não fundamentalmente por más intenções, impulsos irracionais ou mudança súbita em direção a valores e atitudes neoconservadores e pró-liberdade de mercado, mas devido a condições e preferências formadas racionalmente em resposta às realidades sociais percebidas e às experiências vivenciadas com a prática dos Estados de bem-estar existentes" (idem, p. 317). Entretanto, isso, "não significa que a análise neoconservadora e os argumentos empíricos sobre os quais se baseia a sua validade sejam 'verdadeiros' em qualquer sentido objetivamente comprovável, nem que estejam 'certos' de acordo com critérios relevantes de legitimidade política e justiça social" (idem, p. 317). Como alternativa de uma eventual superação desse paradigma sugere que "tudo isso, somente pode ser desafiado por uma esquerda democrática que avance de suas posições defensivas tradicionais e adote novos conceitos, metas estratégicas, cujas linhas gerais atualmente permanecem, em grande medida, indefinidas" (idem, p. 317).

Pudemos constatar que as causas apresentadas pelos progressistas, ainda que com algumas diferenças, todas apontam para a necessidade de uma nova estrutura de sociedade, pois as análises convergem para a ideia de que a crise do *Welfare State* é uma crise do próprio capitalismo.

O movimento reacionário, de "posturas e manobras polêmicas prováveis de serem assumidas por aqueles que se propõem a desmascarar e fazer retroceder políticas e movimentos de ideias 'progressistas'" a partir da tese do "efeito perverso",[22] é apontado por Hirschman na análise de "Duzentos anos de retórica reacionária" como um fator de crise, enquanto ele mesmo situa a crítica do *Welfare State* na "terceira onda reacionária" (Hirschman, 1989, p. 104). Demonstra como determinadas ações, "tendentes a aumentar os direitos do Homem — seja nas esferas civis, políticas ou sociais — desencadeiam com frequência movimentos 'reacionários' opostos a tais práticas" (Hirschman, 1990, p. 48). Quanto à regressão que ora se manifesta nas novas impostações, diz que "estamos chegando agora à terceira onda reacionária: a crítica contemporânea do *Welfare State* e as tentativas de fazer *retroceder* ou 'reformar' algumas de suas providências são manifestações disso, mesmo pondo em risco avanços anteriores" (cf. Hirschman, 1989, p. 107).

Para nos dizer o que significa para o pensamento conservador a ação do efeito perverso, Hirschman nos apresenta um dos atuais expoentes do pensamento conservador americano, Charles Murray. Antes, porém, ainda nos informa que o raciocínio de Nathan Glazer, outro analista político americano (visto acima), "era suavemente 'sociológico' demais para o *estado de espírito conservador mais pesado que entrou em voga nos anos 80*" (Hirschman, 1989, p. 116), situando-nos também cronologicamente em relação ao pensamento conservador. Quanto à "formulação de Charles Murray do *efeito perverso* da política de Bem-Estar Social, este retornou ao raciocínio embotado dos proponentes da Reforma da Lei da Assistência Social na Inglaterra do século XIX. Inspirado, com eles, pelas verdades econômicas mais simples, ele argumentava que assistência pública aos

---

22. Por efeitos perversos da proteção social entende-se o fato de que se cria, se produz ou se incentiva o que se quer combater. É por isso que são julgados "contraprodutivos", economicamente. Já Malthus, no início do século XIX, teria criticado as "leis dos pobres" inglesas a partir da concepção destes mesmos "efeitos perversos". Para ele, as leis assistenciais "criavam os pobres que elas próprias ajudavam" (Brunhoff, 1991, p. 96-97).

ASSISTÊNCIA SOCIAL ENTRE A ORDEM E A "DES-ORDEM"

pobres, tal como existe nos Estados Unidos, age como um incentivo irresistível àqueles que estão trabalhando ou potencialmente trabalhando com baixos salários [...] para que se juntem à filas da previdência social e para que fiquem lá — para sempre 'prisioneiros' da preguiça e da pobreza" (Hirschman, 1989, p. 116).

Diante disso, o argumento de Rosanvallon, de que "há uma crise de representação do futuro" (1984, p. 29), nos abre para uma nova percepção, na medida em que "o Estado-providência já não é puxado para frente pela abertura de novos horizontes... É posto em causa, debatendo-se entre a vontade conservadora de voltar atrás, de uns, e a incapacidade de pensar na sua transformação, de outros" (idem, p. 29). Entrementes, ao nos dizer isso, já nos alerta também para o fato de que a explicação ainda não é satisfatória, uma vez que "não é apenas a relação da sociedade com o seu futuro que está em causa", senão que "é o futuro da própria estrutura social que está em jogo através da dúvida quanto às *finalidades* do Estado-providência, pois o problema posto é o da *igualdade na sociedade*" (idem, p. 30; grifo nosso).

Aqui cabe perfeitamente a questão de como pode a igualdade constituir-se num problema, se ela já vem sendo afirmada como *o valor máximo* (liberdade, fraternidade, igualdade) no próprio cerne do ideário burguês clássico? Paradoxalmente, porém, "a dinâmica do Estado-providência assenta, de fato, num programa *ilimitado*: *libertar a sociedade da necessidade e do risco*" (idem, p. 27). O problema, portanto, consiste em que, enquanto se afirma a igualdade, na verdade, se busca "libertar a sociedade da necessidade e do risco", coisas aparentemente incompatíveis na ordem dada. E não bastasse isso "é nesse programa que se baseia a sua legitimidade". E mais, é este o paradoxo que está "no cerne do desenvolvimento de todos os sistemas de proteção social" (idem, p. 27-28).

Com Rosanvallon poderíamos perguntar-nos: por que o programa de atendimento à necessidade é limitado? (idem, p. 28). Isto acontece precisamente porque a *necessidade sempre precisa* ser vista como uma *referência histórica e social*. Ou, dito por Rosanvallon, "o sistema das necessidades confunde-se com a dinâmica social. A necessidade só existe fundamentalmente como manifestação de uma situação de divisão social. Nasce da observação de uma diferença ou do desejo de a reduzir: a dialética das necessidades é toda ela estruturada pela dinâmica social da *igualação* e da *diferenciação*" (idem, p. 28; grifo nosso). Logo, a função do Estado-providência "de *libertação da necessidade* reforça a da *igualdade*. O Estado-providência é bem, neste sentido, o produto da *cultura democrática e igualitária moderna*" (idem, p. 29; grifo nosso). E é aqui, segundo o autor, que "deve ser compreendida a interrogação atual sobre os seus limites" (idem, p. 29). Coloca, portanto, o cerne da crise do Estado de Bem-Estar como sendo uma crise de igualdade. Sobre onde não devem ser buscadas as causas da crise, diz que "todas as análises mecânicas ou quantitativas, baseadas na procura de limiares físicos ou organizacionais, podem ser parcialmente justificadas, mas não penetram verdadeiramente no cerne do problema que emerge de maneira difusa e ainda confusa: a subida de uma questão radical no sentido de dinâmica igualitária deste Estado-providência" (idem, p. 29). Quando o autor anteriormente nos afirmava que a crise do Estado-providência nos coloca o problema quanto à representação do futuro, coloca-nos também diante da seguinte questão: "*a igualdade é um valor que ainda tem futuro?*" (idem, p. 30). Retomando a dúvida, podemos continuar perguntando por que está sendo questionado agora, quando já por longo tempo parecia ser o "objetivo natural" da ação das sociedades sobre si mesmas? Novamente é Rosanvallon que nos faz ver que o "valor igualdade funcionou intelectualmente sem problemas [...], enquanto se tratou de o inscrever numa norma jurídica, civil (igualdade para todos perante a lei) ou política (sufrágio universal). O objetivo era sempre claramente situável e definível. Já assim não sucede desde que se trate de lhe conferir uma tradução *social e econômica*, apesar de logicamente complementar" (idem, p. 30). Por sua vez, é no primeiro caso — a igualdade civil ou política — que ela se "traduz pela determinação de uma norma *idêntica* para todos [...] é a *abolição radical das diferenças* de estatuto civil ou político" (idem, p. 30), como produção da igualdade identitária. Ao passo que a segunda — a procura da igualdade econômica ou social — "apresenta-se de outro modo: exprime-se como vontade de *redução das desigualdades*" (idem, p. 30). Afirma-se que se "o neoliberalismo defende a legitimidade da desigualdade" é porque nele os conservadores procuram mais "defender a *desigualdade como diferença*" (Lamoureux, 1986, p. 58; grifo nosso). Quanto a isso, observa Rosanvallon, "hoje em dia ninguém pensa (pelo menos publicamente) que a redução das desigualdades econômicas ou sociais não constitui um objetivo social fundamental. E no entanto, também ninguém reivindica a igualdade identitária neste domínio" (1984, p. 30). E afirma ser este "o paradoxo central das sociedades democráticas", porque é "no seu cerne que deve ser lido o abalo intelectual do Estado-providência" (idem, p. 30). Com a crise torna-se claro que algo estremece neste seu fundamento, fazendo com que surja "uma fissura no edifício de nossa cultura democrática igualitária" (idem, p. 30).

Nessa mesma linha se coloca Lamoureux, apresentando a crise do *Welfare State* como a crise da igualdade. Para ela, "a crise financeira atual do Estado-providência serve de ótimo pretexto para se colocar em questão e tentar reformular o consenso *societal* sobre os objetivos desejáveis de igualdade" (1986, p. 55). Apresenta como sua hipótese "o debate sobre a temática da *igualdade e da justiça social*", na medida em que este "constitui uma das chaves que nos permitem apreender certas questões que agitam a nossa época. Mais ainda, que este debate constitui um dos focos centrais das reformulações a vir" (idem, p. 56). Não tem dúvidas sobre o que afirma, já que: "a ideologia igualitária é uma das figuras mais alvejadas pela ofensiva neoliberal e pela onda conservadora" (idem, p. 56). Isto nos leva a constatar que a crise do *Welfare State*, como crítica à igualdade, tem seu *alvo* na própria *igualdade*, sempre afirmada, mas que, hoje, está no centro da crise do Estado de Bem-Estar Social, sendo o seu objeto fulcral.

Os neoliberais, "abastecendo-se em fontes da tradição liberal clássica" — promoção pelo mérito, enaltecimento das virtudes autorreguladoras do mercado, desconfiança com relação à intervenção estatal, igualdade de chances para os indivíduos —, "alimentam sua defesa por um retorno à liberdade e à justiça *contra a igualdade*" (Lamoureux, 1986, p. 56-57; grifo nosso). Como já vimos anteriormente, a igualdade reconhecida é uma igualdade inscrita nas normas jurídicas, civis e políticas e não nas econômicas e sociais. Esta ideia é aqui reforçada quando se diz que os "neoliberais reconhecem a *justiça processual* (ou legal) e não a justiça social" (idem, p. 57), uma vez que a "concepção clássica da justiça repousa, com efeito, sobre regras que balizam a competição e não sobre os resultados". Logo, as *disparidades* e as *desigualdades* são "justas e legítimas se elas repousam sobre transações livremente consentidas: a igualdade é uma igualdade de vontade, repousando sobre a igualdade diante da lei e a igual proteção das leis" (idem, p. 57). Portanto, "são as regras do jogo que devem ser equitativas e não os jogadores que devem ser iguais" (idem, p. 57). É este o fundamento, uma vez que se parte do pressuposto de que todos entram no jogo com chances iguais. No entanto, é bom lembrar que para os neoliberais igualdade de chances "se traduz pela oportunidade para todos de concorrer" (idem, p. 57) e não "igualdade de condições de partida [...] nem principalmente, a igualdade de resultados, radicalmente inadequados aos olhos dos neoliberais (idem, p. 57).

Retomamos nossa hipótese afirmando que uma Assistência mais ampliada, mais "generosa" ou uma outra mais controlada e mais enxuta, fazem parte da mesma lógica. Dependendo das forças conjunturais que se apresentam ora mais favoráveis às questões da "ordem" capitalista, ora mais fortalecidas do lado das questões do trabalho. A Assistência pode então oscilar, de acordo com a hegemonia e a pressão das diferentes forças, entre apresentar-se como um direito ou voltar a ser apenas um benefício com todas as caracterizações e diferentes roupagens já apresentadas. De posse dessas observações e mais bem situados quanto à crise do *Welfare State* em suas diferentes acepções, a perspectiva da Assistência na fase do neoliberalismo que ora se apresenta, será objeto do próximo item que, na verdade, faz parte do segundo objetivo que nos propusemos na análise do presente capítulo.

4.2 A Assistência Social na perspectiva do neoliberalismo

Como o objetivo central desta segunda parte do trabalho é localizar a Assistência e seu significado ao longo da trajetória do Projeto da Ordem Burguesa, também nesta nova fase, ou seja, na afirmação do que atualmente se convenciona denominar de neoliberalismo,[23] queremos situar-nos quanto ao espaço e os contornos que nele terá esta mesma Assistência. O que aqui está em jogo é, deveras, uma problemática que ultrapassa de longe nossa capacidade de apreensão imediata e, mais do que isso, à formulação

---

23. Em falarmos em neoliberalismo, é difícil dizer do que realmente se trata. Não constitui um corpo teórico propriamente dito; não é também um conjunto de regras práticas harmonicamente ordenadas e válidas para além de um momento dado. Sônia M. Draibe, em "As políticas sociais e o neoliberalismo", nos dá conta da dificuldade que existe na exata compreensão conceitual e categorial do que se quer dizer quando se trata do neoliberalismo. Com ela nos questionamos: será uma "reinvenção do liberalismo com a introdução de "formulações e propostas muito mais próximas do conservadorismo político e de uma sorte de darwinismo social"? (1993, p. 86). Muito mais do que uma teoria elaborada, parece ser muito mais "um *discurso* e um conjunto de regras práticas de ação (ou de recomendações), particularmente referidas a governos e a reformas do Estado e de suas políticas" (Draibe, 1993, p. 88). O que certamente caracteriza o neoliberalismo é a teoria do "Estado mínimo" (ou não seria, por acaso, a *Privatização do Estado*, do que se fala no Brasil, por grupos restritos, mas muito poderosos e influentes?). Por isso, a dificuldade decorrente da carência de uma conceptualização rigorosa do que seja o neoliberalismo acompanhará necessariamente as páginas que seguem.

de respostas a questões tão centrais como: o que fazer quando a conduta se pauta pelos princípios do "'justo conduto' da justiça processual" que "deixa livre curso às forças do mercado para que haja uma produção geral de riquezas, concorrência para produzi--las e recompensas adequadas para aqueles que aí chegam?" (Lamoureux, 1986, p. 57); ou ainda, que concepção se terá da Assistência nessa nova fase, quando se passa a defender um "retorno à liberdade e à justiça, contra a igualdade?" (idem, p. 57); ou então, para quem fica o atendimento, quando nesta nova fase se tem uma indisposição manifesta em relação ao Estado, principal prestador de serviços assistenciais no *Welfare State*? São estas e uma série de outras questões que devem ser pensadas para que se detectem algumas perspectivas da Assistência no projeto do neoliberalismo.

Inicialmente, importa registrar que não se pretende aqui analisar as características da Assistência nesta fase, mas somente apontá-las, assim como perceber o seu significado para poder detectar o possível espaço que ela terá no projeto neoliberal. O problema real que agora se coloca poderia ser formulado da seguinte forma: se o fim do *Welfare State* é uma investida contra a igualdade, seja pela sua negação ou reformulação, continua havendo algum projeto para o que antes se denominava bem-estar? Se houver, que características terá? Quem serão seus beneficiários?

Na verdade, o que se discutirá é o confronto que se estabeleceu entre a *igualdade* e a *diferença*. Estas serão duas categorias importantes que nos ocuparão no decorrer das páginas seguintes. E, desde logo, para que fique bem caracterizado, vejamos que: "a benemerência *hors-marché* (fora do mercado) se ocupará das desigualdades gritantes, pois os liberais sempre continuam acreditando, apesar de tudo, no dever moral da assistência. *O limite: que este não se transforme em direito para as minorias, para os marginalizados e para os excluídos do sistema*" (Lamoureux, 1986, p. 57; grifo nosso). Portanto, o que se pretende é, agora, uma assistência marginal e limitada — que não seja alçada a um direito — e apenas para si-

ASSISTÊNCIA SOCIAL ENTRE A ORDEM E A "DES-ORDEM" 197

tuações extremas, pois "defender a desigualdade como diferença, é *opor-se obstinadamente aos programas de acesso à igualdade*, porque se as mulheres, os negros e outras minorias ficam para trás no curso da vida, não é por ausência de real igualdade de chances, mas porque eles são diferentes" (idem, p. 57). Tal é a característica da assistência resultante desta "nova" concepção de "igualdade". "Vive la liberté, vive la fraternité", mas chega de "égalité" (*IstoÉ*, 1992, p. 59) são slogans que vêm se popularizando entre nós. É a demonstração mais do que evidente de um acentuado recuo nas práticas igualitárias. As próprias estatísticas estão aí para indicar que na esteira dessas concepções há um acentuado aumento da pobreza.[24]

Ainda dentro dessa mesma concepção — negação da justiça social ou da igualdade — do "não direito", e somente "para situações extremas" — portanto, com um alto grau de seletividade —, constatamos em Peter Taylor-Gooby, ao analisar a "Política Social da 'Nova Direita'", o seguinte: "Os serviços previdenciários estatais que forem mantidos devem se direcionar *estritamente aos pobres*, já que podem ser justificados como parte de um programa destinado a *aliviar as necessidades extremas* através de uma ação humanitária coletiva, e *não como uma política dirigida à justiça social* ou *à igualdade*, que possa ser interpretada como um direito dos necessitados" (Taylor-Gooby, 1991, p. 171).

Sônia M. Draibe já detectara isso ao afirmar que "para os liberais, mais claramente para nossos contemporâneos neoliberais e conservadores, a renda mínima (em geral sua versão em dinheiro) expressa uma dada concepção do papel do Estado, que deveria oferecer tão somente, aos desfavorecidos, um certo grau de segurança social, a política social, sendo então pensada de modo *residual*,

---

24. J. Lamoureux se refere a um breve período, como o de 1981-1984, em que houve um crescimento da pobreza na proporção de 12% para 14,7%, que, nas palavras do autor, atingiu "escandalosamente os mais pobres dos pobres" (1986, p. 59).

apenas complementar àquilo que os indivíduos não puderem solucionar via mercado ou através de recursos familiares e da comunidade" (1990b, p. 19-20, cf. também 1993, p. 90). É isso que deduz analisando Friedman, para quem oferecer algo "acima disso já seria um desestímulo ao trabalho" (1990b, p. 20).[25] Continuando sua reflexão sobre este mínimo, Draibe não duvida que "de uma concepção de programas assistenciais dirigidos aos *pobres*, evoluiu-se para a concepção de *mínimos sociais garantidos* a toda a cidadania e preferentemente dispensados sob a forma de um recurso financeiro, de alocação universal" (idem, p. 21), observando ainda que "é óbvio que, além de admitir apropriações ideológicas — socialmente mais conservadoras, umas, mais progressistas, outras [...] o dilema se forma no plano concreto quando se trata de *ordenar* e *decidir* sobre programas prioritariamente dirigidos às camadas pobres da população" (idem, p. 21). Para que essa "ordenação" e "decisão" funcionem nos moldes previstos, normalmente se chamam as lideranças locais a "participar", o que não é nada mais do que legitimar uma divisão ainda maior deste mínimo, para que se encontre como destinatários os "mais pobres dos pobres". Poderíamos seguir ainda nas várias denominações que recebe esta nova forma de Assistência, "mas são todas formas de conceber um *mínimo de auxílio aos necessitados*, respeitando-se um dado teto superior" (idem, p. 20).

Para formular seu plano de política social, os neoliberais, segundo Taylor-Gooby, apoiam-se no princípio de que a "previdência social do Estado 'pode, com o tempo, corromper o espírito humano'". É por essas razões que essa política se propõe a:

---

25. Seria interessante confrontar a teoria do "imposto de renda negativo" de Friedman com a proposta de "suplementação salarial" de Eduardo Suplicy, para que pudéssemos perceber com nitidez em que aspectos *práticos*, conservadores e progressistas podem encontrar-se, apesar da distância existente entre as formulações teóricas dos proponentes. Veja-se mais sobre "imposto negativo e renda mínima" in Draibe (1993, p. 94 ss.).

ASSISTÊNCIA SOCIAL ENTRE A ORDEM E A "DES-ORDEM"

a. *Redução nos gastos do Estado (básicos para a redução tributária).* De modo geral, se assinala que "o efeito das mudanças nos gastos públicos é o de destinar uma proporção maior de recursos para os mais ricos, de modo que a defasagem aumente ainda mais" (Taylor-Gooby, 991, p. 172-175).[26]

b. *Privatização*: Há diferentes formas de privatização.[27] Aqui o autor apresenta quatro casos:

1 — Crescimento das dotações particulares para as áreas de Bem-Estar;

2 — Setores privados envolvem um aumento de subsídios estatais — o que seria apenas um redirecionamento da própria intervenção do Estado;

3 — As instituições saem do regime de um planejamento estatal e aparecem como entidades autodirigidas, também subsidiadas pelo Estado;

---

26. Para que tenhamos uma noção mais exata do quanto os neoliberais são críticos aos gastos públicos, importa ver o conteúdo de entrevista que Milton Friedman concedeu a John Lichfield do jornal *Folha de S.Paulo*. Segundo Lichfield, "pensões do Estado, planos de saúde para pobres e idosos, estradas públicas e mesmo ensino obrigatório — Friedman as aboliria todas. Friedman fala com saudades dos tempos (antes da Primeira Guerra), 'em que apenas 3% de renda nacional dos EUA era destinada a gastos públicos'. A economia nos EUA está hoje enfraquecida — insiste ele —, porque o presidente George Bush regrediu nos anos 90 ao 'Reaganismo', com aumento de impostos, aumento de gastos e um punhado de regulamentos" (Lichfield, 1992, cad. 3, p. 3).

27. Sônia M. Draibe, em dois estudos (1990a e 1990b), nos apresenta quatro tipos de políticas governamentais que poderiam ser cunhadas de privatizantes:

— transferência da propriedade pública para a propriedade privada, que irá explorá-la lucrativamente;

— cessação de programas públicos e desengajamento do governo de algumas responsabilidades específicas em serviços publicamente produzidos, conduzindo a demanda para o privado;

— financiamento público de serviços privados, através de contratação dos serviços privados;

— entrada de formas privadas em setores antes monopolizados pelo governo. (1990a, p., p. 44, 1990b, p. 22-23). Veja-se mais sobre isso in Draibe (1993, p. 97 ss.).

4 — O setor privado costuma atender os grupos de renda mais alta, dada a sofisticação de serviços que cria.

c. *Seletividade*, que é uma "prática que implica a alocação de recursos para os mais necessitados. É utilizada para justificar a restrição dos serviços", que normalmente já são muito poucos, "pela faixa que vai dos remediados até os muito pobres" (Taylor-Gooby, 1991, p. 179-180).

d. *Tributação e Bem-Estar*. Objetivo que se refere à redução dos impostos. "Os cortes nos impostos destinam-se a facilitar a filantropia particular" e um consequente "'fortalecimento do espírito da autoajuda'" (idem, p. 180-181).

Como observação final, ao analisar "a política do *Welfare State* da 'Nova Direita' na Era Thatcher", o mesmo Taylor-Gooby afirma que "a intervenção estatal não foi cortada, mas sim redirecionada. As novas e radicais políticas revelam nada mais que a velha direita com trajes modernos" (idem, p. 185).[28]

Uma consequência lógica para o Estado de Bem-Estar Social — "já que certos aspectos não podem ser anulados na ausência de uma solução alternativa que permitisse simplesmente eliminar os benefícios" — é que os aspectos de atendimento público "são *reduzidos* e *desacreditados* pela ideologia do mercado eficiente"

---

28. Sônia M. Draibe descobre algumas perspectivas para a Assistência a partir de "3 (três) estratégias de ajustamento econômico" para a América Latina, as quais, segundo ela, apontariam para:

A FOCALIZAÇÃO — como necessidade de reorientar os gastos sociais para que de fato cheguem ao cliente alvo. São programas emergenciais e com alto grau de seletividade.

A PRIVATIZAÇÃO — na América Latina —, embora use das várias acepções apontadas por ela (Draibe) —, refere-se "às formas em que a atividade estatal é substituída menos pelo setor privado lucrativo do que pelas entidades associativas, pelas Organizações não Governamentais (ONGs), pelas organizações comunitárias etc." (1990b, p. 23).

A DESCENTRALIZAÇÃO — que tem sido pensada para aumentar a eficiência e a eficácia dos gastos e uma maior interação com o nível local (Draibe, 1990b, p. 21-24). Embora sejam estratégias predominantemente conservadoras, não são o seu monopólio, na visão de Draibe (1990b, p. 23).

(Brunhoff, 1991, p. 73; grifo nosso). A autora afirma que o Estado — Providência, desde o início, "tem comportado [...] *seguridade social* (sobre as contribuições da população ativa) e *Assistência*". Ora, diz ela, "a assistência pública é tão *mal vista* quanto a seguridade social pelos partidários da economia de mercado, que criticam uma e outra" (idem, p. 95-96). A mesma autora nos remete ainda para a crítica de outras correntes que se "situam ou são considerados como 'à esquerda', claro, numa perspectiva diferente da dos partidários do mercado". Sua crítica se refere à Assistência no que concerne à "mutilação dos indivíduos, de sua 'infantilização' dentro da 'sociedade industrial'" (idem, p. 97). Referindo-se a Ivan Illich, por exemplo, diz que este "criticou essa sociedade que produz não só mercadorias, mas também produtores e consumidores alienados, dependentes de uma organização que é externa a eles" (idem, p. 97). Essa crítica à "assistência aos indivíduos feita pelo Estado, mesmo que esteja ligada a uma certa redistribuição de renda, é considerada como o prolongamento de um salário que é ele próprio alienante", uma vez que se considera que o "direito à 'renda social' (ou 'salário social') abole apenas parcialmente o 'trabalho forçado salarial', em benefício de uma remuneração que não corresponde a um trabalho" (idem, p. 97). Neste caso "ele substitui ou completa, conforme o caso, a exploração pela assistência, perpetuando a dependência, a impotência e a subordinação dos indivíduos para com o poder central. Essa subordinação só será superada se a autoprodução dos valores de uso tornar-se uma possibilidade para todos" (idem, p. 97).

Tudo o que vimos acima parece mesmo não ser nada mais que o eco da atual cantilena em relação à Assistência — "quando domina a ideologia de um mercado eficiente e dos indivíduos vencedores" —, sendo também a "ideia do retorno a uma maior autonomia dos indivíduos e das famílias, que devem 'cuidar de si mesmos'" e que "é acompanhada não de uma supressão da Assistência, o que é impossível, mas de uma diminuição de seu montante público", o que põe em causa a própria seguridade pública.

Velhas imagens reaparecem, pintadas agora com tinta fresca; como "a do *inadaptado crônico*, que sobrevive graças à caridade, a do empresário que assume riscos, inova e exporta para o mundo inteiro" (idem, p. 105-106). Ganha nova força a "ideologia do 'mercado eficiente'" que "sempre afetou o compromisso social representado pelo Estado-providência", ganhando "amplas massas de cidadãos durante a crise contemporânea, enquanto nenhuma alternativa social é proposta" (idem, p. 106), nos diz Brunhoff. É por isso que a pobreza é deixada à sua própria sorte ou à boa vontade de grupos solidários. É nesse sentido que encontramos em Rosanvallon o desenvolvimento da ideia de uma "sociedade solidária"[29] para fazer frente ao cenário proposto para a Assistência no neoliberalismo (1984, p. 85 ss.).

A saída por uma "sociedade solidária", em Rosanvallon, se apresenta a partir de três movimentos:

— *Reduzir a procura do Estado*: sistema bipolar, onde o sistema de satisfação se daria pelo "mercado ou o Estado". Para isso, "trata-se de dar existência a uma *sociedade civil mais compacta* e de desenvolver espaço de contato e de solidariedade que possam ser encaixados no seu seio e não 'exteriorizados' e projetados nos dois únicos polos do mercado ou do Estado". Alerta, porém, que, "enquanto as fronteiras entre o Estado e a sociedade, o privado e o público se mantiverem rígidas, estaremos condenados a pagar um preço crescente por um Estado-providência de resultados comparativamente decrescentes" (idem, p. 94).

— *Reencaixar a solidariedade na sociedade*: que consistiria em "aproximar a sociedade de si mesma [...] multiplicar os locais in-

---

29. Esta "sociedade solidária", por sua vez, também é bombardeada por todos os lados. De fato, no atual estágio do desenvolvimento tecnológico, da economia de mercado, do "merchandising", do "marketing", parece definitivamente excluída a possibilidade de se retornar a valores que soam como se fizessem parte de um mundo que já não existe mais. Mas o próprio Rosanvallon já percebe o problema, como se verá no texto. Se o que sugere é viável, já é problema que extrapola o presente trabalho.

termédios de composição social, de reinserir os indivíduos em rede de solidariedade diretas".[30] E alerta para que isso não aconteça num sentido "nostálgico" de um "novo lar", mas como uma "multissocialização" de novas formas de solidariedades mais informais.

Afirma ainda que o desenvolvimento dessa *socialidade* reside no aumento do tempo livre, porque "a redução do tempo de trabalho já não se apresenta como uma exigência econômica de redução de desemprego: é condição da aprendizagem de novos modos de vida" (idem, p. 97).

— *Desenvolver a visibilidade social*: este seria um terceiro movimento para definir uma alternativa ao Estado-providência. Não devemos esquecer, diz o autor, "que ele (o Estado) continuará a desempenhar um papel capital na aplicação das várias formas de solidariedade" (idem, p. 97). Os sistemas de "grandes domínios" continuariam. No entanto, "uma solidariedade de base" deve ser "alargada, completada", através da "criação de sistemas mais descentralizados ou de ações curtas diretamente induzidas por relações sociais concretas" (idem, p. 97). Tornar o social mais legível, a sociedade mais visível a si mesma, "é permitir a formação de relações de solidariedade mais reais, mesmo que os processos que as regulam devam ser mais conflituais" (idem, p. 99). E, na sequência, faz uma primorosa reflexão sobre o ideal democrático que deve perpassar o campo da sociedade solidária. "Desbloquear o Estado-providência é também, portanto, reanimar espaços públicos e democráticos nos quais a sociedade possa trabalhar de forma lúcida essas questões essenciais"; ou, "aumentar a visibilidade social, é também fazer emergir de maneira mais *localizada* as necessidades e aspirações" (idem, p. 100-101).

---

30. Aqui fala da importância que têm as "redes subterrâneas de solidariedade familiar", que se desenvolvem junto à "economia subterrânea" e que, sobretudo em épocas de crise, "dão ao tecido social a capacidade de resistir aos choques externos". São como "'amortecedores' ocultos", às vezes não suficientemente reconhecidos, sem os quais, no entanto, a procura do Estado seria ainda maior (Rosanvallon, 1984, p. 96).

Fizemos este parêntese sobre a concepção de "Sociedade Solidária", em Rosanvallon — entre as propostas dos conservadores —,[31] para delinear algumas pistas a fim de que se possa perceber sua diferença com relação à proposta de Charles Murray, um analista político conservador, que também dispensa o Estado e sugere a Assistência como uma ajuda comunitária.

Para Murray, a "Política social deveria estimular as pessoas a buscarem satisfação na família, na comunidade e na profissão" (1990, p. 41). Ou seja, o assistir aos outros deveria ser considerado como uma forma de realização da própria felicidade. Para Murray, "deve haver um freio, alguma regra pela qual os governos limitem o que fazem pelo povo — não somente pelas restrições orçamentárias, e nem por causa das violações da liberdade —, porque a felicidade é impossível a não ser que as pessoas sejam deixadas a sós para cuidarem de coisas importantes" (idem, p. 42). Para justificar sua posição de que a Assistência passa pela ajuda mútua e comunitária, afirma que as "funções que as pessoas, como indivíduos e como membros da comunidade, *são capazes* de executar por si próprias devem ser deixadas a seu talante para que as façam como indivíduos e comunidades" (idem, p. 44). Não bastasse isso, insiste que "as comunidades existem por terem uma razão para isto, um núcleo de funções em torno do qual as alianças que constituem uma comunidade vital podem formar-se e crescer" (idem, p. 44). Em outras palavras, seria a chance de as pessoas desenvolverem sua capacidade de ser generosas.

Ligada à ideia de reforçar as comunidades está a ideia da Assistência como forma de manter ou vitalizar as instituições

---

31. Conforme observações anteriores, já pudemos perceber que em se tratando de Rosanvallon não estamos lidando com um progressista de primeira linha, mas também não poderíamos encaixá-lo entre os conservadores que, por sua vez, nesta nova fase, erguem a bandeira do neoliberalismo. Trata-se, sim, de um crítico ao Welfare State que, por sua vez, dá impressão de acreditar numa reforma desse sistema, descobrindo e reanimando os valores solidários na atual sociedade.

(Murray, 1990, p. 44). E aqui cita o exemplo das igrejas. Nessa mesma concepção, encontramos em Glazer uma explicação contrária, no sentido negativo, isto é, "se fornecermos (pela via pública) mais assistência ao pobre, então estaremos estimulando-o a reduzir sua operosidade, e se essa assistência, no caso de auxílio a famílias com filhos dependentes foi providenciada porque o marido trabalhador e pai abandonou a mulher e os filhos, estaremos estimulando ainda mais a *dissolução* da *família*" (Glazer, 1990, p. 37).

Outro aspecto salientado por Murray é o da ideologia de que dinheiro não compra felicidade, já que "os privilegiados não são aqueles com muito dinheiro mas aqueles com outros atributos" (1990, p. 45). Nesse sentido, no exemplo do autor, um carregador de bagagens (tendo poucos atributos), para ser feliz, tem a chance de ser um filantropo. "Ele pode ajudar o faminto. Ele pode confortar o destituído. Ele pode ser uma fonte de apoio a pessoas que estiverem passando por dificuldades" (idem, p. 46). Ao passo que um cirurgião (exemplo do autor) é alguém com muitos atributos. "As pessoas socioeconomicamente superiores em minha visão hierárquica têm *mais opções*, mas não dispõem de outras *melhores* para alcançar a felicidade" (idem, p. 46). Na acepção do autor, estes últimos, ou seja, os mais bem situados profissionalmente, estariam assim dispensados de ajudar os outros, ao passo que "os que tendo poucos atributos" profissionais necessitariam ajudar os outros para sentirem-se realizados. Como, normalmente, os que estão bem situados profissionalmente têm maiores possibilidades financeiras, acontece que o apelo de solidariedade é feito para as classes dos menos favorecidos. É o pobre ajudando o pobre, liberando o Estado do atendimento social, e sobretudo deixando intocáveis as classes dos bem situados, a quem, na verdade, caberia uma redistribuição do que sempre acumularam.

Conclui apelando ainda para o sentido de "comunidade", expressão que aqui nos parece típica para escamotear a diferença existente entre as classes sociais. Para ele, a "Política Social deve ser planejada para deixar as funções *comunitárias aos cuidados da comunidade*" (idem, p. 46; grifo nosso), pois, "é isso que aumenta as oportunidades dos beneficiários de auxílios se tornarem ao mesmo tempo prestadores de auxílio, e nisso *existe possibilidade de autêntica autoestima*" (idem, p. 47). Disso se depreende a ideia da *ajuda voluntária* como forma de realização dos indivíduos. Conclui: "Para estimular, nutrir e proteger os pequenos grupos vitais, a tarefa principal do governo será garantir que ninguém interfira na vontade coletiva nestes atos voluntários de benefícios mútuos" (idem, p. 47). No mesmo sentido, em Glazer, agências voluntárias, "privadas não lucrativas" (e em parte financiadas pelo governo) apresentam uma duplicidade: "Evitam a uniformidade na base do âmbito nacional (ou estadual ou municipal) e também representam o desligamento de uma administração que pretende reduzir o papel do governo como fornecedor dos serviços sociais" (idem, p. 39). A esta duplicidade apresentada por Glazer poderíamos objetar que uma delas facilmente caracteriza as ações da Assistência como ações descontínuas e localizadas, e a outra está sujeita à criação de características clientelistas, além de reforçar uma Assistência feita de "sobras".

Nas perspectivas vistas sobre a *Assistência no neoliberalismo*, um dos aspectos é o da declarada indisposição quanto à Assistência do Estado. A não ser quando ela permanece e é dirigida para uma população, alvo bem específica, para contornar situações alarmantes, ou evitar a ameaça de subversão da ordem social, e para manter um ambiente saudável e seguro, protegendo os que se encontram na ordem.[32] Ilustrativo aqui é o caso americano a

---

32. Isto fica bem ilustrado em recentes artigos do jornal *Folha de S.Paulo*, quando o almirante Mário César Flores, comandante da SAE (Secretaria de Assuntos Estratégicos), ao explicar o conteúdo que ameaça "a segurança interna", deixa entrever que "toma como referência uma doutrina que vem amadurecendo nas Forças Armadas: a de que são os *bolsões de miséria* e não os comunistas que ameaçam subverter a ordem" (*JBN*, 16 nov. 1991, cad. 1, p. 5; grifo nosso). Numa entrevista concedida a Gilberto Dimenstein, publicada no mesmo

ASSISTÊNCIA SOCIAL ENTRE A ORDEM E A "DES-ORDEM"

respeito da "guerra à pobreza", no comentário de Glazer. "O caso, portanto, não era apenas se o pobre seria influenciado positivamente por estes programas. Mais significativo, politicamente, era se estes programas iriam influenciar para melhorar o ambiente da vida da maioria dos americanos. Eles esperavam, ansiosos, que, com a redução do número dos pobres, houvesse menos delinquência juvenil, menos crime, menos impostos, menos favelas e menos nascimentos ilegítimos" (idem, p. 36). Ou seja, é maior a probabilidade de se dar continuidade a programas de seguro social mais gerais para a educação, aposentadoria e outros, geralmente usados e defendidos pelas classes médias, profissionais liberais e/ou trabalhadores de grandes empresas, dada a sua expressão política. Quanto aos programas mais residuais, a tendência é continuarem — quer pelas razões de "ordem econômica", quer pelas da "estabilidade política" (cf. Draibe, 1993, p. 93) —, mas, dada a rejeição da assistência, eles se tornarão tão vergonhosamente pobres que em vez do atendimento dos "pretensos direitos", estaremos de volta às esmolas e desta vez a uma esmola do próprio Estado, transformando-se naquilo que Draibe (idem, p. 99), muito criativamente, denomina de "uma espécie de *neobeneficência*", retirando-lhe, portanto, "qualquer referência a direitos sociais da cidadania" (idem, p. 99).

Isto tem sua lógica quando constatamos que o cerne da crise do *Welfare State* passa pela crítica à concepção da igualdade e jus-

---

jornal, o almirante avalia "que a segurança no Brasil está 'seriamente ameaçada' não mais por eventuais conflitos de fronteira ou 'subversão política', mas pela *guerra social*" (*Folha de S.Paulo*, 1992, 16 nov., cad. 1, p. 5). Referindo-se ao caso dos arrastões nas praias do Rio de Janeiro diz: "'Um dos maiores cenários possíveis é o morro descer'". E ainda — agora é Diemenstein quem comenta —, "na avaliação da SAE, o Brasil mistura hoje 'caldo de irritação', gerado pelo desemprego, inflação e frustração política". Daí a preocupação de Flores com "a *discussão econômica e a proposta de gastos sociais*. 'O Estado tem que se ajustar para poder compatibilizar o combate à inflação e *gastar mais na área social*, afirmou.' Políticas *Assistenciais* e *emergenciais*, sobretudo as geradoras de emprego, seriam um dos caminhos para se evitar uma eventual eclosão'" (Dimenstein, 16 nov. 1992, cad. 1, p. 5; grifo nosso).

tiça social neste final de século.[33] Ou seja, a afirmação do neoliberalismo se faz a partir da crise do Estado-providência que está na raiz da afirmação por igualdade e justiça social. Logo, o neoliberalismo é sua negação, com uma clara retomada da valorização do indivíduo em detrimento do coletivo.[34]

A perspectiva da Assistência como uma volta ao atendimento somente aos pobres tem essa conotação porque nessas concepções a pobreza estrutural não existe. O que se afirma é a concepção do pobre como indivíduo que não acertou na vida e que, como tal, deve ser atendido, pois é uma exceção no jogo equilibrado do mercado. Por isso, pode ser atendido localmente, por iniciativas privadas, não lucrativas e voluntárias. É a revalorização do trabalho voluntário como oportunidade de desenvolver o potencial de virtudes como a generosidade com o semelhante, que dessa forma, "busca a sua própria felicidade" (Murray, 1990, p. 41 ss.).

Estamos de volta à "tese do efeito perverso" nesta terceira onda reacionária (cf. Hirschman, 1990, p. 51 ss., 1989, p. 113 ss., citando Murray),[35] na qual se expressa o pensamento conservador atual sobre a pobreza e o seu atendimento. "Tentamos assistir mais os pobres e, em contrapartida, produzimos mais pobres. Tentamos remover barreiras para a fuga da pobreza, e inadvertidamente montamos uma armadilha'" (Hirschman, 1990, p. 52). Também Ewald nos mostra os argumentos que os liberais apresentam para

---

33. Uma questão que necessita ser aprofundada, mas que certamente ficará para um eventual próximo trabalho.

34. "As ideias da 'nova direita' são basicamente uma reviviscência do liberalismo clássico: uma *crença* no indivíduo, um papel limitado para o Estado nas questões sociais e econômicas [...] Os advogados da 'nova direita' afirmam que os mecanismos de mercado maximizam não só a propriedade econômica como também a *liberdade individual*. Onde se *faz necessária a provisão de bens e serviços do Estado*, como no caso dos bens públicos, o grau dessa provisão pública deve *ser extremamente controlada e minimizada*" (King, 1988, p. 72; grifo nosso).

35. Charles Murray. *Losing ground (Perdendo terreno)*, 1984.

denunciar o efeito perverso da caridade, sobretudo da "caridade legal". Entre os argumentos encontram-se expressões como: "socorrer os pobres deve ter por fim liberá-los da pobreza; a caridade não elimina a pobreza — ela conserva, ela 'produz' os pobres ao lhes oferecer um interesse de ser pobres". E ainda: "propiciai direitos aos pobres e tereis pobres" (1987, p. 7-8). Embora, com algum atenuante, "o efeito perverso parece funcionar incessantemente tanto no mais antigo quanto no mais recente capitalismo" (Hirschman, 1990, p. 52).

Esse pensamento — e é até redundante dizê-lo — desencoraja qualquer investimento na Assistência, uma vez que a sua disponibilidade significa muito mais um incentivo à preguiça, à dependência, e um consequente aumento da pobreza, do que sua eliminação ou seu atenuamento. Livram-se, dessa forma, de qualquer compromisso tanto o Estado como a sociedade civil em relação à pobreza. Poderíamos traduzir isto mais ou menos assim: há pobres?! Você tem pena deles?... Então cuide deles!..., reforçando com isso a mais genuína ação filantrópica na Assistência. Sobre isso nos diz Francisco de Oliveira: "O ataque da direita aos gastos sociais públicos propõe, outra vez, em lugar do *Welfare State*, o Estado *Caritativo* ou *Assistencial*. Tenta destruir a relação de fundo público com a estrutura de salários, a correção das desigualdades e dos bolsões de pobreza [...] (que) será deixada à caridade pública ou a uma ação estatal evasiva e eventual" (1988, p. 26). Deveras, o que hoje mais se ouve, dos que observam as tendências da Assistência no neoliberalismo, é a *refilantropização* da Assistência. Oliveira, por sua vez, vendo o que se produz para um futuro previsível, ainda que pessimista, constata que este é, apesar de tudo, "o melhor dos panoramas, pois convém não deixar de pensar no pior, que seria uma mescla altamente perigosa de Assistência e repressão" (idem, p. 26).

Entrementes, e tendo chegado até aqui, não podemos furtar-nos a perguntar: mas o que estaria em jogo para que se tenha uma visão tão pessimista para o futuro da seguridade, quando esta parecia já assegurada e irreversível?

Acreditando que sob a crise do *Welfare State* se radica também a crise do pensamento igualitário e democrático que surge desde a metade do século passado, mais especificamente no final do século, mas afirmando-se nos primeiros decênios deste e tendo sua expressão mais visível do *Welfare State*, é nesse contexto que temos que pautar nossas reflexões para adentrar na "nova" questão em que se vê colocada a sociedade burguesa neste final de século.

Sobre isto é expressivo o artigo "Capitalismo democrático na encruzilhada", quando nos lembra que "o momento atual, contudo, é o primeiro desde os anos 20 em que os proprietários do capital *rejeitam abertamente* um compromisso que envolva a influência pública sobre o investimento e a distribuição da renda" (Przeworski e Wallerstein, 1988, p. 43). Pela primeira vez, em muitas décadas, continuam os autores, "a direita tem um projeto histórico próprio: libertar a acumulação de todas as *cadeias impostas a ela pela democracia*" (idem, p. 43; grifo nosso). É que até aqui a burguesia sempre se vira obrigada a conviver com um incômodo paradoxo: ainda não bem se libertara das amarras feudais e já se via às voltas com o controle popular. É fato também que os "autores da acumulação não podiam ser orquestrados unicamente pelos autores da propriedade privada, tendo que suportar também as cantilenas dos representantes do trabalho por meio do sufrágio universal". Concluem, por isso, que "a burguesia jamais completou sua revolução" (idem, p. 43). O que está em jogo na atual "ofensiva da direita não é simplesmente uma questão de impostos, gastos de governo, ou mesmo redistribuição de renda. Os planos para abrandar a tributação de lucros, abolir os controles ambientais, eliminar os programas previdenciários, acabar com o controle do governo sobre a segurança dos produtos e as condições de trabalho e para enfraquecer os sindicatos são muito mais do que uma reorientação da política econômica. *Constituem um projeto para uma nova sociedade, uma revolução burguesa"* (idem, p. 43). Francisco de Oliveira, no mesmo contexto, se refere à "estrutura de um novo modo de produção" (1988, p. 28), que estaria em gestação e que exigiria, como consequência lógica, todas estas sequelas.

Entretanto, e mais uma vez, em que consistira efetivamente este "novo projeto"? Embora ainda estejamos no campo das conjeturas, algumas observações já nos dão certos indicativos e pistas de resposta. Tomando como ponto de partida a afirmação de Oliveira de que "a crise abala os fundamentos da democracia moderna, o sistema representativo corre o risco de ser transformado numa democracia de interesse, com mandato imperativo" (idem, p. 27),[36] e acrescentando algo mais para a compreensão desse "novo projeto", temos ainda que considerar que "as relações sociais passariam a ter a mesma duração das relações de mercado e o papel da autoridade política seria reduzido à defesa do mercado frente às tentativas de qualquer grupo organizado de atores alheios ao mercado para tentar alterar as alocações determinadas pelo mercado" (Przeworski e Wallerstein, 1988, p. 43). Como as relações *"sociais e políticas seriam despolitizadas,* as demandas desses atores deixariam de ser ouvidas" (idem, p. 43). Nesse sentido, a *"tensão* entre *acumulação* e *legitimação* seria superada: a acumulação seria autolegitimante para os que se beneficiam dela e nenhuma outra legitimidade seria procurada". Em outras palavras, "o planejamento econômico do governo seria abandonado. A legitimação seria deixada a cargo de mercado" (idem, p. 43-44). E como consequência, o governo não deve mais nada a ninguém. Para a seguridade social, o resultado seria fatal, uma vez que "a renda familiar

---

36. Apontando para os EUA, diz: "Não deve escapar à observação que em países como os EUA, o tamanho crescente da pobreza já é um risco real nesse sentido" (Oliveira, 1988, p. 27). Como também os "estáveis" países europeus das últimas décadas hoje se veem às voltas com expressivas taxas de desemprego e uma inflação crescente.

dependeria tão somente do valor de mercado do trabalho realizado" e nada mais. Além disso, "a reprodução da força de trabalho seria *reprivatizada* e a divisão do trabalho tradicional na família — entre os que trabalham fora e os que cuidam dos filhos — seria restabelecida" (idem, p. 43).

Aqui é ilustrativo o que nos diz Brunhoff, segundo a qual "sob o manto sedutor de uma liberalização, ou até de uma liberação dos indivíduos da tutela do Estado, o que tende a instalar-se é uma forma de constrangimento muito mais brutal" (1991, p. 106). E o pior, em relação à perspectiva da Assistência, estaria no seguinte: "As pessoas excluídas da participação em atividades remuneradas *não teriam garantia institucional de sobrevivência*. Elas poderiam ser isoladas em 'reservas' em cidades do interior ou em regiões desvalorizadas, *onde poderiam ser esquecidas ou ignoradas*" (Przeworski e Wallerstein, 1988, p. 43-44). Tudo isso, a ouvidos modernos acostumados (ao menos no que se refere ao discurso) à garantia plena da sobrevivência assegurada como direito, soa como nota estridente que chega quase às "raias da brutalidade", numa sociedade que se pretende, além de civilizada, tecnificada e moderna, sociedade esta que se dispõe a deixar as pessoas literalmente à mercê de sua própria sorte, para não dizer da própria desgraça.

Avançando mais na compreensão desse "novo projeto", vejamos ainda o que diz Oliveira: "Ao contrário das teses da direita, o pós-*Welfare State* consiste em demarcar, de maneira cada vez mais clara e pertinente, os lugares de utilização e distribuição da riqueza pública" (1988, p. 28). E, uma vez demarcados todos os lugares e formas de utilização do fundo público, e "submetidos aos controles institucionais", realmente, então, o Estado "se transformará em Estado mínimo" e o governo passará realmente a não dever mais nada a ninguém.

Com o campo social e político despolitizado, a democracia representativa será substituída por uma democracia de interesses;

ASSISTÊNCIA SOCIAL ENTRE A ORDEM E A "DES-ORDEM" 213

a "profusão de lobbies" será uma expressão da negociação dos valores ou interesses, ou, será ainda "cada grupo social dialogando soberanamente" (Oliveira, 1988, p. 28), impedindo que se estabeleçam "políticas gerais abrangentes" em que "o Estado exerce uma regulação caso por caso" (Oliveira, 1990, p. 45-46).

Consequentemente, "os trabalhadores seriam desorganizados enquanto classe, seriam controlados por uma combinação de cooptação descentralizada de algumas empresas, repressão dirigida contra o poder de monopólio e — o mais importante — ameaça de desemprego" (Przeworski e Wallerstein, 1988, p. 44).

Somos informados que no final deste século "todo um leque de novas teorias" surge; dentre elas, a da regulação.[37] Apesar de consideráveis diferenças teóricas e políticas, todas se baseiam, diz Clarke, "na crítica sociológica da teoria liberal do mercado" (1991, p. 118). Uma vez que, "para todas elas, um maior crescimento econômico só é possível dentro de uma determinada estrutura institucional reguladora, capaz de conciliar o crescimento com harmonia social" (idem, p. 118-119). Afirmam ainda que "há um consenso cada vez maior de que nos anos 1990 irão forjar-se *novos modos de regulação*, adequados a novas formas de produção, que definem tanto os limites como as oportunidades para novas estratégias políticas" (idem, p. 119; grifo nosso). Garantem também que "estas novas formas de produção ainda não estão claras" e que, portanto, "as formas de regulação que se adequam a elas com precisão ainda precisam ser determinadas" (idem, p. 119). Inserimos esta observação aqui só para lembrar — porque acreditamos que a essa altura do trabalho é redundante dizê-lo — que consideramos a Assistência social como parte desse modo de *Regulação Social*.[38]

---

37. Principalmente a "'Teoria francesa da regulação', cujo pioneiro foi Michal Aglietta e que foi popularizada por Alain Lipietz", conforme nos informa Simon Clarke (1991, p. 118).

38. Sobre o tema, em Aldaíza Sposati, temos uma aproximação esclarecedora entre o "Serviço Social como alternativa histórica da regulação social", expressa no artigo "Serviço

Francisco de Oliveira, ao referir-se ao caso brasileiro, afirma-se tratar-se de uma economia de "regulação 'truncada'", quando "o que caracteriza finalmente a regulação 'truncada' é simultaneamente a ausência de regras estáveis e ausência de direitos, inclusive os dos trabalhadores. É uma regulamentação permanentemente *ad hoc*: cada caso é um caso" (1990, p. 44).

Depois desse longo arrazoado cremos já não ser mais necessário refazer qualquer representação mais geral sobre a Assistência como um direito. Entretanto, no final deste trabalho torna-se imperiosa uma pergunta, podendo-se formulá-la da seguinte forma: será viável um projeto de sociedade com tais características, quando nos pretendemos representantes dos valores democráticos e no marco dos direitos sociais que são, finalmente, a tônica do Moderno Estado de Direito, sobretudo em sua forma de Estado Social de Direitos ou como um avanço em relação ao Estado-providência? Ou, ainda, estaria o ideário do projeto burguês de "Liberdade, Fraternidade e Igualdade" em fase de reformulação, ou então, estaria ele, enfim, mostrando, só agora, sua verdadeira face?

---

social em tempos de democracia, *Serviço Social & Sociedade*, ago. 1992; enquanto Maria Carmelita Yazbek, ao analisar o Estado brasileiro com relação às Políticas Sociais, invoca a categoria de "regulação truncada" de Oliveira (1990) (Yazbek, 1993, p. 36, 49).

CONSIDERAÇÕES FINAIS

O que acabamos de apresentar teve sua origem e embasamento num paradoxo que perpassou todo o processo de nossa análise. De um lado, a tendência do pensamento liberal, que joga milhões de seres humanos não apenas em situação de carência, mas até de miserabilidade, manifestando assim uma posição francamente contrária à Assistência; de outro, o esforço sincero e real de investigadores das ciências sociais, que não só voltam sua atenção a essa problemática, senão que buscam fundamentá-la a partir de novos pressupostos. Assim, num primeiro momento tentamos investigar como a Assistência Social era tratada no interior da profissão do Serviço Social. Isto nos levou à leitura das produções teóricas dos assistentes sociais, nas quais constatamos que, atualmente, e de forma cada vez mais insistente, a Assistência é afirmada como um direito social e uma ampliação para a cidadania e explicitamente reivindicada como estatuto de uma política social. Constatamos também que esta afirmação da Assistência como um direito social e ampliação para a cidadania[1] se contrapõe a uma fundamentação

---

1. A partir da Constituição de 1988, a Assistência no Brasil é proclamada como um direito. Figura no item da seguridade social, que "compreende um conjunto integrado de ações de iniciativa dos Poderes Públicos e da sociedade, destinados a assegurar os *direitos*

ainda frágil, ou seja, se avança muito pouco na construção teórica sobre o que vem a ser o direito social e a cidadania.

Como já lembramos na introdução, não era pretensão nossa construir um conceito de direito social e cidadania. A pesquisa que fizemos nos exigiu, porém, que buscássemos o surgimento do direito social no projeto da ordem burguesa, o que nos levou ao segundo momento da investigação, a saber, o de localizar e compreender a Assistência e/ou a proteção social no interior do projeto da ordem burguesa, mais especificamente, desde a Revolução Industrial até hoje, ensejando-nos a descoberta de uma constante de idas e vindas de uma Assistência mais generosa e/ou mais enxuta presente em todo o período, e expressando, no decorrer de toda a história da proteção social, uma tensão entre um direito a ser conquistado ou mantido e/ou uma ajuda que se obtém eventualmente. Tensão esta que se estabelece a partir da contradição que está no princípio mesmo da organização social que emerge da Revolução Francesa, tempo em que "sob a máscara da palavra (nação), a realidade da ordem nova se afirmou", como nos lembra Albert Soboul (1981, p. 528).[2] Ao mesmo tempo, contudo, "se a unidade nacional fez no curso do período progressos incontáveis, *a desigualdade dos direitos* introduziu uma *contradição* fundamental na nação nova; concebida sobre a base da propriedade e nos quadros estreitos do sistema censitário, ela excluía, na realidade, as massas populares" (idem, p. 528-529; grifo nosso). Prosseguindo e referindo-se mais especificamente à "Declaração de 1789", afirma que ao "introduzir no seio dos direitos naturais o da propriedade, e fazendo da *liberdade econômica* o *princípio* mesmo da nova

---

relativos à Saúde, à Previdência e à *Assistência Social*" (Constituição 1988, Título VIII da Ordem Social, cap. II, art. 194).

2. Autor de *A história da Revolução Francesa*, afirma que no pensamento dominante, "a nação era o organismo inteiro, a massa de cidadãos, fundidos em um só bloco. Já não havia ordens, já não havia classes; tudo o que fosse francês compunha a nação" (1981, p. 528).

organização social, a burguesia constituinte colocava no coração da sociedade nova uma *contradição que não podia ultrapassar*" (idem, p. 534; grifo nosso).

Essa contradição, presente na gênese mesma do sistema que norteia a sociedade capitalista, ainda hoje se faz muito viva, especialmente neste final de século, quando a crise do *Welfare State* põe no cenário o jogo da contradição entre os diferentes direitos, apontando para a *crise de igualdade*. É por isso que de pouco adianta tentar combater as desigualdades num sistema que se funda exatamente sobre elas, visto que se trata de "um sistema que se encarrega de repô-las" em vez de "expô-las" (Barreto, 1988, p. 19).

Mas há mais. Segundo o autor da *História da Revolução Francesa*, "o princípio da igualdade de direitos só foi levado adiante pela burguesia em 1789 para derrubar o privilégio aristocrático; no que toca ao povo, não se trata senão de igualdade formal e teórica quanto à lei. De democracia social ele nada tinha" (1981, p. 535). E a velha contradição entre "*igualdade de direitos*" e a "*liberdade econômica*", entre os interesses dos "proprietários e não proprietários", dos "produtores e consumidores", dos "empregadores e proletários", reaparece incômoda e com todo vigor neste final de século.

Disso se pode concluir que a "ideologia igualitária" é um dos pontos mais "atacados pela ofensiva neoliberal", fazendo com que o "debate sobre a temática da igualdade e da justiça social se constituísse numa das chaves que nos permitiu apreender certas questões que agitam a nossa época" (Lamoureux, 1986, p. 56). E mais ainda, pelo fato de que esta constatação "constitui um dos focos centrais das reformulações por vir" (idem, p. 56), acreditamos que nossa abordagem não se esgotou neste trabalho, exigindo aprofundamentos futuros indispensáveis. É este o ponto de partida para um empreendimento que, desde já, pretendemos realizar, caso nos seja oportunizado tempo e ocasião para tanto.

Os próprios "objetivos de justiça social e de igualdade visados pelo Estado-providência não são mais automaticamente legítimos e indiscutíveis" (idem, p. 56). Estamos diante de uma crise de *consenso* de valores quanto à proteção social e da igualdade. Bobbio aponta para uma "secular oposição existente entre o fundamento absoluto da propriedade privada e a introdução dos direitos sociais" (1992, p. 22) que continua hoje exigindo uma permanente negociação, conforme já apontamos.

Deveras, é ilusório pensar que os direitos sociais sejam "absolutos" e universais. Eles têm a marca da história. Mesmo "proclamados solenemente" ou inscritos nas Constituições, eles "deixam de sê-lo em outros momentos" (Bobbio, 1992, p. 18), principalmente no cotidiano das massas desvalidas, que é o lugar onde realmente contam, como é ilusório também "definir abstratamente o *pobre* como cidadão e *assistência* como direito social" (Pereira, 1991, p. 20). O Estado pode mesmo "ser obrigado a fornecer a todos os cidadãos os serviços sociais como direitos", mas estes "só têm significado em termos dos próprios serviços", o que não só "torna difícil, senão impossível, atribuir aos direitos sociais qualquer universalidade" (Barbalet, 1989, p. 111), uma vez que, como já se disse, "o fornecimento dos serviços sociais como direito está necessariamente condicionado pela base fiscal do Estado para os pagar" (idem, p. 112-113).

O cerne do problema dos direitos sociais — cada vez mais duramente questionados pelos neoliberais — situa-se não em sua "fundamentação, mas na sua exequibilidade". Portanto, o problema dos direitos sociais não é o de "justificá-los, mas o de protegê-los" (Bobbio, 1992, p. 24). Isto fica mais claro quando se considera que a Assistência, na sua expressão de *Welfare State*, só foi possível nos países mais desenvolvidos. Nos países subdesenvolvidos, embora proclamados como direito, assistimos à deterioração dos serviços que, mesmo tidos como direitos abstratos para todos, passam a ser benefícios reais apenas para alguns. Em países com altos índices de carência generalizada, isto se agrava, uma vez que é impossível ser cidadão passando fome, tornando-se retórico falar em qualquer direito quando o da sobrevivência não está assegurado, mais ainda em tempos de neoliberalismo, tempo em que a Assistência voltou a ser para o pobre. Ora, enquanto a Assistência for uma ação para o pobre, não é direito, é esmola.

Desmistificar a Assistência desse ilusório exige localizar e perceber os momentos, como ainda detectar com que nuances se dão os avanços e/ou retrocessos na afirmação e/ou negação dos direitos sociais numa sociedade capitalista, levando-se em conta as agudas contradições que se apresentam entre os interesses divergentes, próprios de uma sociedade de classes.

O que se constatou é que a Assistência se move num espaço marcadamente contraditório — numa tensão constatante de inclusão e exclusão —, assumindo por isso marcas demasiadamente conjunturais, ora com características mais generosas, ora extremamente débeis. Em todo o período do Estado Social de Direito, sobretudo na sua expressão do *Welfare State* keynesiano, já neste século, ela assume o estatuto de direito social e, consequentemente, se apresenta em sua forma mais encorpada. É preciso lembrar, no entanto, que o Estado Social não deixa de ser um Estado Liberal. Portanto, continua sendo regido pela lógica da sociedade capitalista de mercado, e que embora "social" e fazendo algumas concessões às demandas das massas, não deixa de ser efetivamente contraditório. Do mesmo modo, as próprias formas do *Welfare State* não são puras, contendo em seu bojo todas as contradições das próprias forças políticas de classe que o cimentaram. Não é de estranhar, por isso, que nos regimes ditos "corporativistas" esteja presente principalmente uma previdência social que "promovia distinções hierárquicas de status" e que cimentou "a lealdade entre a classe média", característica presente no modelo alemão; enquanto isso, nos "regimes liberais as classes médias casaram-se institucionalmente com o mercado", resultando num *Welfare State* residual, mais característico dos Estados Unidos, Canadá e Grã-Bretanha; por seu turno, o *Welfare State* de "êxitos da Social-Democracia esteve mais ligado à instituição de *Welfare State* de classe média que beneficia tanto sua clientela tradicional na classe trabalhadora quanto a nova camada dos white-collar", mais característico dos países escandinavos (Esping-Andersen, 1991, p. 115-116).[3] Tudo isto manifesta que o Estado-providência é um espaço de lutas políticas onde "o território de cada direito é previamente mapeado e hierarquizado", não se constituindo, portanto, num "campo isomorfo e isônomo", nas palavras de Francisco de Oliveira (1988, p. 21).

Podemos dizer que o sistema de acumulação de capital cria, contraditoriamente, condições que forçam uma certa reforma social, uma vez que o "salário social reduz a dependência do trabalhador em relação ao mercado e aos empregadores e assim se transforma num potencial de poder" (Esping-Andersen, 1991, p. 89). Porém, o mesmo sistema sabe muito bem quando reprimir "descontentamentos pela força e quando alimentá-los com esmolas" (Marx, 1981, p. 71). A "voracidade não pode ser deixada entregue a si mesma, sem controles públicos, sob pena de transformar-se numa tormenta selvagem na qual sucumbiriam juntos a democracia e o sentido de igualdade nela inscrito desde os tempos modernos" (Oliveira, 1988, p. 27). Portanto, não apenas a justifica, senão que, muito mais, se estabelece como uma exigência do próprio sistema um certo atendimento social para que este sistema não sucumba. Em relação a isso, é por demais ilustrativo o que encontramos em Baran e

---

3. Citando Esping-Andersen, importa que frisemos o problema concernente ao conceito de *classe média*. Para Marx, o conceito de *classes* é abordado de outra forma, já suficientemente conhecido para ser reiterado aqui. No texto acima, ainda que, forçando, pudéssemos falar de certas "camadas médias da classe trabalhadora assalariada", parece claro que o autor segue uma conceituação mais própria de Max Weber do que de Karl Marx.

ASSISTÊNCIA SOCIAL ENTRE A ORDEM E A "DES-ORDEM" 221

Sweezy, quando afirmam que "o sistema tem, é claro, suas vítimas especiais. São os desempregados e os inempregáveis, os trabalhadores agrícolas migratórios, os moradores dos guetos das grandes cidades, os que abandonaram as escolas, os velhos que vivem de magras pensões, numa palavra, os párias, os que pela sua limitada capacidade aquisitiva são incapazes de desfrutar os prazeres do consumo. Mas esses grupos, apesar de seu número impressionante, são demasiado heterogêneos, demasiado esparsos e fragmentados para constituírem uma força coerente na sociedade. E a oligarquia sabe como, através de doações e esmolas, mantê-los divididos e impedir que se tornem um *lumpen*-proletariado de famintos desesperados" (1978, p. 359).

Marx também já apontara isso, na medida em que detecta o verdadeiro espírito (ou desfaçatez?) da burguesia, quando a reforma da Constituição de junho de 1848 (França) elimina o direito ao trabalho para inserir nela o direito à Assistência pública, perguntando-se: "Que estado moderno não alimenta, de um ou de outro modo, os seus pobres?". Assinala, com isso, que o direito ao trabalho, em tal regime, é "um contrassenso, um desejo piedoso e infeliz", visto que "por trás do trabalho está o poder sobre o capital, e por trás do poder sobre o capital, a apropriação dos meios de produção, sua submissão à classe operária associada e, por conseguinte, a abolição tanto do trabalho assalariado como do capital e das suas relações mútuas" (*Obras escolhidas*, t. I, s/d., p. 138-139). Para Marx, a burguesia bem sabia do que devia se proteger e o que, naquele momento então, impunha oferecer. Oferece o menos para poder ficar com o mais.

Constata-se, portanto, que a Assistência — mesmo que apenas por um período —, reconhecida como direito social, não interfere na mudança de estrutura de uma sociedade desigual. Pelo contrário, contribui para sua manutenção. Os direitos sociais, nos lembra Lamoureux, "não servem para reduzir as desigualdades de renda, mas antes para reduzir as consequências das desigualdades de classe, de raça, de sexo, e contribuem, num sentido bem preciso e restrito, para democratizar a sociedade, reduzir a segurança, tornar disponíveis, sobre bases não comerciais, serviços essenciais" (1986, p. 64).

Proclamando a Assistência e alguns serviços essenciais como direitos, o sistema atual acomodou por um bom período a contradição da "desigualdade burguesa" que fica novamente exposta com a atual crise do *Welfare State*, defendendo agora a "desigualdade como diferença" e valorizando o mérito individual, usando--os para justificar uma renovada idolatrização da liberdade de mercado, fazendo, como consequência, do Estado o bode expiatório de suas agruras.

Como o sistema capitalista se move de crise em crise, na verdade, estaríamos diante de uma nova crise, segundo Mandel, que analisa as "várias conjunções de crise capitalista". Conforme este analista, estaríamos diante de "uma profunda crise estrutural da sociedade burguesa", crise esta que põe em relevo a crise de "todas as relações sociais burguesas e mais particularmente a crise das relações de produção capitalista". Isto porque a "credibilidade do sistema capitalista — no sentido de poder garantir a melhoria permanente do nível de vida, o pleno emprego e a consolidação das liberdades democráticas — está fortemente minada em função das reincidências da recessão" (1990, p. 22).

A crise econômica, mais especificamente a crise fiscal do Estado, é usada como pretexto para condenar a intervenção do Estado na economia, quando pelo contrário se sabe, como nos lembra O'Connor, que "o capital monopolista socializa cada vez mais os custos da produção" (1977, p. 41) e o faz através do Estado. Segundo Oliveira, "há uma intervenção estatal que financia a reprodução do capital mas não financia a reprodução da força de trabalho" (1990, p. 44). Logo, não interessa, como já vimos, que todas

ASSISTÊNCIA SOCIAL ENTRE A ORDEM E A "DES-ORDEM" 223

"as arenas do Estado" deixem de existir. Há, sobretudo, um "azedume antiestatal", na expressão de Lamoureux, quando se trata "do domínio da seguridade social e dos programas sociais" (1986, p. 58).

Mesmo que o "mercado ideal", com que sonha o neoliberalismo, não queira, o Estado, no seu "real", o "mercado", não é tão livre e se confronta, segundo nos lembra Sanchez Vásquez, com vários tipos de controles e intervenções, tais como "regras ou normas jurídicas que regulam e protegem a relação mercantil; [...] limitação à concorrência ou contratos impostos por monopólios e multinacionais; [...] restrições no mercado nacional; [...] limites à tendência generalizante e expansionista do 'mercado livre' quando pretende subtrair os bens públicos", necessárias não só para a absorção dos excedentes para garantir "paz, tranquilidade social" (1993, p. 21-22), mas fazendo também com que este processo de acumulação possa seguir seu curso livremente.

Na atual fase do neoliberalismo, que cada vez mais se afirma como a tendência dominante de pensar e regular a sociedade, se expressa um impasse em relação aos valores igualitários do próprio ideário da sociedade liberal. Por isso, uma igualdade de adjetivos tem que ser encontrada, como uma "igualdade de iguais chances", por exemplo, que "se traduz pela oportunidade de todos concorrer", na qual "é preciso garantir que as regras do jogo sejam iguais e não os jogadores" (cf. Lamoureux, 1986, p. 57), numa verdadeira exaltação à meritocracia individual. Com a defesa da "desigualdade como diferença", os neoliberais se opõem "obstinadamente aos programas de acesso à igualdade". Logo, afirma-se que o limite da Assistência seja "para as minorias", "os marginalizados" e "excluídos do sistema", contanto que "não se transforme em direito" (idem, p. 57), instalando-se uma regulação constante *ad hoc*", de "caso a caso", "impedindo uma política social mais abrangente" e como consequência a "ausência de direitos" (Oliveira, 1990, p. 44-46).

Finalmente, a questão que leva ao desmerecimento dos programas sociais resulta da justificativa de que "o lucro é a condição necessária para a melhoria das condições materiais para todos. O aumento da produção requer investimento, o investimento é financiado pela poupança e a poupança fornece o motor para a acumulação" (Przeworski e Wallerstein, 1988, p. 36). Ora, o trabalhador comum não poupa, nem investe, uma vez que seu salário mal dá para a subsistência. É por isso que não só não interessa ao capitalista, como ainda é considerado um empecilho para o crescimento do próprio capital. Daí o cinismo manifesto no trato das questões sociais no interior do neoliberalismo. Com razão nos diz Przeworski: "Pela primeira vez desde os anos 20, os proprietários do capital rejeitam abertamente um compromisso que envolva a influência pública sobre o investimento e a distribuição de renda" e passa a ter um projeto próprio, o de "libertar a acumulação de todas as cadeias impostas a ela pela democracia" (idem, p. 43). É esta a razão pela qual, nessa fase, o capital não hesita em excluir vastas camadas da população dos bens necessários para um mínimo de vida digna. Basta mantê-los sob controle, com depojados programas assistenciais para que não ponham em risco a estabilidade do próprio sistema social vigente, e não se constituam em obstáculo para o "novo projeto" do sistema que se quer implantar.

Dessa forma, acreditamos que lutar a favor dos setores que demandam os serviços da Assistência não é travesti-los de cidadãos ou proclamar abstratamente a Assistência como direito, mas seja prioritário desmistificar o lugar e a função que ela ocupa no próprio bojo do projeto da ordem burguesa.

ANEXO I

Bibliografia analisada: ordem cronológica

Dissertações de mestrado

BITTAR, Mariluce. *A face oculta da Assistência*: um estudo da mediação entre Estado e classes populares através da prática do assistente social. São Paulo: PUC, 1987. (Mimeo.)

CABRAL, Helena de Souza. *Assistência Social na agroindústria do açúcar e do álcool*. São Paulo: PUC, 1990. (Mimeo.)

FILGUEIRAS, Luzia Helena Gomes. *A Assistência*: um desabafo para o Serviço Social. Rio de Janeiro: PUC-RJ, 1985. (Mimeo.)

MEDEIROS, Francisco Ary Fernandes de. *Reforma e Assistência no discurso do Serviço Social*: um estudo exploratório. Rio de Janeiro: UFRJ, 1983. (Mimeo.)

MOTA, Ana Elizabete. *O feitiço da ajuda*: as determinações do Serviço Social na empresa. 2. ed. São Paulo: Cortez, 1987 (resultante da Dissertação de Mestrado pela UFPE).

OLIVEIRA, Heloísa Maria José de. *Assistência Social*: do discurso do Estado à prática do Serviço Social. Florianópolis, Ed. da UFSC, 1989 (Dissertação apresentada na PUC-RS, Porto Alegre).

OLIVEIRA, Maria José Galvão Cavalcanti Gueiros de. *O direito aos serviços sociais*: prática do Serviço Social e constituição da cidadania. Recife: UFPE, 1987. (Mimeo.)

ONO, Urana Harada. *A função do assistente social no Setor de Bem-Estar Público*: uma experiência de investigação em Serviço Social. São Paulo: PUC, 1975. (Mimeo.)

SANTOS, Waldecy Collaço. *A ajuda na estrutura e a estrutura da ajuda*. Recife: UFPE, 1988. (Mimeo.)

SCHERER, Elenize Faria. *Assistência aos desassistidos Manauaras*: gênese e história da gestão estatal dos segmentos mais pobres da cidade de Manaus. São Paulo: PUC, 1989. (Mimeo.)

Teses de doutorado

SPOSATI, Aldaíza. *Vida urbana e gestão da pobreza*. São Paulo: Cortez, 1988 (resultante da Tese apresentada à PUC-SP).

Artigos da revista *Serviço Social & Sociedade*

ALAYÓN, Norberto. La Resignificación de la Asistencia. *Serviço Social & Sociedade*, São Paulo, n. 34, p. 149-155, dez. 1990.

ASSOCIAÇÃO DE SERVIDORES DA SUPERINTENDÊNCIA ESTADUAL FUNDAÇÃO LBA (ASSELBA). 1º Seminário Nacional — As políticas sociais na Nova República: transformação da Assistência Social no país. *Serviço Social & Sociedade*, São Paulo, n. 22, p. 147-149, dez. 1986.

BELFIORI, Mariangela et al. Prática assistencial no Brasil. *Serviço Social & Sociedade*, São Paulo, n. 17, p. 73-89, abr. 1985.

CASTRO, Myrian Mesquita Pugliese de; ABREU, Sérgio França Adorno. A pobreza colonizada. *Serviço Social & Sociedade*, São Paulo, n. 17, p. 49-72, abr. 1985.

COHN, Amélia et al. Desafios atuais para a Assistência Social: a busca de alternativas. *Serviço Social & Sociedade*, São Paulo, n. 23, p. 91-111, abr. 1987.

COSTA, Ana Maria Santana Neiva; COSTA, Maria José Pereira. Contextualização da Assistência Social no Estado brasileiro; período de 1930 a 1945. *Serviço Social & Sociedade*, São Paulo, n. 12, p. 77-85, ago. 1983.

COSTA, Suely Gomes. Formação profissional e currículo de Serviço Social: referências para debate. *Serviço Social & Sociedade*, São Paulo, n. 32, p. 18-51, maio 1990.

DOCUMENTO "LEI ORGÂNICA DA ASSISTÊNCIA SOCIAL". Projeto de Lei n. 3.099, de 1989, do deputado Nelson Seixas. *Serviço Social & Sociedade*, São Paulo, n. 32, p. 157-167, maio 1990.

FALEIROS, Vicente de Paula. A questão da Assistência Social. *Serviço Social & Sociedade*, São Paulo, n. 30, p. 109-126, abr. 1989.

JUNQUEIRA, Helena Iracy et al. A política do bem-estar social no Brasil no contexto do desenvolvimento, na década de 70. *Serviço Social & Sociedade*, São Paulo, n. 7, p. 5-34, dez. 1981.

MOTA, Ana Elizabete. O pacto da Assistência; articulações entre empresas e Estado. *Serviço Social & Sociedade*, São Paulo, n. 30, p. 127-136, abr. 1989.

MOTA, Ana Elizabete. Uma nova legitimidade para o Serviço Social de empresa. *Serviço Social & Sociedade*, São Paulo, n. 26, p. 156-164, abr. 1988.

OLIVEIRA, Valéria Rezende de. Política de Assistência no Brasil. *Serviço Social & Sociedade*, São Paulo, n. 31, p. 98-118, dez. 1989.

PEREIRA, Potyara Amazoneida P.; PAIVA, Leda del Claro. A política social e a questão da pobreza no Brasil. *Serviço Social & Sociedade*, São Paulo, n. 5, p. 1-13, mar. 1981.

PINO, Angel. Política de promoção social e exercício da cidadania: uma crítica às práticas de confinamento. *Serviço Social & Sociedade*, São Paulo, n. 31, p. 141-159, dez. 1989.

SARTIM, Maria Madalena do Nascimento. A Assistência e a identidade profissional. *Serviço Social & Sociedade*, São Paulo, n. 19, p. 98-107, dez. 1985.

SOUZA, Maria Luiza de. As indefinições do "social" na prática social e no Serviço Social. *Serviço Social & Sociedade*, São Paulo, n. 1, p. 2-52, set. 1979.

SPOSATI, Aldaíza; FALCÃO, Maria do Carmo B. de Carvalho. A prática da Assistência Social: elementos para uma caracterização. *Serviço Social & Sociedade*, São Paulo, n. 19, p. 57-73, dez. 1985.

ANEXO II

Atualização bibliográfica

Frente ao dinamismo da história sempre se tem a sensação de que o hoje desatualiza o ontem. As reflexões que ora apresentamos querem abreviar um pouco essa sensação. Isto acontece porque temos a convicção de que, no geral, as questões básicas estão explicitadas no trabalho que nos possibilitou refletir a Assistência Social neste final de século. As propostas neoliberais, no aprofundamento da crise do *Welfare State*, apontam para uma Assistência Social como direito cada vez mais fragilizada, o que já apontávamos no título do trabalho, ou seja, apresentam-se como mistificados.

Hoje, quando o processo da globalização está bem mais generalizado, alterando profundamente a cadeia produtiva capitalista, precarizando as relações de trabalho, cada vez se torna mais difícil para o homem estabelecer seus ganhos básicos via trabalho. Sempre mais amplas camadas sociais necessitam prover sua subsistência com o auxílio do sistema da proteção social. Uma verdadeira rede de serviços existentes no período do *Welfare State*, hoje, é questionada e desfeita. Outros serviços, no entanto, surgem, como veremos mais adiante, com caracterizações distintas; todas, porém, acentuadamente seletivas.

Na pretensão de aprofundar a compreensão do tratamento conceitual e a caracterização da Assistência Social hoje, buscamos também atualizar os dados da pesquisa que fundamentou nossa análise, em relação ao tratamento da Assistência Social nas produções teóricas no Serviço Social. Embora os dados por nós estudados sejam apenas até 1990, atualizando-os, constatamos que o tema reaparece nas produções somente após 1993 com a regulamentação da LOAS.[4] Poderíamos mesmo afirmar que a maioria dos artigos e expressivo número das dissertações do período em questão (1991-1998) estudam a Assistência em relação ao estatuto que esta recebeu na LOAS frente às diferentes medidas que a ela se relacionam (Paiva, 1993 e VV.AA., 1995, p. 136 ss.). Nesta análise estão presentes, entre outros, o aspecto conceitual de Assistência, seu financiamento (Medeiros, 1997, Silva, 1995, p. 69 ss.), a Assistência social em relação à seguridade social (Fernandes, 1995; Mestriner, 1992; Pereira, 1998, p. 60 ss.), assim como o contexto do Estado brasileiro (Menezes, 1992; Carvalho, 1995, p. 63 ss.). Outros autores restringem-se apenas a analisar a Assistência no processo da implan-

---

4. Importante é ressaltar que a revista *Serviço Social & Sociedade,* uma de nossas fontes de pesquisa, nos anos cd 1990, 1991 e 1992 não traz artigo algum sobre a Assistência. Apenas no quadro "Documentos" do n. 32 (maio 1990) aparece o projeto de Lei n. 3.099, de1989, que é vetado por Collor, e no n. 36 (ago. 1991), em "Temas em Debate", encontramos referências à concepção da Assistência, num documento elaborado por assistentes sociais para fundamentar a criação do Departamento da Assistência Social da CUT. O mesmo acontece em 93, ainda que tenhamos dois artigos, o de n. 41 que trata da Institucionalização da Assistência, especialmente do período 1930-1950, analisando especialmente a implantação da LBA (Brandão e Brandão, 1993, p. 47 ss.), e o artigo n. 43 apresentando "A relação Estado-Mercado no processo de constituição da Assistência Social durante o governo Collor" (Ferreira, 1993, p. 45 ss.). Embora o artigo (que resulta do IV capítulo de sua dissertação de mestrado, defendido na UnB, maio de 1993) se refira mais à política de Assistência no governo Collor, este já apresenta uma série de reflexões que, a nosso ver, avançam enquanto preocupação em precisar melhor o conceito da Assistência (Ferreira, 1993, p. 54 ss.).

ASSISTÊNCIA SOCIAL ENTRE A ORDEM E A "DES-ORDEM"

tação local da LOAS, o que se pode constatar, por exemplo, em "Assistência social pública: uma experiência da Secretaria Municipal de Bem-Estar Social de São Paulo" (Campos, 1994, p. 77 ss.) e em Minas Gerais (Pereira, 1995, p. 34 ss.), nos Municípios Fluminenses (Nogaroli, 1995, 55 ss.), Caruari (Silva, 1997), na Amazônia (Teixeira, 1998, p. 97 ss.) e outros. Observa-se nestes últimos trabalhos a afirmação da Assistência como direito (como indicado na Constituição de 88) e como uma política de inclusão.

Algo a ser pontuado neste final de século na área da proteção social — e isto pode ser perfeitamente depreendido de nosso texto — são as teorias solidaristas para compensar o que a Assistência, como direito, não cobre, resultando assim numa assistência compensatória, residual, sem compromisso de se universalizar... levando a Assistência até mesmo a um campo de tensões entre duas lógicas distintas, ou seja, a dos direitos sociais constitucionalmente inscritos e a solidariedade social (cf. Carvalho, 1994, p. 86 ss.), transferindo as responsabilidades de atendimento para os vários aspectos da privatização e do voluntariado (Yazbek, 1988, p. 55 ss.). Neste contexto inscreve-se também a "Filantropia empresarial" ou "o Terceiro Setor", especialmente via ONGS (organizações não governamentais), com as quais a Assistência ganha nova roupagem (Rico, 1998, p. 24 ss.).

Outro aspecto importante a ser considerado no trato da Assistência hodierna é a questão da descentralização, que se ensaia com a participação dos Conselhos, no qual a sociedade civil entra como um interlocutor forte. Interessantes reflexões nesse sentido encontramos em diferentes autores, especialmente em Yazbek (1998, p. 50 ss.), Sposati (1994, p. 104 ss.), Stein (1997), Hackmann (1995), Vieira (1998, p. 56 ss.) e outros.[5] A compreensão do espaço

---

5. A percepção que temos é que a descentralização, não só da política da Assistência, mas também das demais políticas sociais, é hoje a grande preocupação dos analistas sociais.

descentralizado, que implica a intelecção e posterior participação no poder local, é tema que, a nosso ver, ainda exige aprofundamento.[6] Em contato com os municípios, por ocasião da implantação da LOAS, constatamos que estes se encontram muito desorientados quanto ao financiamento das políticas sociais em geral, além de constatar que normalmente receberam os ônus sem os correspondentes recursos. Percebe-se, ademais, que a própria população ainda não tomou consciência do seu espaço de participação. Como parceira do Estado, pela pressão, que poderia ampliar-se na composição dos diferentes Conselhos, previstos na descentralização das políticas sociais, ela poderia ter um papel bem mais decisivo.

Finalmente, nos defrontamos, em diversas obras, com contribuições analisando a Assistência Social no neoliberalismo, o que encontramos em Ferreira (1993), Schons (1995, p. 5 ss.) e Santos (1995, p. 20 ss.). Os dois últimos trabalhos são artigos resultantes de dissertações de mestrado, realizados na PUC-SP, que também foram apresentados no 8º CBAS,[7] oferecendo importantes contribuições para a compreensão do novo rumo que está tomando a Assistência Social hoje. O mesmo se pode dizer do estudo de Ana Elizabete Motta Fernandes (PUC-SP, 1995; Cortez, 1995).

Preocupações com a identidade do excluído, relacionados à ética, ao mercado de trabalho, à distribuição de renda, à atuação do profissional da Assistência Social, são preocupações presentes

---

6. É por isso que nosso objeto de estudo, no curso de doutoramento, aliado à compreensão da Assistência Social neste final de século, está definido em torno dessa temática.

7. Interessante lembrar que no 8º Congresso Brasileiro de Assistentes Sociais, em 1995, foi significativo o número de temas sobre a Assistência, totalizando quinze abordagens. Para a análise do tema hoje, no Serviço Social, estes trabalhos, além das produções dos vários núcleos de estudos da seguridade e Assistência nas diferentes Escolas de Pós-graduação, poderiam constituir-se em mais uma fonte de pesquisa.

ASSISTÊNCIA SOCIAL ENTRE A ORDEM E A "DES-ORDEM"

nas reflexões sobre a Assistência em Ferreira (1996, p. 48 ss.), Juncá (1997, p. 26 ss.), Lopes (1997, p. 63 ss.) e Yazbek (1998, p. 50 ss.). Essas questões, a nosso ver, já acenam para nova problemática que ganha expressão neste final de século, que é o direito do consumidor. Os direitos perdem em universalidade, restringindo-se, portanto, à própria concepção de cidadania. Ou seja, é cidadão de direitos quem consome no mercado. Esse aspecto está presente, sobretudo, em Evaldo Vieira (1998, p. 9 ss.).

Cremos não errar se confirmamos que, atualmente, se avança no significado da Assistência na medida em que se aprofunda a questão dos "mínimos sociais" como o fazem Aldaíza Sposati (1997, p. 9 ss.), Pedro Demo (1997, p. 39) e José R. Lopes (1998, p. 94 ss.), os quais, embora tendo concepções distintas, concebem os "mínimos como padrões básicos de inclusão", considerando que a "composição desse padrão deve partir da fixação do conjunto de necessidades que são consideradas como básicas em uma sociedade" (Sposati, 1997, p. 26).

Para além dos artigos encontrados na Revista *Serviço Social & Sociedade*, nossa pesquisa se estende para a análise de dissertações de mestrado e teses de doutorado, conforme pode ser visto na introdução.[8] Das obras, além das que já referimos — que são do período em questão —, merecem destaque as obras de Yazbek (1993) e Raichelis (1998). Quanto à primeira, trata-se de uma obra que resulta da tese de doutoramento (PUC-SP, 1992), deixando claro que a referida autora está presente, desde o início, na retomada do debate da Assistência no Serviço Social, o que se torna patente na obra "A Assistência na trajetória das Políticas Sociais" (Sposati et al., 1987). Carmelita Yazbek, ao dar "voz ao usuário", aproxima melhor

---

8. Para atualizar a bibliografia acerca da produção sobre a Assistência Social nas dissertações e teses, contamos com o catálogo de dissertação de mestrado e teses de doutorado 1975 — 1997 de Nobuco Kameyama, edição em disquete, UFRJ, 1998.

quem é o "assistido" da assistência e o faz analisando a relação "truncada" do Estado em relação a esta última. A partir da dimensão cultural e social, revela algo do "lugar" e do "cotidiano" do excluído. Dessa forma, vai construindo concepções da Assistência ora como "função adaptadora" de alienação subalternizada, ora como "ruptura do processo", concepções estas que podem contribuir no avanço da compreensão dos direitos sociais (Yazbek, 1993).

A obra de Raichelis (1998) também resulta basicamente de sua tese de doutorado (PUC-SP, 1997). Sua base empírica desenvolve-a junto ao Conselho Nacional da Assistência Social (CNAS). Avança na reflexão sobre os Conselhos da Assistência Social a partir da LOAS, reportando-nos às questões centrais a serem entendidas em relação ao *público* e ao *privado*, quando se pretende entender a Assistência Social na atual conjuntura.[9]

Nessa atualização das produções teóricas sobre a Assistência no Serviço Social, constata-se que estas aumentaram muito, comparativamente em relação ao período de quinze anos, período abrangido pela nossa pesquisa, quando nos deparamos com apenas dezoito artigos na revista *Serviço Social & Sociedade*, enquanto agora, atualizando a pesquisa (num período de oito anos), encontramos nada menos que vinte e três artigos, de tal forma que, se durante o tempo de nossa pesquisa tivemos apenas uma tese de doutorado e dez dissertações de mestrado sobre o tema, agora, no breve lapso de apenas oito anos, já nos deparamos com quatro teses de doutorado, vinte e sete dissertações de mestrado, além dos vinte e três artigos já assinalados. Isto demonstra que o estudo do tema da Assistência começa a merecer destaque no interior mesmo da profissão do Serviço Social, dando oportunidade a maior compreensão de suas reais perspectivas, além de reorientar as

---

9. Para uma compreensão mais aprofundada da Assistência do período em questão, vejam-se ainda as obras de Potyara Pereira (1996) e Carmelita Yazbek (1995), ainda que não façam parte de nosso leque de análises, cf. introdução.

ações da política assistencial no cotidiano da profissão. Tudo isto contribui não só para um atendimento mais eficaz ao usuário, como sobretudo induz a população à parceria na conquista da política da Assistência em vista da obtenção de um tratamento mais igualitário.

BIBLIOGRAFIA

Dissertações de mestrado

ALMEIDA, Carmem Lúcia Macedo de. *Benesse ou outorga? Dádiva ou direito? O impacto das representações da Assistência Social no imaginário da sociedade*. Brasília, UnB/DF, 1997. 193p.

ALMEIDA, Patrícia Cristina Pinheiro. *A nova legitimidade do assistencial*: o debate da Assistência no Serviço Social dos anos 80. Rio de Janeiro: UFRJ, 1996.

BEHRING, Elaine Rossetti. *Política social e capitalismo contemporâneo*: um balanço crítico-bibliográfico. Rio de Janeiro: UFRJ, 1993. 394p.

BIASI, Léia Maria Ferraro. *A política de Assistência Social dos governos municipais de Porto Alegre*: 1964-1994. Porto Alegre: PUC-RS, 1996.

BURGUIGNON, Jussara Ayres. *O processo de configuração da Assistência Social no município de Ponta Grossa — PR*. São Paulo: PUC-SP, 1997. 120p.

CALIXTO, Suraia. *Programa de produção associada de bens e serviços como expressão da política da Assistência Social em Sebes — São Paulo — 1989-1992*. São Paulo: PUC-SP, 1996. 193p.

CASTRO, Alba Tereza Barroso de. *Assistência no jogo das relações de poder*: uma discussão sobre o coronelismo. Rio de Janeiro: UFRJ, 1993. 183p.

CINTRA, Maria da Glória Andrade. *As entidades privadas de Assistência no Rio de Janeiro*. Rio de Janeiro: PUC-RJ, 1996.

FAGUNDES, Helenara Silveira. *O Projeto Multidisciplinar Meninos e Meninas de São Leopoldo*: análise do trabalho desenvolvido numa perspectiva de superação do assistencialismo e do preconceito. Porto Alegre: PUC-RS, 1995. 119p.

FERREIRA, Ivanete Salete. B. *Assistência Social pública e neoliberalismo*: as falácias do governo Collor. Brasília: UnB, 1993. 192p.

GOMES, Maria de Fátima Leite. *Os programas de lavanderias públicas na Assistência Social da SETRASS*: um estudo de caso. João Pessoa: UFPB, 1997.

HACKMANN, Marília Borges. *Os avanços e retrocessos da descentralização da Assistência Social*: uma proposta metodológica. Porto Alegre: PUC-RS, 1995. 144p.

MEDEIROS, Antônia Agripina Alves de. *Financiamento e gastos na área da Assistência Social*: uma questão em análise. João Pessoa: UFPB, 1997. 116p.

MENEZES, Maria Thereza e Gomes de. *Políticas sociais de Assistência Pública no Brasil*: em busca de uma teoria perdida. Rio de Janeiro: UFRJ, 1992. 189p.

MESTRINER, Maria Luiza. *Assistência e Seguridade Social oposições e aproximações*. São Paulo: PUC-SP, 1992. 376p.

NEVES, Angela Vieira. *A Assistência Social*: do discurso à prática profissional: as representações dos assistentes sociais da Legião Brasileira da Assistência. Rio de Janeiro: PUC-RJ, 1994.

PAIVA, Beatriz Augusto de. *A Assistência como política social*: uma contribuição ao estudo da Lei Orgânica da Assistência Social. Rio de Janeiro: UFRJ, 1993. 226p.

PEREIRA, Márcia Aparecida Accorsi. *A população de rua, as políticas assistenciais públicas e os direitos de cidadania*: uma equação possível. São Paulo: PUC-SP, 1997. 227p.

REIS, Iraci Ozéas dos. *A expressão da Assistência Social como políticas públicas em SEBES no governo do PT em São Paulo*. São Paulo: PUC-SP, 1996. 106p.

ASSISTÊNCIA SOCIAL ENTRE A ORDEM E A "DES-ORDEM"   237

SANTOS, Lucinete da Silva. *Práticas e tendências teóricas significativas no Serviço Social do início dos anos 90. Um estudo de casos sobre o tratamento significativo dado à questão assistencial ao nível teórico-prático.* São Paulo: PUC-SP, 1992. 207p.

SCHONS, Selma Maria. *Assistência Social entre a ordem e a des-ordem*: mistificação dos direitos sociais e da cidadania. São Paulo: PUC-SP, 1994.

SILVA, Edna Tânia Ferreira da. *A construção das representações dos usuários da prática do assistente social*: um estudo de caso nas instituições de política de seguridade social em João Pessoa — PB. João Pessoa: UFPB, 1997. 172p.

SILVA, Heloísa Helena Corrêa. *A pobreza no município de Carauari-Amazonas e a implantação da Lei Orgânica de Assistência Social.* São Paulo: PUC-SP, 1997. 170p.

SOUZA, Silvia Cristina Arantes de. *A qualificação da Assistência Social Pública*: perspectivas a partir da Lei Orgânica da Assistência Social — LOAS. São Paulo: PUC-SP, 1996. 114p.

STEIN, Rosa Helena. *A descentralização como instrumento de ação política*: o caso da Assistência Social. Brasília: UnB, 1997. 205p.

SULZER, Maria Emília Ramalho. *Os marginais da Assistência Social.* São Paulo: PUC-SP, 1992. 121p.

ZUCCO, Luciana Patrícia. *Municipalização da política de Assistência Social*: o caso da SMDS. Rio de Janeiro: PUC-RJ, 1997.

Teses de doutorado

DEGENSZAIN, Raquel Raichelis. *A construção da esfera pública no âmbito da política social de Assistência Social.* São Paulo: PUC-SP, 1997. 145p.

FERNANDES, Ana Elizabete S. Mota. *Cultura da crise e seguridade social*: um estudo sobre as tendências da previdência e da Assistência Social brasileiras nos anos 1980-1990. São Paulo: PUC-SP, 1995.

GOMES, Leila Maria Alonso. *Assistência Social no estado do Rio de Janeiro*: o significado histórico da Escola de Serviço Social da Universidade Federal Fluminense, no período de 1945-1964. São Paulo: PUC-SP, 1994.

YAZBEK, Maria Carmelita. *Assistência Social na conformação da identidade subalterna*. São Paulo: PUC-SP, 1992. 248p.

Obs.: Os livros que resultaram das respectivas teses encontram-se indicados na bibliografia geral.

Artigos da revista *Serviço Social & Sociedade*: ordem cronológica

BRANDÃO, André Augusto; BRANDÃO, Luciana Dutra. Proteção social e institucionalização da Assistência. *Serviço Social & Sociedade*, São Paulo, n. 41, p. 47-61, abr. 1993.

FERREIRA, Ivanete Salete Boschetti. A relação Estado-mercado no processo de constituição da Assistência Social durante o governo Collor. *Serviço Social & Sociedade*, São Paulo, n. 43, p. 45-70, dez. 1993.

CAMPOS, Marta Silva. A Assistência Social Pública: uma experiência da Secretaria do Bem-Estar Social de São Paulo (1989-1992). *Serviço Social & Sociedade*, São Paulo, n. 45, p. 77-107, ago. 1994.

CARVALHO, Maria do Carmo Brant de. Assistência Social: uma política pública convocada e moldada para constituir-se em "governo paralelo da pobreza". *Serviço Social & Sociedade*, São Paulo, n. 46, p. 86-103, dez. 1994.

SPOSATI, Aldaíza. Os desafios da municipalização do atendimento à criança e ao adolescente: o convívio entre a LOAS e o ECA. *Serviço Social & Sociedade*, São Paulo, n. 46, p. 104-115, dez. 1994.

PEREIRA, Maria Angela Rocha. Construindo um novo tempo: a experiência de Minas no campo da Assistência como direito social. *Serviço Social & Sociedade*, São Paulo, n. 47, p. 34-54, abr. 1995.

NOGAROLI, Marisa Menezes Pinto. Dimensão da operacionalidade da LOAS no âmbito dos municípios. *Serviço Social & Sociedade*, São Paulo, n. 47, p. 55-62, abr. 1995.

CARVALHO, Alba Maria Pinho de. Assistência Social no contexto do Estado brasileiro: limites e perspectivas. *Serviço Social & Sociedade*, São Paulo, n. 47, p. 63-78, abr. 1995.

V.V. AA. A Assistência Social no governo FHC. *Serviço Social & Sociedade*. São Paulo, n. 47, p. 136-155, abr. 1995.

SILVA, Ademir Alves da. Política de Assistência Social: o locus institucional e a questão do financiamento. *Serviço Social & Sociedade*, São Paulo, n. 48, p. 69-83, ago. 1995.

SCHONS, Selma Maria. Assistência Social na perspectiva do neoliberalismo. *Serviço Social & Sociedade*, São Paulo, n. 49, p. 5-19, nov. 1995.

SANTOS, Lucinete Silva. Assistência social na atual conjuntura brasileira. *Serviço Social & Sociedade*, São Paulo, n. 49, p. 20-28, nov. 1995.

FERREIRA, Ivanete Boschetti. O trabalho e a Assistência: as hesitações e os paradoxos do programa de renda mínima na França. *Serviço Social & Sociedade*, São Paulo, n. 52, p. 48-75, dez. 1996.

JUNCÁ, Denise Chrysóstomo de Moura. Assistidos e assistentes: o feitiço da identidade atribuída. *Serviço Social & Sociedade*, São Paulo, n. 54, p. 26-49, jul. 1997.

LOPES, José Rogério. Ética, mercado de trabalho e atuação profissional no campo da Assistência Social. *Serviço Social & Sociedade*, São Paulo, n. 54, p. 63-74, jul. 1997.

SPOSATI, Aldaíza. Mínimos sociais e seguridade social: uma revolução da consciência da cidadania. *Serviço Social & Sociedade*, São Paulo, n. 55, p. 9-38, nov. 1997.

DEMO, Pedro. Menoridade dos mínimos sociais: encruzilhada da Assistência Social no mundo de hoje. *Serviço Social & Sociedade*, São Paulo, n. 55, p. 39-73, nov. 1997.

VIEIRA, Evaldo. O Estado e a sociedade civil perante o ECA e a LOAS. *Serviço Social & Sociedade*, São Paulo, n. 56, p. 9-22, mar. 1998.

YAZBEK, Maria Carmelita. Globalização, precarização das relações de trabalho e seguridade social. *Serviço Social & Sociedade*, São Paulo, n. 56, p. 50-59, mar. 1998.

PEREIRA, Potyara A. P. A política social no contexto da seguridade social e do *Welfare State*: a particularidade da Assistência Social. *Serviço Social & Sociedade*, São Paulo, n. 56, p. 60-76, mar. 1998.

RAICHELIS, Raquel. Assistência Social e a esfera pública: os conselhos no exercício do controle social. *Serviço Social & Sociedade*, São Paulo, n. 56, p. 77-98, mar. 1998.

TEIXEIRA, Joaquina Barata. Assistência Social na Amazônia. *Serviço Social & Sociedade*, São Paulo, n. 56, p. 97-113, mar. 1998.

RICO, Elizabeth de Melo. O empresariado, a filantropia e a questão social. *Serviço Social & Sociedade*, São Paulo, n. 58, p. 24-40, nov. 1998.

LOPES, José Rogério. Mínimos sociais, cidadania e Assistência Social. *Serviço Social & Sociedade*, São Paulo, n. 58, p. 94-108, nov. 1998.

REFERÊNCIAS

ADORNO, Sérgio. A gestão filantrópica da pobreza urbana: Pobreza. *São Paulo em Perspectiva*, São Paulo, Fundação SEADE, v. 4, n. 2, p. 9-17, abr./jun. 1990.

ALAYÓN, Norberto. El Asistencialismo en la política social y en el trabajo social. *Acción Crítica*. Lima, CELATS-ALAETS, n. 7, p. 43-50, jul. 1980.

_____. La resignificación de la Asistencia. *Serviço Social & Sociedade*, São Paulo, n. 34, p. 149-155, dez. 1990.

_____. *Assistência e assistencialismo*: controle dos pobres ou erradicação da pobreza? São Paulo: Cortez, 1992.

ASSOCIAÇÃO DE SERVIDORES DA SUPERINTENDÊNCIA ESTADUAL FUNDAÇÃO LBA (ASSELBA). 1º Seminário Nacional — As políticas sociais na Nova República: transformação da Assistência Social no país. *Serviço Social & Sociedade*, São Paulo, n. 22, p. 147-149, dez. 1986.

BANCO MUNDIAL. Brasil, despesas do setor público com programas de Assistência Social. Relatório. *Problemas e opções*, 1988. v. I.

BARAN, P.; SWEEZY, P. M. *Capitalismo monopolista*. 3. ed. Rio de Janeiro: Zahar, 1978.

BARBALET, J. M. *A cidadania*. Lisboa: Ed. Estampa, 1989.

BARRETO, Helena M. S. A política social na Nova República. *Previdência em Dados*, Rio de Janeiro, v. 3, n. 3, p. 15-23, jul./set. 1988.

BARROS SILVA, Pedro Luiz. Perspectivas e padrões de intervenção em atenção à saúde no Brasil: elementos para análise da intervenção estatal. *Cadernos Fundap*, n. 6, p. 1-11, jul. 1983.

BARUDIO, Gunter. *La época del absolutismo y la ilustración*: 1848-1778. 3. ed. México: Siglo Veintiuno, 1986. (Col. História Universal Siglo XXI, v. 25.)

BELFIORI, Mariangela et al. Prática assistencial no Brasil. *Serviço Social & Sociedade*, São Paulo, n. 17, p. 73-89, abr. 1985.

BERGERON, Louis et al. *La época de las revoluciones*: Europea 1780-1848. 11. ed. México: Siglo Veintiuno, 1986. (Col. História Universal Siglo XXI, v. 26.)

BITTAR, Mariluce. *A face oculta da Assistência*: um estudo da mediação entre Estado e classes populares através da prática do assistente social. São Paulo: PUC, 1987. (Mimeo.)

BOBBIO, N. *Estado, governo, sociedade*: para uma teoria geral da política. 2. ed. Rio de Janeiro: Paz e Terra, 1988.

_____. *A era dos direitos*. Rio de Janeiro: Campus, 1992.

_____ et al. *Dicionário de política*. 2. ed. Brasília: Ed. da Universidade de Brasília, 1986.

BORGES, Pompeu Accioly. A propriedade territorial no Brasil e os caminhos para a reforma agrária. In: IBASE. *Os donos da terra e a luta pela reforma agrária*. Rio de Janeiro: Codecri, 1984.

BRAGA, José Carlos de S.; PAULA, Sérgio Goes de. *Saúde e previdência*: estudos de política social. 2. ed. São Paulo: Hucitec, 1986.

BRASIL. *Constituição da República Federativa do Brasil*. Promulgada em 5 de outubro de 1988.

BRUNHOFF, Suzanne de. *Estado e capital*: uma análise da política econômica. Rio de Janeiro: Forense Universitária, 1985.

BRUNHOFF, Suzanne de. *A hora do mercado*: crítica do liberalismo. São Paulo: Ed. da Unesp, 1991.

CABRAL, Helena de Souza. *Assistência Social na agroindústria do açúcar e do álcool*. São Paulo: PUC-SP, 1990. (Mimeo.)

CARDOSO, Fernando Henrique. *O modelo político brasileiro*. 3. ed. Rio de Janeiro/São Paulo: Difel, 1977. (Col. Corpo e alma do Brasil.)

CARVALHO, Alba Maria Pinho de. *A questão da transformação e o trabalho social*: uma análise gramsciana. São Paulo: Cortez, 1983.

CASTRO, Maria Helena Guimarães de. Governo local, processo político e equipamentos sociais: um balanço bibliográfico. *ANPOCS-BIB*, Rio de Janeiro, Vértice, n. 25, p. 56-82, 1. sem. 1988.

CASTRO, Myrian Mesquita Pugliese de; ABREU, Sérgio França Adorno. A pobreza colonizada. *Serviço Social & Sociedade*, São Paulo, n. 17, p. 49-72, abr. 1985.

CBCISS. *Teorização do Serviço Social*. Rio de Janeiro: Agir-CBCISS, 1984.

CERQUEIRA FILHO, G. *A "questão social" no Brasil*. Rio de Janeiro: Civilização Brasileira, 1982.

CLARKE, Simon. Crise do fordismo ou crise da social-democracia? *Lua Nova*, São Paulo, Cedec, n. 24, p. 117-150, set. 1991.

COHN, Amélia et al. Desafios atuais para a Assistência Social: a busca de alternativas. *Serviço Social & Sociedade*, São Paulo, n. 23, p. 91-111, abr. 1987.

COIMBRA, Marcos Antônio E. L. de S. *Política e políticas de bem-estar*: uma periodização da experiência brasileira. Belo Horizonte: Fundação João Pinheiro/Universidade Federal de Minas Gerais, 1979. (Mimeo.)

COSTA, Ana Maria Santana Neiva; COSTA, Maria José Pereira. Contextualização da Assistência Social no Estado brasileiro; período de 1930 a 1945. *Serviço Social & Sociedade*, São Paulo, n. 12, p. 77-85, ago. 1983.

COSTA, Suely Gomes. Formação profissional e currículo de Serviço Social; referências para debate. *Serviço Social & Sociedade*, São Paulo, n. 32, p. 18-51, maio 1990.

COVRE, Maria de Lourdes. Direitos Sociais: "Distributivismo" versus "produtivismo". In: _____. *A fala dos homens*: análise do pensamento tecnocrático 64-81. São Paulo: Brasiliense, 1983.

COVRE, Maria de Lourdes. (org.). *A cidadania que não temos*. São Paulo: Brasiliense, 1986.

CROSSMAN, R. H. S. *Biografia do Estado moderno*. São Paulo: Ed. Ciências Humanas, 1980.

DALARI, Dalmo. Ser cidadão. *Lua Nova*, São Paulo, Cedec, v. 1, n. 2, p. 61-64, jul./set. 1984.

DIAZ, Elias. *Estado de Direito e sociedade democrática*. Lisboa: Iniciativas Editoriais Lisboa, 1972.

DIMENSTEIN, Gilberto. Para a SAE, guerra social ameaça a segurança. *Folha de S.Paulo*, São Paulo, 16 nov. 1992, p. 5, cad. 1.

DOCUMENTO "LEI ORGÂNICA DA ASSISTÊNCIA SOCIAL". Projeto de Lei n. 3.099, de 1989, do deputado Nelson Seixas. *Serviço Social & Sociedade*, São Paulo, n. 32, p. 157-167, maio 1990.

DRAIBE, S. O Welfare State no Brasil: características e perspectivas. In: XII ENCONTRO ANUAL DA ANPOCS, 12., São Paulo, Unicamp, 1988. (Mimeo.)

_____. Políticas sociais brasileiras: diagnósticos e perspectivas. In: IPEA/ IPLAN — Para a década de 90. *Prioridades e perspectivas de políticas públicas*. Brasília, mar. 1990a. p. 1-65.

_____. As políticas de combate à pobreza na América Latina. *São Paulo em Perspectiva*, São Paulo, Seade, v. 4, n. 2, p. 18-24, abr./jun. 1990b.

_____. As políticas sociais e o neoliberalismo. *Revista USP*, São Paulo, n. 17, p. 86-101, mar./maio 1993.

DRAIBE, S.; WILNÊS, Henrique. *"Welfare State"*, crise e gestão da crise: um balanço da literatura internacional. *Revista Brasileira de Ciências Sociais*, Campinas, Vértice, v. 3, n. 6, p. 53-78, fev. 1988.

DURHAM, Eunice Ribeiro. Movimentos sociais: a construção da cidadania. *Novos Estudos Cebrap*, São Paulo, n. 10, p. 24-30, out. 1984.

DUSSEL, Enrique. *Para una destrucción de la historia y la ética*: [1969]. Mendoza: Ser y Tiempo, 1972.

_____. *La producción teórica de Marx*: un comentario a los Grundrisse. México: Siglo Veintiuno, 1985.

ESPING-ANDERSEN, Costa. As três economias políticas do *Welfare State*. *Lua Nova*, São Paulo, Cedec, n. 24, p. 85-116, set. 1991.

EWALD, François. *L'État providence*. Paris: Éditions Bernard Grasset, 1987.

FALCÃO, Maria do Carmo. VII Semana de Estudos Maria Augusta Albano CBCISS. In: SPOSATI, Aldaíza. *Carta Tema*: Assistência Social no Brasil 1983-1990. São Paulo: Cortez, 1991.

FALEIROS, Vicente de Paula. *A política social do Estado capitalista*: as funções da Previdência e da Assistência Social. 3. ed. São Paulo: Cortez, 1983.

_____. A questão da Assistência Social. *Serviço Social & Sociedade*, São Paulo, n. 30, p 109-126, abr. 1989.

FAORO, Raymundo. *Os donos do poder*: formação do patronato político brasileiro. 7. ed. Rio de Janeiro: Globo, 1987. v. 2.

FRIDMAN, Luis Carlos. A teoria social de Karl Polanyi em A grande transformação. *Dados*, revista de Ciências Sociais, Rio de Janeiro, Vértice, v. 32, n. 2, p. 163-186, 1989.

FILGUEIRAS, Luzia Helena Gomes. *A Assistência*: um desabafo para o Serviço Social. Rio de Janeiro: PUC-RJ, 1985. (Mimeo.)

GLAZER, Nathan. Os limites da política social. *Diálogo*, Rio de Janeiro, Lidador, v. 23, n. 2, p. 34-40, 1990.

GOLDMAN, Lucien. *Ciências humanas e filosofia. Que é sociologia?* 9. ed. São Paulo: Difel, 1984.

GRAY, John. *O liberalismo*. Lisboa: Ed. Estampa, 1988.

GRUPPI, Luciano. *Tudo começou com Maquiavel*. 9. ed. Porto Alegre: LP&M, 1986.

GUEIROS, Maria José Galvão. *Serviço Social e cidadania*. Rio de Janeiro: Agir, 1991.

HABERMAS, J. Die Krise des Wohlfahrsstaates und die Erschöpfung utopischer Energieu. In: _____. *Die neue Unubersichtlichneit*. Frankfurt: Suhrkanps, 1985. p. 141-163. [Trad. esp.: *Ensayos políticos*. Barcelona: Ediciones Península, 1987.]

HIRSCHMAN, Albert O. *De consumidor a cidadão: atividade privada e participação na vida pública.* São Paulo: Brasiliense, 1983.

_____. Duzentos anos de retórica reacionária. *Novos Estudos Cebrap*, São Paulo, n. 23, p. 102-119, mar. 1989.

_____. Uma réplica aos críticos do Bem-Estar Social. *Diálogo*, Rio de Janeiro, Lidador, v. 23, n. 2, p. 54-65, 1990.

IAMAMOTO, M. *Renovação e conservadorismo no Serviço Social.* São Paulo: Cortez, 1992.

_____; CARVALHO, Raul de. *Relações sociais e Serviço Social no Brasil.* 2. ed. São Paulo: Cortez/Celats, 1983.

ISTOÉ/SENHOR. Apropriação liberal. São Paulo, Editora Três, n. 1163, 15 jan. 1992, p. 22-24.

_____. Propaganda estilo indiana. São Paulo, Editora Três, n. 1207, 18 nov. 1992, p. 58-59.

JBN. Antes, inimigo era comunismo. *Folha de S.Paulo*, São Paulo, 16 nov. 1992, p. 5, cad. 1.

JUNQUEIRA, Helena Iracy et al. A política do bem-estar social no Brasil no contexto do desenvolvimento, na década de 70. *Serviço Social & Sociedade*, São Paulo, n. 7, p. 5-34, dez. 1981.

KAMEYAMA, Nobuco. A prática profissional do Serviço social. *Serviço Social & Sociedade*, São Paulo, n. 6, p. 147-155, set. 1981.

KEYNES, John Maynard. *Teoria geral do emprego, do juro e da moeda.* 2. ed. São Paulo: Nova Cultural, 1985. (Col. Os Economistas.)

KING, Desmond. O Estado e as estruturas sociais de bem-estar em democracias industriais avançadas. *Novos Estudos Cebrap*, São Paulo, Cebrap, n. 22, p. 53-76, out. 1988.

KURZ, Robert. *O colapso da modernidade*: da derrocada do socialismo de caserna à crise da economia mundial. Rio de Janeiro: Paz e Terra, 1992.

LAMOUNIER, Bolívar et al. *Direito, cidadania e participação.* São Paulo, T. A. Queiroz, 1981.

LAMOUREUX, Jocelyne. L'égalité en crise. *Revue Internacionale d'Action*, Quebec, Université de Montreal, v. 16, n. 56, p. 55-65, out. 1986.

LEFORT, Claude. *Pensando a política*: ensaios sobre a democracia, revolução e liberdade. Rio de Janeiro: Paz e Terra, 1991.

LENIN, V. I. *El imperialismo, fase superior del capitalismo*. Moscou: Progresso, 1913-1916. t. V. (Col. Obras escolhidas.)

LICHFIELD, John. Friedman prevê triunfo do livre mercado. *Folha de S.Paulo*, São Paulo, 2 ago. 1992, p. 3, cad. 3.

MACPHERSON, C. B. *A democracia liberal*: origens e evolução. Rio de Janeiro: Zahar, 1978.

MAGUIÑA, Alejandro. Acerca de las protoformas de Servicio Social. *Acción Crítica*, Lima, Celats, n. 11, p. 31-39, ago. 1992.

MANDEL, Ernest. *O capitalismo tardio*. São Paulo: Abril Cultural, 1982. (Col. Os economistas.)

_____. *A crise do capital*. Campinas: Unicamp/Ensaio, 1990.

MARSHALL, T. H. *Cidadania, classe social e status*. Rio de Janeiro: Zahar, 1967.

MARTINELLI, Maria Lúcia. *Serviço Social*: identidade e alienação. 3. ed. São Paulo: Cortez, 1993.

MARX, Karl. *El capital*: crítica de la economía política. 7. ed. México: Siglo Veintiuno, 1978. Libro I, t. I, v. 1.

_____. *El capital*: crítica de la economía política. 9. ed. México: Siglo Veintiuno, 1981. Libro I, t. I, v. 2.

_____. *El capital*: crítica de la economía política. 12. ed. México: Siglo Veintiuno, 1986. Libro I, t. I, v. 3.

_____. *A guerra civil em França*. Lisboa-Moscou: Ed. Avante, 1983.

_____. *O Dezoito de Brumário de Louis Bonaparte*. Lisboa: Ed. Avante, 1984.

_____. *A miséria da filosofia*. São Paulo: Global, 1985.

_____; ENGELS, F. Crítica ao programa de Gotha. In: _____. *Obras escolhidas*. São Paulo: Alfa-Ômega, v. II, s/d.

MARX, Karl; ENGELS, F. *Obras escolhidas*. São Paulo, Alfa-Ômega, v. II, s/d.

_____. *Obras fundamentais*: los escritos de juventud. Manuscritos económico-filosóficos de 1844. México: Fondo de Cultura Económica, 1982.

MEDEIROS, Francisco Ary Fernandes de. *Reforma e Assistência no discurso do Serviço Social*: um estudo exploratório. Rio de Janeiro: UFRJ, 1983. (Mimeo.)

MERQUIOR, José Guilherme. *O liberalismo antigo e moderno*. Rio de Janeiro: Nova Fronteira, 1991.

MOLLER, Alois. Organização popular e clientelismo internacional. *Cadernos do CEAS*, Salvador, n. 133, p. 35-50, maio/jun. 1991.

MOTA, Ana Elizabete da. *O feitiço da ajuda*: as determinações do Serviço Social na empresa. 2. ed. São Paulo: Cortez, 1987 (resultante da Dissertação de Mestrado pela UFPE).

_____. Uma nova legitimidade para o Serviço Social de empresa. *Serviço Social & Sociedade*, São Paulo, n. 26, p. 156-164, abr. 1988.

_____. O pacto da Assistência; articulações entre empresas e Estado. *Serviço Social & Sociedade*, São Paulo, n. 30, p. 127-136, abr. 1989.

_____. *Cultura da crise e seguridade social*: um estudo sobre as tendências da Previdência e a Assistência Social brasileira nos anos 80 e 90. São Paulo: Cortez, 1995.

MURRAY, Charles. Em busca da felicidade. *Diálogo*. Rio de Janeiro, Lidador, v. 23, n. 2, p. 41-47, 1990.

NAVARRO, Vicente. Welfare e "keynesianisno militarista" na era Reagan. *Lua Nova*, São Paulo, Cedec, n. 24, p. 189-210, set. 1991.

NETTO, José Paulo. *Aristocracia burguesa e Serviço Social*. Tese (Doutorado) — Pontifícia Universidade Católica, São Paulo, 1989. (Mimeo.)

_____. *Ditadura e Serviço Social*: uma análise do Serviço Social pós-64. São Paulo: Cortez, 1991.

_____. *Capitalismo monopolista e Serviço Social*. São Paulo: Cortez, 1992.

ASSISTÊNCIA SOCIAL ENTRE A ORDEM E A "DES-ORDEM"

O'CONNOR, James. *USA*: a crise do Estado capitalista. Rio de Janeiro: Paz e Terra, 1977.

_____. Capitalismo e meio ambiente. *Novos Rumos*, Instituto Astrojildo Pereira, ano 8, n. 21, p. 40-43, 1993.

OFFE, Claus. *Problemas estruturais do Estado capitalista*. Rio de Janeiro: Tempo Brasileiro, 1984.

_____. *Capitalismo desorganizado*. São Paulo: Brasiliense, 1989.

OLIVEIRA, Francisco de. O surgimento do antivalor. *Novos Estudos Cebrap*, São Paulo, Cebrap, n. 22, p. 8-28, out. 1988.

OLIVEIRA, Francisco de. Os protagonistas do drama: estado e sociedade no Brasil. In: LARANJEIRA, Sonia (Org.). *Classes e movimentos sociais na América Latina*. São Paulo: Hucitec, 1990.

OLIVEIRA, Heloísa Maria José de. *Assistência Social*: do discurso do Estado à prática do Serviço Social. Florianópolis: UFSC, 1989 (Dissertação apresentada na PUC-RS).

OLIVEIRA, Maria José Galvão Cavalcanti Gueiros de. *O direito aos Serviços Sociais*: prática do Serviço Social e constituição da cidadania. Recife: UFPE, 1987. (Mimeo.)

OLIVEIRA, Valéria Rezende de. Política de Assistência no Brasil. *Serviço Social & Sociedade*, São Paulo, n. 31, p. 98-118, dez. 1989.

OLOF, Ruin. O desenvolvimento do modelo sueco. *Lua Nova*, São Paulo, Cedec, n. 24, p. 211-226, set. 1991.

ONO, Urana Harada. *A função do assistente social no setor de bem-estar público*: uma experiência de investigação em Serviço Social. São Paulo: Pontifícia Universidade Católica, 1975. (Mimeo.)

PEREIRA, Potyara Amazoneida P. *Crítica à concepção da política social como direito de cidadania*. Brasília: Universidade de Brasília, ago. 1991. [Texto para Debate.] (Mimeo.)

_____. *A Assistência Social na perspectiva dos direitos*: crítica aos padrões dominantes de proteção aos pobres no Brasil. Brasília: Thesauros, 1996.

PEREIRA, Potyara Amazoneida P; PAIVA, Leda del Claro. A política social e a questão da pobreza no Brasil. *Serviço Social & Sociedade*, São Paulo, n. 5, p. 1-13, mar. 1981.

PINO, Angel. Política de promoção social e exercício da cidadania: uma crítica às práticas de confinamento. *Serviço Social & Sociedade*, São Paulo, n. 31, p. 141-159, dez. 1989.

POLANYI, Karl. *A grande transformação*: as origens de nossa época. 3. ed. Rio de Janeiro: Campus, 1980.

PRZEWORSKI, Adam. *Capitalismo e social-democracia*. São Paulo: Companhia das Letras, 1989.

_____; WALLERSTEIN, Michael. O capitalismo democrático na encruzilhada. *Novos Estudos Cebrap*, São Paulo, Ed. Brasileira de Ciências, n. 22, p. 29-44, out. 1988.

ROSANVALLON, Pierre. *A crise do Estado-providência*. 2. ed. Lisboa: Editorial Inquérito, 1984.

SACHS, Ignacy. Entre Polanyi e Von Hayek. *Revista de Economia Política*, São Paulo, Brasiliense, v. 12, n. 12, p. 10-17 abr./jun. 1992.

SANCHEZ VÁSQUEZ, Adolfo. Mercado e socialismo. *Novos Rumos*, Instituto Astrojildo Pereira, ano 8, n. 21, p. 20-23, 1993.

SANTOS, Leila Lima. *Textos de Serviço Social*. 3. ed. São Paulo: Cortez, 1985.

SANTOS, Waldecy Collaço. *A ajuda na estrutura e a estrutura da ajuda*. Recife: UFPE, 1988. (Mimeo.)

SANTOS, Wanderley Guilherme. *Cidadania e justiça*. 2. ed. Rio de Janeiro: Campus, 1987.

SARTIM, Maria Madalena do Nascimento. A Assistência e a identidade profissional. *Serviço Social & Sociedade*, São Paulo, n. 19, p. 98-107, dez. 1985.

SCHERER, Elenize Faria. *Assistência aos desassistidos Manauaras*: gênese e história da gestão estatal dos segmentos mais pobres da cidade de Manaus. São Paulo: Pontifícia Universidade Católica, 1989. (Mimeo.)

SHERER-WARREN, J.; KRISCHKE, P. (Org.). *Crise política, movimentos sociais e cidadania*. Florianópolis: Ed. da UFSC, 1989.

SINGER, Paul. *Curso de introdução à economia política*. 12. ed. Rio de Janeiro: Forense Universitária, 1989.

SOBOUL, Albert. *História da Revolução Francesa*. 3. ed. Rio de Janeiro: Zahar, 1981.

SOUZA, Maria Luiza de. As indefinições do "social" na prática social e no Serviço Social. *Serviço Social & Sociedade*, São Paulo, n. 1, p. 32-52, set. 1979.

SPOSATI, Aldaíza. *Vida urbana e gestão da pobreza*. São Paulo: Cortez, 1988.

_____. *Os direitos dos desassistidos sociais*. São Paulo: Cortez, 1989.

_____. (coord.). *Carta-tema*: a Assistência Social no Brasil [1983-1990]. São Paulo: Cortez, 1991.

_____. "Serviço social em tempos de democracia". *Serviço Social & Sociedade*, São Paulo, n. 39, p. 5-30, ago. 1992.

_____; FALCÃO, Maria do Carmo B. de Carvalho. A prática da Assistência Social: elementos para uma caracterização. *Serviço Social & Sociedade*, São Paulo, n. 19, p. 57-73, dez. 1985.

_____ et al. *Assistência na trajetória das políticas sociais brasileiras*. 3. ed. São Paulo: Cortez, 1987.

SWEEZY, P. M. *Teoria do desenvolvimento capitalista*. 4. ed. Rio de Janeiro: Zahar, 1976.

TAYLOR-GOOBY, Peter. Welfare, hierarquia e a "nova direita" na era Thatcher. *Lua Nova*, São Paulo, Cedec, n. 24, 165-187, set. 1991.

TEIXEIRA, Sônia M. Fleury. Previdência *versus* Assistência na política social Brasileira. *Dados*, revista de Ciências Sociais, Rio de Janeiro, Campus, 1984.

THOMPSON, E. P. *A formação da classe operária inglesa*: a árvore da liberdade. 2. ed. Rio de Janeiro: Paz e Terra, 1987a. v. 1.

THOMPSON, E. P. *A formação da classe operária inglesa*: a força dos trabalhadores. Rio de Janeiro: Paz e Terra, 1987b. v. 3.

_____. *A formação da classe operária inglesa*: a maldição de Adão. 2. ed. Rio de Janeiro: Paz e Terra, 1988. v. 2.

VACCA, Giuseppe. Estado e mercado, público e privado. *Lua Nova*, São Paulo, Cedec, n. 24, p. 151-164, set. 1991.

VIANA, Maria Lúcia Teixeira Werneck. A emergente temática da política social na bibliografia brasileira. *ANPOCS-BIB*, Rio de Janeiro, Vértice, n. 28, p. 3-41, 2. sem. 1989.

VIEIRA, Evaldo. *Estado e miséria social no Brasil*: de Getúlio a Geisel. 2. ed. São Paulo: Cortez, 1985.

VÓLKOV, M. et al. *Economia política*. Dicionário. Moscou: Progresso, 1985.

YAZBEK, Maria Carmelita. *Classes subalternas e Assistência Social*. São Paulo: Cortez, 1993.

_____. A política social brasileira nos anos 90: a refilantropização da questão social. *Cadernos Abong/CNAS*, São Paulo, Abong, out. 1995.

ZIMMERMANN, Roque. *América Latina o não ser*: uma abordagem filosófica a partir de Enrique Dussel [1962-1976]. 2. ed. Rio de Janeiro: Vozes, 1987.

SOBRE A AUTORA

Selma Maria Schons é assistente social desde 1977. Mestre e Doutora em Serviço Social pela Pontifícia Universidade Católica de São Paulo (PUC-SP). Professora do Departamento de Serviço Social da Universidade Estadual de Ponta Grossa-PR e professora concursada desde 1984 até 2013 (agora já aposentada). Vereadora por Ponta Grossa de 1997 a 2002; Deputada Federal de 2002 a 2006.

LEIA TAMBÉM

OS DIREITOS SOCIAIS E SUA REGULAMENTAÇÃO
Coletânea de Leis

Luiz Antonio Miguel Ferreira

2ª edição (2013)
784 páginas
ISBN 978-85-249-2054-7

A presente obra selecionou as principais leis que contemplam variados temas. Uma obra indispensável para assistentes sociais, psicólogos, pedagogos, enfermeiros, conselheiros municipais, estaduais e federais, conselheiros tutelares, dirigentes de entidades, enfim, para todos os profissionais que atuam na área dos direitos sociais. Esta 2ª edição passou por atualização, já que várias leis sofreram alterações substanciais e outras pontuais. Houve inclusão de novas leis, como do Decreto n° 6949, de 25 de agosto de 2009, que promulgou a Convenção Internacional sobre os Direitos das Pessoas com Deficiência e seu protocolo facultativo assinados em Nova York, e o Decreto n° 7612, de 17 de novembro de 2011, que instituiu o Plano Nacional dos Direitos da Pessoa com Deficiência.

LEIA TAMBÉM

POLÍTICA SOCIAL E DEMOCRACIA
Coedição UERJ

Maria Inês Souza Bravo
Potyara A. P. Pereira (Orgs.)

4ª edição (2008)
256 páginas
ISBN 978-85-249-0797-5

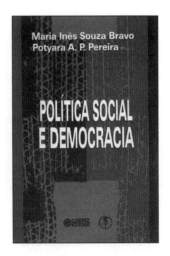

Esta coletânea propõe-se a alimentar o debate e discutir estratégias sobre a democracia extensiva que, extrapolando a esfera política institucionalizada, penetre por todos os campos da vida social. Em cada um de seus onze artigos, todos assinados por autores de reconhecida inserção intelectual, as falsas verdades do neoliberalismo são rejeitadas, desmontadas e denunciadas.

LEIA TAMBÉM

OS DIREITOS (DOS DESASSISTIDOS) SOCIAIS

Aldaiza Spossati
Maria do Carmo B. Carvalho
Sônia Maria Teixeira Fleury

7ª edição (2012)
168 páginas
ISBN 978-85-249-1940-4

As três análises que compõem essa obra tocam no ponto nodal do projeto brasileiro de redemocratização: a questão da seguridade social. A assistência social é o mecanismo principal através do qual "os desassistidos" têm acesso a serviços sociais e urbanos como creches, habitação, programa para geração de renda, abrigos para idosos etc.